ゼロからはじめる
［RC造施工］入門

原口秀昭 著

彰国社

本書作成にあたって、国土交通省大臣官房官庁営繕部監修「建築工事共通仕様書」、日本建築学会「JASS5 鉄筋コンクリート工事」「鉄筋コンクリート造配筋指針・同解説」「鉄筋コンクリート構造計算基準・同解説」などを多く参照しました。せき板や支保工の存置期間などの数字は、JASS5や告示などにより少しずつ異なり、建築士過去問では複合されて出題されています。その場合は、建築士過去問題に合わせた数字としています。

本文中略語の凡例
基準法：建築基準法
JASS5：日本建築学会「建築工事標準仕様書・同解説 JASS5 鉄筋コンクリート工事」
RC基準：日本建築学会「鉄筋コンクリート構造計算基準・同解説」
配筋指針：日本建築学会「鉄筋コンクリート造配筋指針・同解説」
共仕：公共建築協会「建築工事共通仕様書」
公仕：公共建築協会「公共建築工事標準仕様書（建築工事編）」
労安規：労働安全衛生規則

装丁＝早瀬芳文
装画＝内山良治
本文フォーマットデザイン＝鈴木陽子

はじめに

「現場百回！」 設計事務所時代から大学での教育に至るまで、これを心掛けてきました。多くの人が集まってつくり上げる祝祭的な雰囲気、目の前で大きな実物ができてくるライブ感は、何度訪れてもたまりません。某建設系新聞の記者さんに、年間にこれだけの回数の現場見学会をしているのは珍しいと言われたこともあります。それでも毎現場ごとに、勉強になることがあるので、建築は幅が広く奥も深く、本当に面白いと感じます。教室よりも現場、展覧会よりも現場、竣工後よりも工事中の現場です。

『ゼロからはじめる建築の［施工］入門』は、施工の全体像を、大ざっぱにとらえてもらおうとしたものです。今回は施工分野でも、鉄筋、型枠、コンクリート工事に集中し、進展した内容としています。人類の使う資源のうち、水の次に多いのがコンクリートです。RC造、SRC造はもちろんのこと、S造、木造でも基礎にはコンクリートを使っています。RCは、躯体施工で最も重要な部分と思われます。

全体の構成は、鉄筋、型枠、コンクリートと、ほぼ工事の順としています。設問は1級、2級建築士、1級、2級施工管理技士、コンクリート（主任）技士の問題からテーマをピックアップし作成しました。それで埋まらない部分は創作した基本問題を載せています。本書で構造とかかわるようなところは、構造の説明も合わせてしています。施工と構造を一緒に勉強する、ハイブリッドな勉強をすることをおすすめします。

本書を読み込むだけで、RC工事の基礎をひととおり学習でき、建築士の試験対策ともなり、実務でも役に立つと自負しています。1頁を1ラウンド（1R）、3分で進んでいきましょう。用語や数字を少しでも楽に覚えられるように、長く忘れないように、記憶術は語呂合わせだけでなく、イラストで視覚的に覚えたり、複数項目を同時に覚えられるものなど、工夫をこらしました。最後に重要用語、数字をまとめてあるので、活用してください。

建築の図だけでは退屈になるので、イラストやマンガをなるべく多く入れてあります。元はブログ（https://plaza.rakuten.co.jp/mikao/）で毎日1頁程度、学生に読ませるようにしていたものです。学生はマンガを付けないと、読んでくれません。その原稿を加筆修正して本にしたのが「ゼロからはじめるシリーズ」で、本書で15冊目となります。マンガが多いせいか、その多くが中国、台湾、韓国でも翻訳されて出版されています。台湾の読者の方から、彼のデスクに並んだ拙著翻訳本の写真と共に、感謝のメールが寄せられた時は、長年苦労した甲斐があったと嬉し

くなりました。

某建築マスコミの記者さんからはデスクの上に並べて参考にしていると言われたり、某大学の教授から愛読されているとのお手紙をいただいたり、ホームインスペクターの方から事務所の本棚に並べていますと言われたり、不動産オーナーにも愛読者が多くいるようで、書き続ける励みとなっています。

図や絵の多い本を書くように、すべての建築分野で書くようにと励まし続けてくれたのは、大学時代の恩師、故鈴木博之氏でした。毎朝4時に起きて出勤前に書き続ける作業をここまで続けてこられたのは、鈴木氏からの手紙による励ましによるところが大きいです。このような本を書く作業は、大学の4年の時から続けているので、自分でも呆れてしまいます。

企画を立ち上げてくれた中神和彦さん、編集作業をしてくれた彰国社編集部の尾関恵さん、多くのことを教えてくださった専門家の皆様、専門書やサイトの著者の皆様、ブログの読者の方々、語呂合わせなどを一緒に考えてくれ、色々とツッコミを入れてくれた学生たち、本シリーズを支えてくれた読者の皆様に、この場を借りてお礼申し上げます。本当にありがとうございました。

2018年9月　　　　　　　　　　　　　　　　　　　　　　原口秀昭

もくじ CONTENTS

はじめに…3

1 計画供用期間
計画供用期間…8

2 鉄筋材
鉄筋の強度…9 圧延マーク…11 赤さび…12

3 鉄筋の加工・組立て
曲げ加工…13 柱主筋…14 歩み板とキャップ…16 加工寸法の許容差…17 フック…19 結束…26 鉄筋相互のあき…29

4 かぶり厚さ
柱・梁…31 付着割裂破壊…35 主筋…36 目地…37 捨てコンクリート…38 基礎…39 数値…40 スペーサー…44 補強筋…47

5 定着
梁主筋…49 腹筋…53 小梁の斜め定着…54 フックと定着…55 スラブ下端筋…59 スラブ筋・壁筋定着 まとめ…60 定着長さ まとめ…61

6 継手
重ね継手の長さ…62 重ね継手のずらし…65 D35以上の継手…66 継手の位置…67 カットオフ筋…72 基礎梁あばら筋…73 スパイラル筋…74 壁縦筋のあき重ね継手…76 杭基礎のベース筋…77

7 ガス圧接
圧接技量資格者…78 降雨時のガス圧接…79 機械式継手のずらし…80 径・ランク…81 自動ガス圧接…82 圧接端面間のすき間…83 切断機…84 端面処理…85 ふくらみと長さ…87 偏心量とずれ…88 圧接の修正…89 火炎…91 検査…93 定着、継手、圧接 まとめ…94

8 型枠工事
型枠計画図・型枠工作図…97 せき板…98 透水型枠…101 セパレーター…102 端太材…106 パイプサポートと鋼管…107 足場…113 ターンバックル…114 腰壁…115 柱型枠…116 スリーブ…118 スペーサーの確認…120 金属製型枠パネル…121 フラットデッキ…122 鋼製仮設梁…124 コラムクランプ…125 ハーフプレキャストコンクリート板型枠…126 スライディングフォーム工法…127

9 型枠・支保工にかかる荷重
型枠・支柱にかかる荷重…128 型枠と鉄筋コンクリートの荷重…132 打込み時の荷重…134 コンクリートの側圧…136 許容応力度…142 型枠の許容応力度…150 型枠の許容変形量…154 大引のたわみ…155 せき板の存置期間…158 支保工の存置期間…169 供試体の養生…175 存置期間 まとめ…177 プレキャスト脱型時の所要強度…178 プレキャスト供試体の養生…179

10 セメント・骨材
セメントの原料…180　セメント粒子の比表面積…181　早期強度と水和熱…182　セメントの容積と保管…185　骨材の量…186　骨材の性質…188　細骨材率…190

11 コンクリートの性質
普通コンクリート…191　フレッシュコンクリート、レディーミクストコンクリート…192　温度と強度…193　寒中・暑中コンクリート…194　コンクリートの種類　まとめ…196　コンクリートのヤング係数…197　鋼のヤング係数…198　線膨張係数…199　フェノールフタレイン液…200

12 スランプとフロー
スランプ…201　コンシステンシー…207　プラスティシティー…208　フィニッシャビリティー…209　ワーカビリティー…210　フレッシュコンクリートの性質　まとめ…211

13 空気量と塩化物
空気量…212　高性能 AE 減水剤…217　塩化物イオン量…218　温度測定…220　検査項目　まとめ…221　検査不合格の対処…223

14 水セメント比
水セメント比と強度…224　水セメント比の計算…226　中性化速度と圧縮強度…228　セメントの化学式…230　塩化物イオンの浸透…231　ブリーディング…232　普通ポルトランドセメント…233　混合セメント…234　水密コンクリート…235　水セメント比　まとめ…237

15 単位水量
単位水量…238　受入れ時の単位水量…239　高強度コンクリート…240　乾燥収縮ひび割れ…242　骨材…248　スラッジ水…253

16 単位セメント量
普通コンクリート…254　水和熱…255　過小の場合…258　自己収縮…259　高性能 AE 減水剤…260　水中コンクリート…261

17 コンクリートの強度
設計基準強度 F_c…262　耐久設計基準強度 F_d…263　シリカフューム…264　品質基準強度 F_q…265　調合管理強度 F_m…266　構造体強度補正値 S…267　構造体コンクリート強度…270　荷卸し検査、受入れ検査…275　供試体の養生…276　呼び強度…279　調合強度…280　コンクリートの強度　まとめ…281　調合の定め方の手順…282　調合の要点…283　リバウンドハンマー…284　標準偏差と正規分布…285　$\bar{X}$ 管理図…297　$\bar{X}$-R 管理図…298

18 コンクリートの打込み
練混ぜから打込み終了まで…299　2つの生コン工場…301　ドラムの高速回転…302　寒中コンクリート…303　暑中コンクリート…305　マスコンクリート…306　輸送管…307　軽量コンクリートのスランプロス…

310 先送りモルタル…311 打込み速度…312 縦型シュート…313 壁への打込み…314 梁への打込み 315 片持ちスラブへの打込み…316 パラペットへの打込み…317 鉛直打継ぎ部…318 水平打継ぎ部…319 打重ね時間…320 バイブレーター…321 型枠振動機、突き棒、たたき…326 スペーサーの脱落…327 床スラブの打込み…328 締固め、突固めの重要さ…330 ひび割れ…331 ひび割れの形…338 ひび割れ誘発目地…343 床スラブの墨出し…345 打継ぎ面の処理…346

19 コンクリートの養生
湿潤養生…348 養生期間…353 養生温度…356 養生と強度…357 仕上がり…361 エフロレッセンス…364 良いコンクリート、悪いコンクリート…365

20 暗記する事項
暗記する事項…366

索引…394

R001 計画供用期間

Q 鉄筋コンクリートの耐久性の指標で、標準供用級の場合は、計画供用期間はおよそ何年？

A およそ65年です。

供用とは、多くの人が使用するために提供することですが、供用期間は耐用年数とほぼ同義で、下図の供用級はJASS5に提示されています。計画供用期間は、計画時に想定されている鉄筋コンクリートの耐用年数で、鉄筋のかぶり厚さ、コンクリートの強度などのグレードなどを決定する際に、その級によって変えることになります。標準の65年、長期の100年は覚えておきましょう。

構造体の計画供用期間

計画供用期間の級	計画供用期間
短期供用級	およそ30年
標準供用級	およそ65年
長期供用級	およそ100年
超長期供用級	およそ200年

65歳は標準

100歳は長寿！

― スーパー記憶術 ―

<u>65</u>歳まで働くのが<u>標準</u>
65年　供用期間　標準供用級

鉄筋の強度 その1

Q SD345、SR295の記号の意味は？

A SDは異形棒鋼、SRは丸鋼を指し、345、295の数字は降伏点強度（N/mm²）を示します。

SDは異形棒鋼（異形鉄筋）、SRは丸鋼を指します。その後に続く数字は、降伏点強度を示します。SD345は、降伏点強度が345N/mm²以上あることを保証しています。降伏点が明確でない場合は、耐力を擬似的な降伏点とします（次頁参照）。

直径が約10mmの異形棒鋼はD10、直径が9mmの丸鋼はφ9と表します。異形棒鋼の場合は直径がはっきりしないので、重さの等しい丸鋼の径を使います。

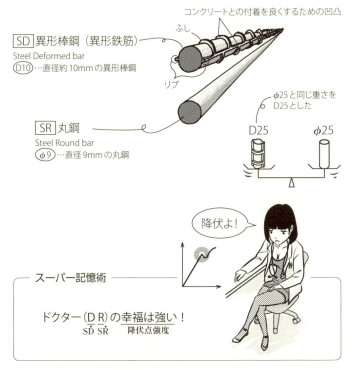

SD 異形棒鋼（異形鉄筋）
Steel Deformed bar
D10…直径約10mmの異形棒鋼

SR 丸鋼
Steel Round bar
φ9…直径9mmの丸鋼

φ25と同じ重さをD25とした

― スーパー記憶術 ―

ドクター（D R）の幸福は強い！
　　　　SD SR　 降伏点強度

- D10のDはDiameter（直径）のD。
- φ（ファイ）は直径を示すときによく使われるギリシャ文字。現場でパイ（π）と間違えて言っていた人がいましたので、注意してください。

鉄筋の強度　その2

Q 引張り強度、降伏点強度、耐力とは？

A 引張り強度は最大の引張り応力度、降伏点強度は弾性限界で塑性（そせい）化するときの引張り応力度、耐力は、ある一定残留ひずみ度における引張り応力度です。

引張り強度は引張り応力度の最大値（$\sigma-\varepsilon$グラフの山の高さ）、降伏点強度は弾性限界の応力度（降伏棚の高さ）、耐力は0.1%（0.2%）など残留ひずみの点での応力度です。$\sigma-\varepsilon$がきれいな直線にならずに、ひずみが残りながら変形する曲線の場合、0.1%耐力などで降伏点強度の代わりとします。ステンレス鋼などは降伏点が明確でなく耐力を降伏点強度の代わりとしますが、曲げられたり熱が加えられた鋼でも、このような変形をすることがあります（応力度、降伏点強度についてはR130参照）。

応力度－ひずみ度曲線（$\sigma-\varepsilon$グラフ）

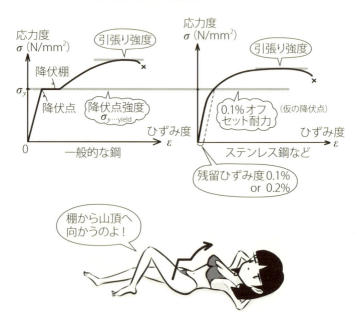

★ R004 圧延マーク

Q JIS規格の鉄筋で、突起が1個のマークは？

A SD345の圧延マーク（識別記号）です。

製鉄所で圧延（熱して軟らかくなった鉄を圧して延ばす）する際に鉄筋に付ける圧延マークは、下図のように突起が1個の場合はSD345です。そのほかに鉄筋の束ごとに付けるメタルタグ、全体に付けるミルシート、鉄筋の切断面に塗られた色などで製品を判別します。

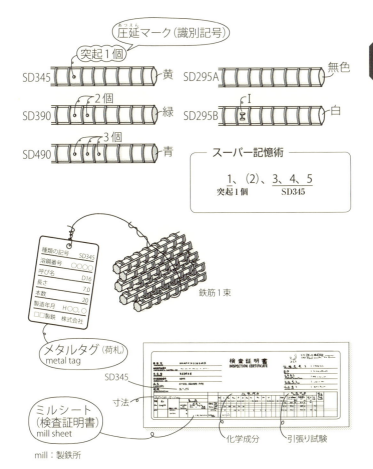

スーパー記憶術

$\underline{1}$、（2）、$\underline{3、4、5}$
突起1個　　　SD345

mill：製鉄所

赤さび

Q 鉄筋の薄い赤さびは除去する？

A コンクリートとの付着が良くなるので、そのままにします。

薄い赤さびは、コンクリートとの付着がかえって良くなるので、除去しなくてもOKです。粉状になる赤さび、厚く皮状になった赤さびはコンクリート中に混じったり、鉄筋とコンクリートの付着が悪くなるので不可です。ワイヤーブラシやピックハンマーなどで取り除きます。

- スラブから立ち上がった柱主筋や壁筋に、硬化したモルタルが付いていることがあります。その場合もワイヤーブラシやピックハンマーなどで取り除きます。
- 鉄骨造の柱梁で、高力ボルト接合部、コンクリート埋込み部は薄い赤さびが出ている状態で施工し、さび止め塗装はしません。さび止め塗装すると、摩擦がなくなり、コンクリートとの付着も悪くなります。

★ R006　曲げ加工

Q 鉄筋の曲げ加工は熱を加えて行う？
▼
A 常温（冷間）で行います。

熱を加えると鋼は硬くなって、粘りがなくなります。鉄筋の折曲げ、切断は必ず常温で行います。常温のことを冷間と表現することもあります。折曲げはバーベンダー（自動鉄筋折曲げ機）、切断は電動カッター（シャーカッター）か冷間直角切断機で行います。

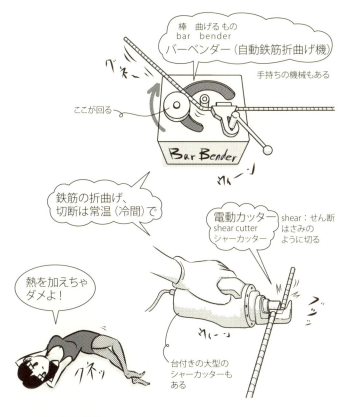

スーパー記憶術

シャーッとカッターで切る

柱主筋　その1

Q 上下階の柱幅が異なる場合、主筋は折り曲げてよい？

A 梁せいの範囲で主筋を折り曲げることができます。

上階に行くほど柱を細くするのは、RC造ではよく行われます。主筋を連続させる場合は折り曲げる必要がありますが、折曲げは梁せいの範囲内で行います。下図左のように梁せいの外側でも折れ曲がっていると、柱の主筋が本来の位置より内側に入ることになります。柱が曲げる力を受ける場合、外側にある鉄筋ほど抵抗する力は強くなりますが、内側にずれるとその鉄筋の効きが弱くなってしまいます。柱の太さの違いが梁せいに対して一定以上の場合は、連続させずに、上の主筋と下の主筋を別々にして定着させます。

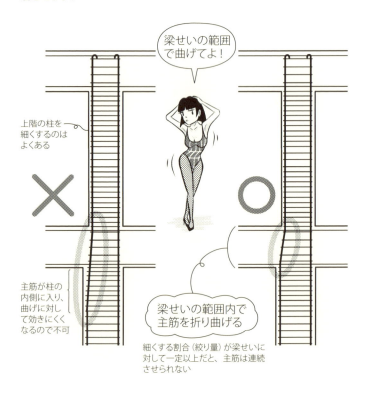

上階の柱を細くするのはよくある

主筋が柱の内側に入り、曲げに対して効きにくくなるので不可

梁せいの範囲で曲げてよ！

梁せいの範囲内で主筋を折り曲げる

細くする割合（絞り量）が梁せいに対して一定以上だと、主筋は連続させられない

★ R008 柱主筋 その2

Q 柱主筋の台直しを行う場合はどうする？

A コンクリートをはつって、主筋をゆるやかに曲げます。

台直しとは、コンクリートに打ち込んだ鉄筋やアンカーボルトの位置を、曲げて修正することです。原則として台直しは不可ですが、やむをえない場合は、急に曲げずに、コンクリートをはつってゆるやかに曲げます。また曲げる際は、加熱せずに常温（冷間）で行います。鋼は加熱すると粘りがなくなり、硬くもろくなってしまいます。

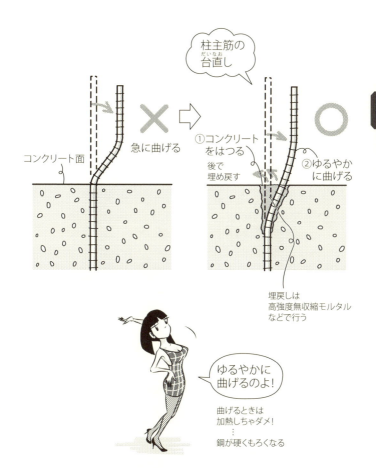

歩み板とキャップ

Q 鉄筋組立て後、スラブ上の作業を行うには、養生をどうする？

A 歩くところに歩み板を置き、柱主筋、壁筋の上端にはプラスチック製のキャップをかぶせます。

下図のように歩み板を渡すと、鉄筋を乱さずにすみます。柱主筋、壁筋は、上の階の鉄筋と継手するために、垂直に立ち上がっています。コンクリートを打ち込んだ後も、スラブ上に立ち上がっているため皮膚や衣類を引っ掛けやすいので、黄色などのプラスチック製キャップをかぶせておくと、安全です。

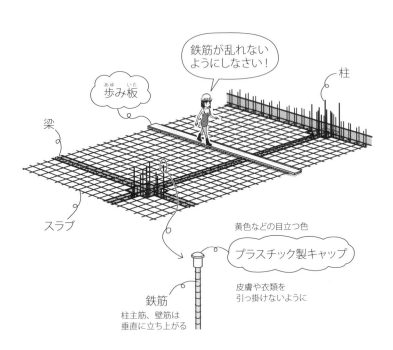

R010 加工寸法の許容差 その1

Q D35を用いる柱、梁主筋をL形に加工する場合、一辺の加工寸法の許容差は?

A D29以上の主筋は、±20mmです。

鉄筋の加工寸法の許容差(誤差)は、下表のようにJASS5、配筋指針で決められています。D29以上の主筋の加工寸法許容差は、±20mmです。

加工寸法の許容差 (JASS5、単位:mm)

項目		符号	許容差
各加工寸法	主筋 D25以下	a, b	±15
	主筋 D29以上D41以下	a, b	±20
	あばら筋、帯筋、スパイラル筋	a, b	±5
加工後の全長		ℓ	±20

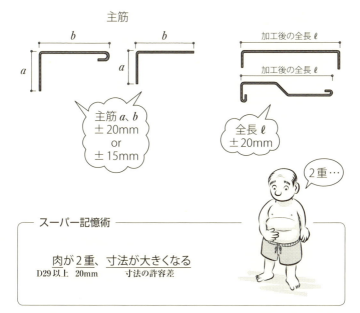

スーパー記憶術

肉が2重、寸法が大きくなる
D29以上 20mm　寸法の許容差

加工寸法の許容差　その2

Q 帯筋の加工寸法の許容差は？

A ±5mmです。

帯筋、あばら筋、スパイラル筋（グルグル巻かれた帯筋）の加工許容差は±5mmとされています。帯筋、あばら筋はコンクリート表面に近く、その大きさの誤差は、かぶり厚さに深刻な影響を及ぼすので、主筋に比べて少なめに設定されています。

帯筋、あばら筋、スパイラル筋　加工寸法の許容差

スパイラル筋

a、b ±5mm

溶接閉鎖形筋

帯筋の許容差は±5mmよ！

hoop

―― スーパー記憶術 ――

帯の誤差
帯筋　5mm差

★ R012　　　フック　その1

Q 異形鉄筋を用いた主筋の場合、末端部にフックは必要？

A 出隅部のみフックが必要です。

鉄筋の末端にはフックを付けるのが原則です。コンクリートにしっかり定着、付着して抜けないように、すべらないようにするためです。ただし鉄筋表面に凹凸のある異形鉄筋では、抜けにくく、すべりにくいことから、一部を除いてフックなしでOKとされています。必ずフックを付けなければならない例外は、柱梁の隅角部です。コンクリートが鉄筋周囲に少なく、すべって付着割裂破壊しやすいからです。

丸鋼の末端部 ──→ すべてにフック
異形鉄筋の末端部 → 柱梁隅角部（出隅部）のみフック　その他は省略可

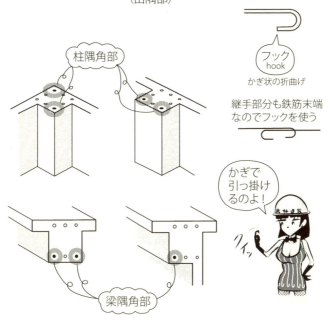

- 丸柱の場合は四隅がないので、フックを省略できます。

フック その2

Q D19のフックにおける折曲げ内法直径は?

A $4 \times 19 = 76\text{mm}$ 以上必要です。

折り曲げる直径が小さいと、その内部のコンクリート量も小さくなり、そこにかかる面積当たりの力(部分的にかかる圧縮応力=支圧応力)が大きくなって、コンクリートが壊れやすくなります。鉄筋の強度が大きいほど、径が太いほど、折り曲げる直径が大きく規定されています。SD345で<u>D19</u>の場合、内法直径は<u>$4d$以上</u>なので、$4 \times 19 = 76\text{mm}$以上必要となります。

鉄筋の折曲げ形状・寸法 (JASS5)

図	折曲げ角度	鉄筋の種類	鉄筋の径による区分	鉄筋の折曲げ内法直径 (D)
180°	180°	SR235 SR295 SD295A SD295B SD345	16φ以下 D16以下	$3d$以上
135°	135°			
90°	90°		19φ D19〜D41	$4d$以上

d:丸鋼では径、異形鉄筋では呼び名に用いる数値
D19のDと折曲げ内法直径のDは別の意味です (JASS5)

急に曲げるのはダメ!

― スーパー記憶術 ―

1、2、<u>3</u>、<u>4</u>、<u>5</u>
S D 3 4 5
    ↓   ↓
   $3d$ $4d$以上

フック　その3

Q 鉄筋の折曲げ内法直径は、折り曲げる角度で変わる？

A 変わりません。

間違いやすいですが、折曲げ内法直径 D は折曲げ角度では変わりません。鉄筋が太いと大きい力がかかるので、直径を大きくして、直径内に入るコンクリートを多くします。余長は角度で変わります。180°より90°の方が抜けやすいので、90°フックの余長は長めに設定されています。

鉄筋の折曲げ形状・寸法　　(JASS5)

図	折曲げ角度	鉄筋の種類	鉄筋の径による区分	鉄筋の折曲げ内法直径 (D)
180°	180°	SR235 SR295 SD295A SD295B SD345	16φ以下 D16以下	$3d$以上
135°	135°			
90°	90°		19φ D19～D41	$4d$以上

d：丸鋼では径、異形鉄筋では呼び名に用いる数値

内法直径 D は角度で変わらない！

抜けにくい ←――――――→ 抜けやすい
180°　　135°　　90°

$4d$以上　　$6d$以上　　$8d$以上

フックの余長
(R017参照)

余長は角度で変わる！

∴角度がゆるいと抜けやすくなるので、余長を長くするため

★ **R015** フック　その4

Q 帯筋、あばら筋末端部のフックの角度は？

A 135°以上のフックにします。

帯筋（フープ）、あばら筋（スターラップ）を、主筋のまわりにグルッと巻いて、しっかりとタガを締めます。定着とは鉄筋が抜けないように、しっかりと留めること。この場合は主筋にフックを引っ掛け主筋からはずれないようにすること、輪がはずれないようにすることです。90°フックでははずれる危険があるので、必ず135°以上のフックとします。135°フックのほかに、溶接で留めた溶接閉鎖型もあります。

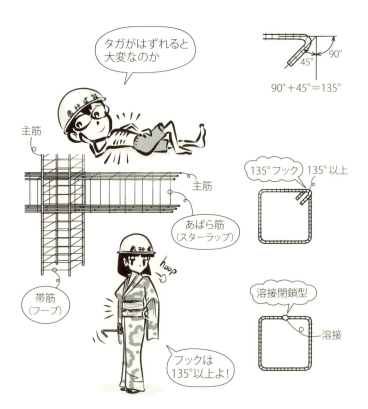

★ R016 フック その5

Q 隣り合う帯筋、あばら筋のフックは同じ位置としてよい？

A 強度上の欠点となるため不可です。

フックの位置がそろうと、強度上の欠点となります。帯筋、あばら筋のフックは、下図のように交互にずらして配置します。帯筋なら対角線の反対側に交互に、または四隅を順に回るように。あばら筋なら左右交互に、U字形の鉄筋を組み合わせる場合は上下交互になるようにします。

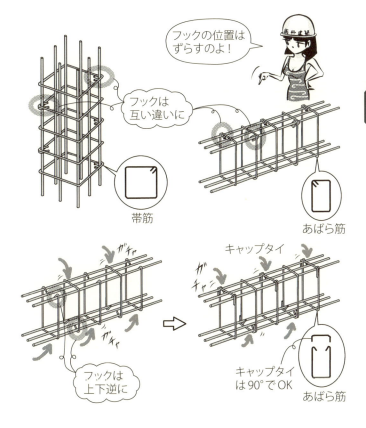

★ R017 フック その6

Q D13の帯筋端部135°フックの余長は？

A 6×13＝78mm以上とします。

余長とは、余った長さ、ゆとりの長さのことです。フックの余長は、鋼の強度に関係なく、下図のように4d、6d、8dと形状ごとに決められています。帯筋、あばら筋に使う135°フックの余長は6d以上なので、D13（呼び名が13mm、円ではなく凹凸があるので呼び名となる）では6×13＝78mm以上となります。折り曲げる部分の内法直径は、SD345、SD390などの種類によって異なり、鉄筋の降伏点強度が大きい方が内法直径も大きく定められています。

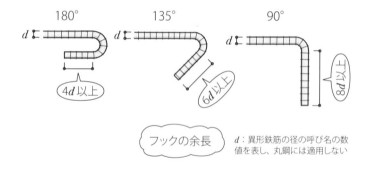

フックの余長　　d：異形鉄筋の径の呼び名の数値を表し、丸鋼には適用しない

抜けやすい方が長いのよ！

― スーパー記憶術 ―

スパイラル状の帯筋（スパイラル筋）　帯筋の形から6を連想する　余長　6d

★ **R018**  フック　その7

Q キャップタイの端部のフックの角度、余長はスラブのあるとき、ないときでどうなる?

A スラブのある側は90°フックで余長は8d、スラブのない側は135°フックで余長は6dとします。

キャップタイとは、上からキャップをしてあばら筋の一部とする鉄筋のことです。スラブのある側は、鉄筋周囲のコンクリート量が多いため、90°フックでよいとされています。90°フックは抜けやすいので、余長は8dとります。スラブのない側は135°フックとし、余長は6dとります。

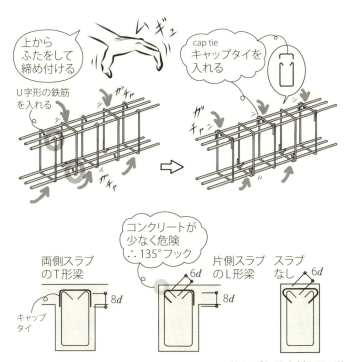

(キャップタイを太く書いている)

- cap tie：キャップをして締め付ける (tie) 金具。tieはネクタイ (neck tie) のtie。
- T形梁、L形梁：スラブと一体化した梁。スラブの一部も梁として構造計算する。

結束 その1

Q 帯筋を柱主筋に点付け溶接で留めてよい?

A はずれやすいのでダメです。なまし鉄線で結束して留めます。

鉄筋交差部の点溶接は、溶接部が小さくてはずれやすく、急熱急冷で鉄が硬くもろくなるので不可です。アーク放電の熱で溶接するアーク溶接のうち、瞬間的にアークを飛ばすことをアークストライク(arc strike)と呼びます。アークストライクは急熱急冷で、溶接欠陥となります。鉄筋交差部の点溶接やアークストライクは、行ってはならないとされています。交差する鉄筋は、径が0.8〜0.85mmのなまし鉄線で結束して留めます。鉄筋を同じ方向に沿わせて行うフレア溶接は可能です(R058参照)。

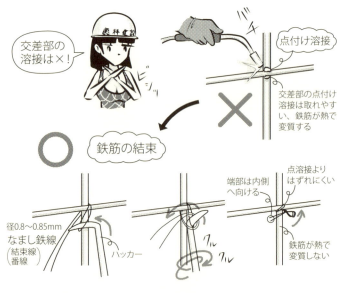

- なまし(焼きなまし):加熱してゆっくり冷やすこと。鉄は焼きなましすると、軟らかくなります。
- 番線:太さを番号で表した針金のこと。12番線を番線と略称したもの。
- 太径の鉄筋の結束では、0.8〜0.85mmのなまし鉄線を2〜3本束ねるか、2〜3mmの太いなまし鉄線を使います。

★ R020 結束 その2

Q 柱主筋と帯筋の結束は、どのくらいの数を行う？

A 四隅では全数、その他では半数以上結束します。

柱、梁の四隅の交点は重要なポイントで、ずれてはいけないので全数結束、その他の柱、梁、壁、スラブ(次頁参照)の交点は半数以上を標準とします。なまし鉄線の残った部分は、さびや危険防止のため、コンクリート表面に出ないように、部材内部へ折り曲げます。

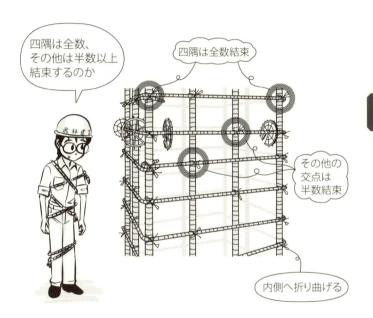

3 鉄筋の加工・組立て

★ R021　結束　その3

Q スラブの主筋と配力筋の結束は、どのくらいの数を行う？

A 交点の半数以上で、バランスよく結束します。

前項で述べたように、スラブ、壁では結束は交点の半数以上です。スラブではスパンの短い短辺方向の負担が大きいため、短辺方向を主筋、長辺方向を配力筋（副筋）とします。

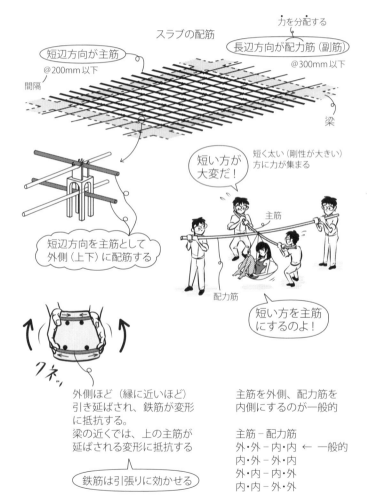

外側ほど（縁に近いほど）引き延ばされ、鉄筋が変形に抵抗する。
梁の近くでは、上の主筋が延ばされる変形に抵抗する

鉄筋は引張りに効かせる

主筋を外側、配力筋を内側にするのが一般的

主筋 − 配力筋
外・外 − 内・内　← 一般的
内・外 − 外・内
外・内 − 内・外
内・内 − 外・外

R022　鉄筋相互のあき　その1

Q 柱主筋D25の鉄筋相互のあきは、粗骨材の最大寸法が20mmの場合、何mm必要？

A 径の1.5倍以上、粗骨材の最大寸法の1.25倍以上、かつ25mm以上なので、37.5mm以上必要です。

鉄筋相互のあきが小さいと、粗骨材（砂利）が詰まって、生コン（フレッシュコンクリート）がうまく流れなくなってしまいます。鉄筋間のコンクリートが薄いと、鉄筋とコンクリートが一体化しないという構造上の問題も生じます。鉄筋相互のあきは径の1.5倍以上、粗骨材最大寸法の1.25倍以上、かつ25mm以上とされています。25×1.5＝37.5mm以上、20×1.25＝25mm以上、25mm以上なので、37.5mm以上必要となります。

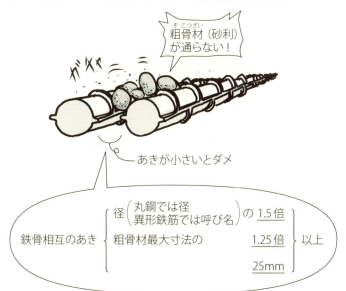

3 鉄筋の加工・組立て

― スーパー記憶術 ―

飽きやすいおけいこでも最大のニコ　ニコで！
あき　　　　径1.5倍　　最大寸法 1.25倍 25mm

★ R023 鉄筋相互のあき その2

Q 柱主筋 D19 の鉄筋相互のあきは、粗骨材最大寸法が 20mm の場合、何 mm 必要？

A 19×1.5＝28.5mm 以上、20×1.25＝25mm 以上、25mm 以上なので、28.5mm 以上必要です。

柱主筋のあきは、生コンの流れやすさという施工の面、鉄筋とコンクリートとの一体化という構造の面から重要です。再度、計算練習をしておきましょう。

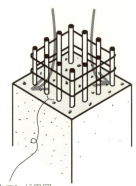

生コンを中央から周囲へ流す

主筋のあきが小さいと、生コンが周囲へ流れにくくなる。
主筋の間のコンクリートが少ないと、鉄筋とコンクリートの一体性が弱くなる

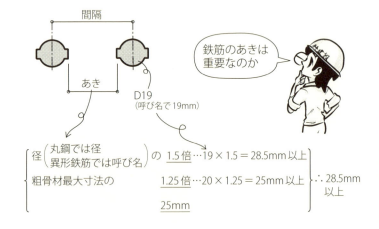

間隔 / あき / D19 (呼び名で19mm)

鉄筋のあきは重要なのか

- 径（丸鋼では径／異形鉄筋では呼び名）の **1.5倍**…19×1.5＝28.5mm 以上
- 粗骨材最大寸法の **1.25倍**…20×1.25＝25mm 以上
- **25mm**

∴ 28.5mm 以上

【 飽きやすいおけいこでも最大のニコ ニコで！ 】
　あき　　径1.5倍　　最大寸法 1.25倍 25mm

【 】内スーパー記憶術

R024

柱・梁 その1

Q 柱鉄筋に対するコンクリートのかぶり厚さは、主筋の外側からコンクリート表面までの最短距離？

A いいえ。かぶり厚さは、主筋の外側からでなく帯筋から測ります。

鉄筋の外側にコンクリートがどれくらいかぶっているかがかぶり厚さです。<u>一番外側の鉄筋からコンクリート表面までの距離なので、柱では帯筋、梁ではあばら筋の表面から測ります。</u>

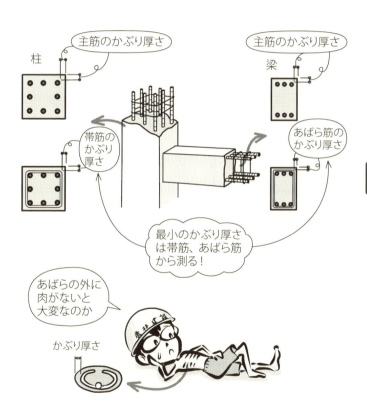

- かぶり厚さといった場合、一般にその最小値を指します。かぶり厚さ60mm以上といったら、最小値、すなわち一番外側の鉄筋のかぶり厚さが60mm以上ということです。

★ R025　　　　　　　　　　　　　　　　　　柱・梁　その2

Q 柱鉄筋に対するコンクリートのかぶり厚さは、帯筋の中心からコンクリート表面までの最短距離？

A いいえ。帯筋の中心からではなく、外側表面からコンクリート表面までの最短距離です。

柱、梁における鉄筋のかぶり厚さは、帯筋、あばら筋の<u>外側から</u>コンクリート表面までの最短距離です。中心からではありません。

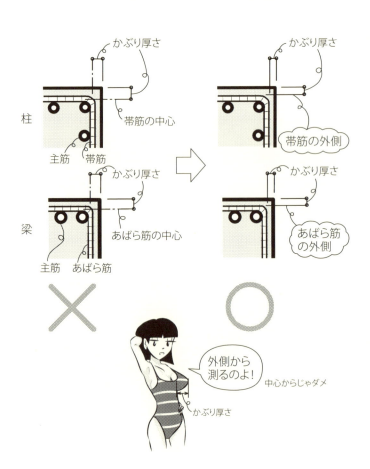

R026 柱・梁 その3

Q 柱、梁における鉄筋に対するコンクリートのかぶり厚さは、せん断補強筋からコンクリート表面までの最短距離？

A せん断補強筋とは帯筋、あばら筋を指すので、その通りです。

ずらして平行四辺形にしようとするせん断力に、帯筋、あばら筋は下図のように抵抗するので、せん断補強筋とも呼ばれます。主筋の外側に巻くので、そこからコンクリート表面までをかぶり厚さとします。帯筋、あばら筋の構造的役割も、ここでしっかりと頭に入れておきましょう。

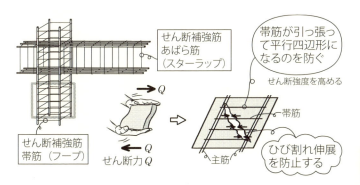

帯筋には、下図のように、内側の主筋とコンクリートを拘束する、たがをはめる重要な役割もあります。

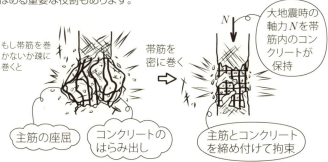

- 直角に巻かれた帯筋、あばら筋が、なぜせん断力に抵抗するのか筆者は納得できず、RC構造の学者の方に、何度もレクチャーしていただいたことがあります。大げさに平行四辺形を書いてみて、納得できました。より破壊が進んでトラス機構となったときの仕組みは、拙著『ゼロからはじめる[RC+S構造]演習』のp.95をご覧ください。

R027 柱・梁 その4

Q 鉄筋に対するコンクリートのかぶり厚さは、何のために必要？

A 鉄筋の外側のコンクリートの亀裂やはく離を防ぐ、コンクリートの<u>中性化</u>によるさびから鉄筋を守る、鉄筋の<u>耐火被覆</u>、鉄筋の外側を砂利が流れやすくする、鉄筋とコンクリートを一体化して応力を伝わりやすくする、などのために必要です。

かぶり厚さが小さくて薄いと、はく離や亀裂の原因となります。また、二酸化炭素によって表面から中性化が進んで、すぐに鉄筋がさびて膨張し、コンクリートが爆裂します。火災の熱によって鉄筋が弱くなったり、生コンの砂利が詰まりやすくなったりします。主筋のかぶり厚さが薄いと、引張り、圧縮などの力が働いたときに、外側のコンクリートが壊れやすく、主筋とコンクリートの一体性がなくなってしまいます。かぶり厚さは施工性ばかりでなく、耐久性や耐力にも関係する重要な指標です。

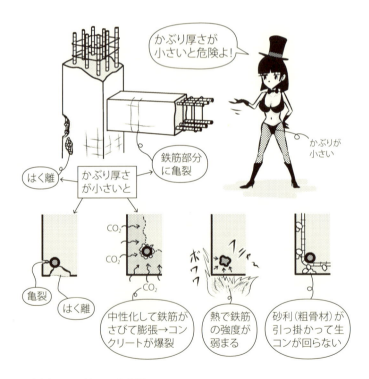

- 応力については R130 を参照。

★ R028　付着割裂破壊

Q 柱のコンクリートにおける付着割裂破壊を避けるには、隅角部の主筋を太くする？ 細くする？

A コンクリートとの接触面の少ない細い鉄筋の方が、付着割裂破壊を避けられます。

柱のコーナー部分は、鉄筋のまわりのコンクリートが薄く、割れやすくなっています。太い鉄筋が上下に引っ張られたり押されたりすると、コンクリートとの接触面ですべって壊れやすくなります。コンクリートとの付着部分で割れて裂けて破壊するので、付着割裂破壊といいます。少ない変形ですぐに壊れるので、脆性破壊です。脆性とは粘りがないことで、靱性の逆です。細い鉄筋の方が、付着割裂破壊しにくくなります。

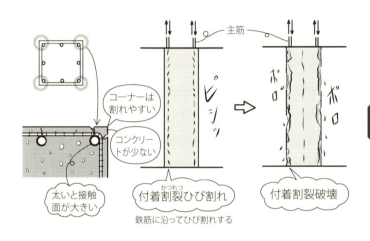

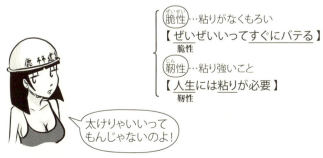

【　】内スーパー記憶術

主筋

Q 柱主筋をD29以上とした場合、主筋のかぶり厚さは径の何倍以上必要？

A 径の1.5倍、1.5d以上必要です。

前項で述べたように、太い主筋だと付着割裂ひび割れ、付着割裂破壊が生じやすくなります。そこで柱や梁の主筋にD29以上を使用する場合は、柱梁主筋のかぶり厚さを1.5d以上確保することとされています（共仕）。D29ならば29×1.5＝43.5mm以上、主筋のかぶり厚さが必要となります。帯筋がD10ならば、43.5－10＝33.5mm以上、帯筋のかぶり厚さが必要となります。

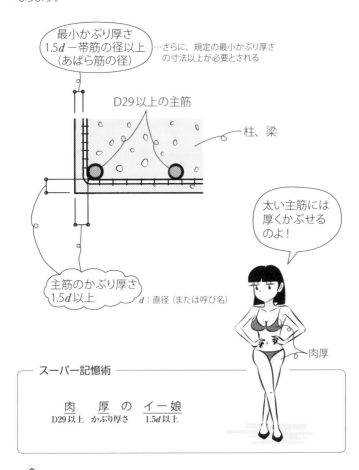

最小かぶり厚さ
1.5d－帯筋の径以上
（あばら筋の径）
…さらに、規定の最小かぶり厚さの寸法以上が必要とされる

D29以上の主筋

柱、梁

主筋のかぶり厚さ
1.5d以上　　d：直径（または呼び名）

太い主筋には厚くかぶせるのよ！

肉厚

― スーパー記憶術 ―

　　肉　　厚　　の　　イー娘
　D29以上　かぶり厚さ　　1.5d以上

★ R030　目地

Q 壁の打継ぎ目地の部分でも、かぶり厚さはコンクリート表面から鉄筋外側表面までの最短距離？

A いいえ。目地底から鉄筋外側表面までの最短距離です。

1階の床上まで→2階の床上まで…と順々にコンクリートを打って上へと上げていきます。打継ぎ面は水がしみ込むので、事前に目地の溝をつくっておき、後からシールをします。コンクリート表面から目地底までのコンクリートは、<u>増打ち</u>といって、構造に効かない部分とします。<u>鉄筋のかぶり厚さも、目地底から測ります。</u>

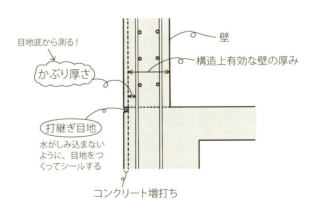

- ひび割れ誘発目地、収縮目地の部分でも、同様に目地底から測ります。

R031 捨てコンクリート

Q 基礎の鉄筋に対するコンクリートのかぶり厚さは、捨てコンクリートを含むことができる?

A 捨てコンクリートは含めることはできません。

捨てコンクリートとは、墨出し、配筋、型枠などの工事をするために打つコンクリートです。捨てコンと略称されることがよくあります。構造体のコンクリートと捨てコンクリートの間には水が浸入するので、かぶり厚さには捨てコンクリートの厚みは含めません。

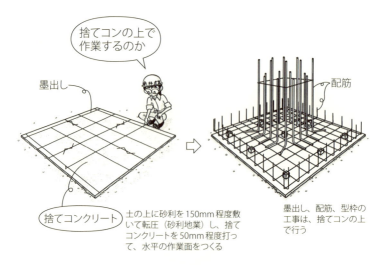

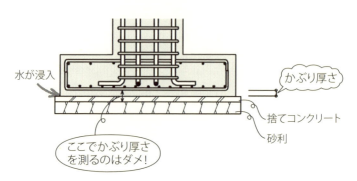

R032 基礎

Q 基礎に杭頭が食い込んでいる場合、基礎の鉄筋に対するコンクリートのかぶり厚さは、鉄筋表面から基礎底面までの最短距離?

A いいえ。基礎底面ではなく鉄筋表面から杭頭までの最短距離です。

杭頭は下図のように、基礎のフーチング内に食い込ませます。そのため、捨てコンクリートよりも上に、突き出た形となります。基礎と杭頭の間には水が浸入するため、基礎の鉄筋のかぶり厚さは杭頭から測ります。

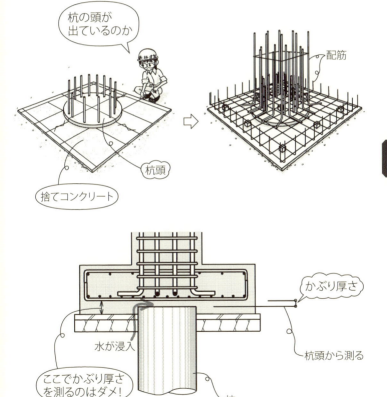

R033　数値　その1

Q 土に接する基礎部分の鉄筋における最小かぶり厚さは？（計画供用期間が標準）

A 最小かぶり厚さは **60mm** です。

鉄筋の最小かぶり厚さは、下表のように決められています。基礎の最小かぶり厚さは **60mm** です。

（JASS5）

鉄筋の最小かぶり厚さ (mm)		標準、長期	
		屋内	屋外
構造部材	床スラブ、屋根スラブ	20	30
	柱、梁、耐力壁	30	40
土に接する柱、梁、壁、床、布基礎立上がり部		40	
基　礎		60	

← 計画供用期間

2、3、4、6cmから覚えるのよ！

・基礎法施行令79の規定では屋内外の違いはなく、JASS5では上記のように屋外＝屋内＋10mmとされている。非構造部材で、構造部材と同等の耐久性を要求する部材は、スラブと同様に、20, 30mmとされている。
・土に接する部分と基礎の数値は、計画供用期間によらず、40, 60mmとされている。

スーパー記憶術

兄　さん　し　ぶって　かぶりを振る
2　　3　　4　　6cm以上

ぶ→む→6と連想する

★ R034 数値 その2

Q 設計かぶり厚さは、最小かぶり厚さに何mm加える？（計画供用期間が標準）

A 10mm加えます。

下表のように、最小かぶり厚さに施工誤差10mmを加えた数値を設計かぶり厚さとして、設計と施工を行います。たとえば基礎の最小かぶり厚さは60mm、設計かぶり厚さは60＋10＝70mmとなります。

標準・長期の場合

鉄筋のかぶり厚さ (mm)		最小かぶり厚さ		設計かぶり厚さ	
		屋内	屋外	屋内	屋外
構造部材	床スラブ、屋根スラブ	20	30	30	40
	柱、梁、耐力壁	30	40	40	50
土に接する柱、梁、壁、床、布基礎立上がり部		40		50	
基　礎		60		70	

（JASS5）

施工誤差＋10mm

【兄　さん　し　ぶって　かぶりを振る】
　2　　3　　4　6cm以上

【　】内スーパー記憶術

Point

屋外＝屋内＋10mm
　　　（水がかかるので）

設計かぶり厚さ＝最小かぶり厚さ＋10mm
　　　　　　　　　　　　　　（施工誤差）

10mm余裕をとるのか

★ R035 数値 その3

Q 屋内の柱の帯筋における最小かぶり厚さと設計かぶり厚さは？（計画供用期間が標準）

A 最小かぶり厚さは30mm、設計かぶり厚さは30＋10＝40mmです。

屋内の柱における鉄筋の最小かぶり厚さは、計画供用期間が標準か長期の場合、30mmとなります。それに施工誤差10mmを加えた40mmが設計かぶり厚さとなります。

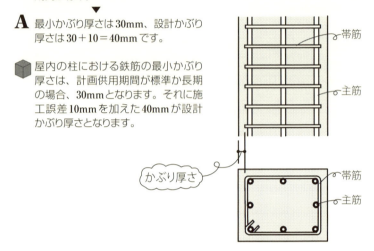

標準・長期の場合

鉄筋のかぶり厚さ (mm)		最小かぶり厚さ		設計かぶり厚さ	
		屋内	屋外	屋内	屋外
構造部材	床スラブ、屋根スラブ	20	30	30	40
	柱、梁、耐力壁	30	40	40	50
土に接する柱、梁、壁、床、布基礎立上がり部		40		50	
基礎		60		70	

（JASS5）

屋内の柱は最小で30mm、設計で40mmなのか

施工誤差＋10mm

【<u>兄</u> <u>さん</u> <u>し</u> <u>ぶって かぶり</u>を振る】
　2　　3　　4　6cm以上

【　】内スーパー記憶術

42

R036 数値 その4

Q 耐久性上有効な仕上げを施す場合、屋外側の最小かぶり厚さ、設計かぶり厚さから何mm減じることができる？（計画供用期間が標準）

A 10mm減じることができます。

コンクリートの外側に、右図のようなタイルや、石、モルタル、複層塗材（何層か重なる塗料）などが仕上げとして施される場合、屋外のかぶり厚さは10mm減じることができます。中性化（コンクリートのアルカリ性が二酸化炭素や酸性雨で中性になり、鉄筋がさびやすくなること）や水が浸入しにくくなるためです。

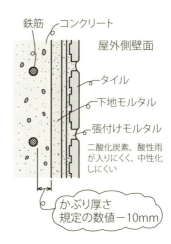

標準・長期の場合

鉄筋のかぶり厚さ (mm)		最小かぶり厚さ		設計かぶり厚さ	
		屋内	屋外	屋内	屋外
構造部材	床スラブ、屋根スラブ	⑳	30	30	40
	柱、梁、耐力壁	㉚	40	40	50
土に接する柱、梁、壁、床、布基礎立上がり部		㊵		50	
基礎		㉚60		70	

(JASS5)

タイル
石
モルタル
複層塗材
塗膜防水材
（トップコート）
など

有効な仕上げがあると－10mm

屋内のかぶり厚さと同じにできる

【兄 さん し ぶって かぶりを振る】
　2　　3　　4　　6cm以上

【　】内スーパー記憶術

スペーサー その1

Q 梁の配筋において、かぶり厚さを確保するためには、スペーサーの間隔は?

A 1.5m程度とります。

梁鉄筋のかぶり厚さを確保するために、下図のようなスペーサーを配置します。スペーサーは端部から1.5m以内、間隔は1.5m程度とされています。基礎梁も、同じ間隔で入れます（JASS5）。

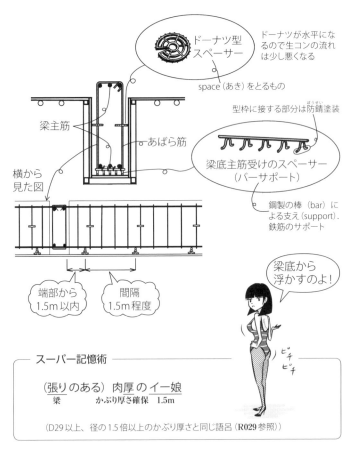

― スーパー記憶術 ―

(張りのある) 肉厚の イー娘
梁　　　かぶり厚さ確保　1.5m

（D29以上、径の1.5倍以上のかぶり厚さと同じ語呂（R029参照））

- バーサポートは鉄筋（bar）を支持（support）するもの、鉄筋のサポート、すなわちスペーサーと同義語として使われます。

★ R038　スペーサー　その2

Q スラブの配筋において、かぶり厚さを確保するためには、スペーサーの数量は？

A 上端筋、下端筋ともに、1.3個/m^2程度とします。

スラブ筋は、もち網のような格子状に組んだ鉄筋を上下2段にしたものが一般的です。型枠から鉄筋を浮かすために、下図のようなスペーサーを入れます。約90cm角に1個程度入れますが、それを計算すると<u>1.3個/m^2程度</u>となります（JASS5）。

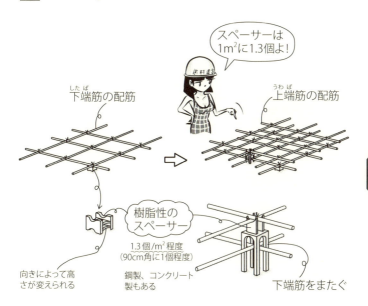

― スーパー記憶術 ―

スペーサー　その3

Q スラブや梁の底部のスペーサーは、モルタル製のものを使ってもよい？

A 強度が不足するので、コンクリート製か防錆処理された鋼製のスペーサーを使います。

スペーサーで型枠に当たる部分は、コンクリート表面となります。鋼製スペーサーは、さびないようにプラスチックで被覆するか、防錆塗装したものを使います。また、現状のモルタル製のスペーサーは強度が不足するので、コンクリート製を使用します。

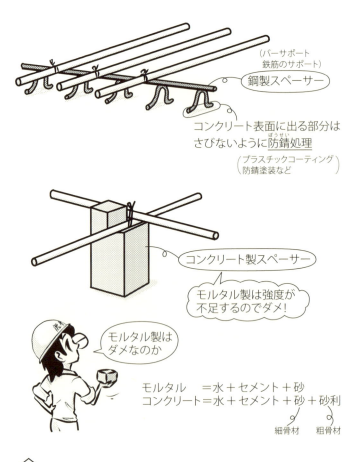

R040 補強筋 その1

Q 壁やスラブの開口補強筋は、壁筋、スラブ筋の内側、外側、どちらに配筋する?

A かぶり厚さを確保するために、内側に配筋します。

壁や床の開口は、補強しないと、収縮や地震時の変形で、すぐにひび割れてしまいます。開口補強筋は、開口周囲に平行に、角の部分は斜めにD13などを入れます。斜めに配する場合は、壁筋、スラブ筋の内側に入れて、かぶり厚さを確保します。

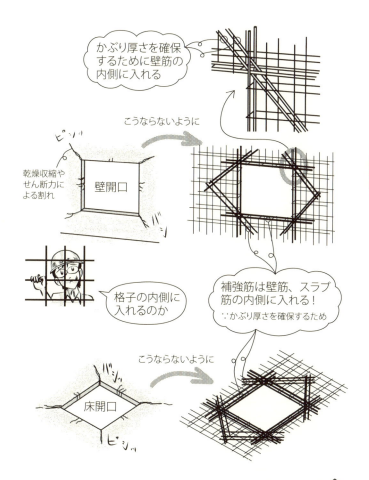

補強筋 その2

Q 屋根スラブの出隅、入隅の補強筋は、屋根スラブ上端筋の上と下、どちらに配筋する？

A かぶり厚さを確保するために、上端筋の下に配筋します。

屋根スラブは太陽の熱で、膨張収縮を繰り返します。スラブの広い方が大きく膨張収縮するので、コーナー部では、引っ張られる対角方向に補強筋を入れます。スラブでは鉄筋は、縦横の格子状に、上端筋（うわばきん）と下端筋（したばきん）の2段に入れられます。上端筋の上に補強筋を入れるとかぶり厚さがとれないので、上端筋の下へ入れます。

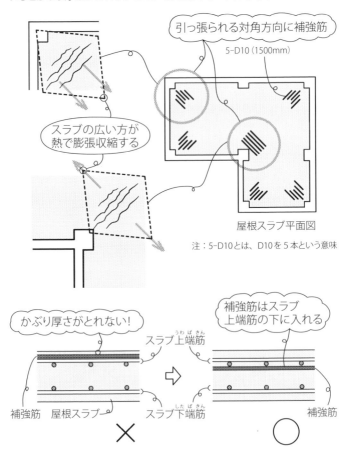

屋根スラブ平面図

注：5-D10とは、D10を5本という意味

R042 梁主筋 その1

Q 梁主筋を外柱に定着する場合、外柱のどの位置で梁の主筋を90°に折り曲げる?

A 柱の中心線を越えた位置で90°に折り曲げます。

定着とは、接合部において鉄筋の引抜けを防ぐため、一方の部材の鉄筋を他方の部材のコンクリート内に延長して、しっかりと埋め込むこと、アンカーすることです。定着の中でも梁筋の外柱への定着は特に重要です。梁の主筋は、柱の中心線を越えた位置で90°に折り曲げて定着させます。

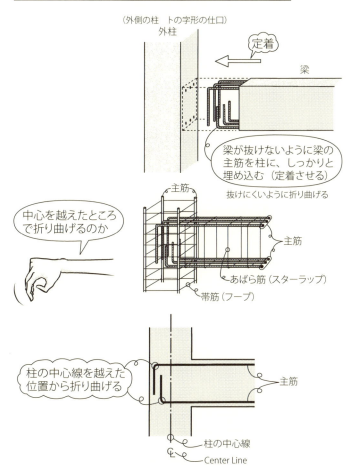

5 定着

R043　　梁主筋　その2

Q 柱主筋を外柱に定着する場合、投影定着長さ L_a は柱幅の何倍？

A 0.75倍（3/4倍）以上です。

梁の下端筋は、上向きに折り曲げる方が壊れにくく、粘り強く（靭性：じんせい）なります。柱の上部は地震時に曲げモーメントが大きくかかって壊れやすく、パネルゾーンで定着する方が安全だからです。上端筋も下端筋も、パネルゾーン（柱梁接合部）に入れるのが原則です。

外周部の柱（外柱）に対しては、上端筋、下端筋ともに柱幅（成：せい）の **0.75倍（3/4倍）以上** のみ込ませます。ここののみ込みの深さは、<u>投影定着長さ</u>とも呼ばれています。

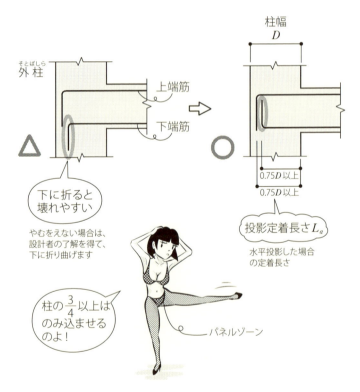

- この0.75倍以上はJASS5、配筋指針で「原則として」必要とされていて、前項の柱心を越えるより安全側になります。どちらも建築士試験で出題されています。

R044 梁主筋 その3

Q 右図のような最上階の梁における上端筋において、Aの部分を定着長さとできる？

A いいえ。Aの部分全部ではなく、鉛直部分のみ定着長さとします。

最上階では上に柱がないため、梁主筋の上にかぶるコンクリートが薄くなり、抜けやすいので、梁主筋の定着長さは、折り曲げた鉛直部分のみとします。

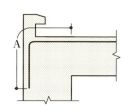

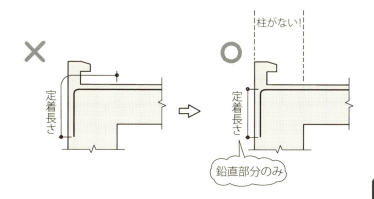

梁主筋 その4

Q 内柱へ梁を取り付けるとき、梁主筋は、柱を貫いて通し配筋とできる?

A できます。

内柱の場合は、下図のように、梁主筋を通し配筋とするのが一般的です。外柱では梁主筋が抜けやすく危険なので、前項、前々項で述べたように、梁主筋を折り曲げて、柱にしっかりとのみ込ませて定着させます。なお、内柱の片方だけ解体する場合は、定着長さが短くならないように、はね出し梁をつくり、梁主筋を少し残しておきます。

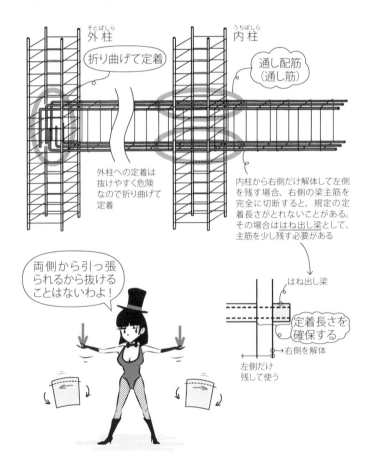

★ R046　腹筋

Q 梁の腹筋の端部は、どのように配筋する？

A 腹筋に構造的な役割はないので、第1あばら筋から突き出して、第1あばら筋と結束します。

梁の腹筋（はらきん）は、あばら筋を組み立てる際に、等間隔に垂直に並べられるように、高さ300mm程度ごとに入れるD10程度の鉄筋です。構造的な意味はないので、柱に近いあばら筋に結束できるように、あばら筋から30mm程度突き出させればOKです。

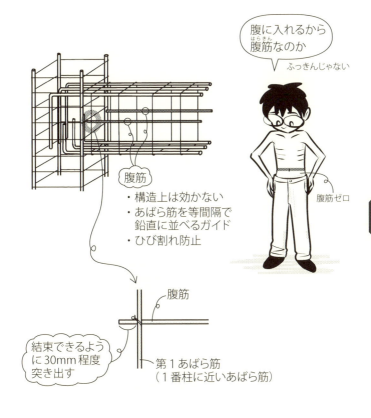

小梁の斜め定着

Q 小梁主筋の上端筋を外端の大梁に定着する際、大梁梁せいが小さくてフック部が鉛直下向きに納まらない場合はどうする？

A 斜めに傾けて定着します（斜め定着）。

小梁主筋も、大梁の外柱への定着と同様に（**R042**参照）、中心線を越えたところで折り曲げます。下向きに入らない場合は、右下の図のように斜め定着とします。内側の大梁への定着は、反対側にも小梁があるので、通し筋とするのが一般的です。

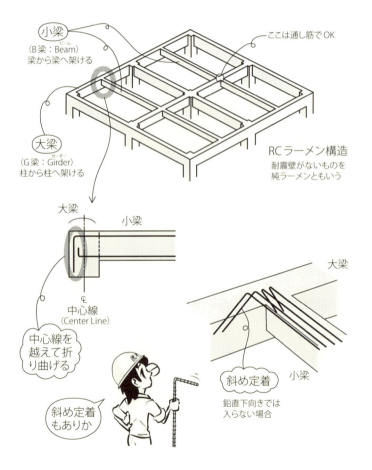

R048 フックと定着 その1

Q フック付き定着長さ L_{2h} には、フックの長さを含める？

A いいえ。定着長さにフックの長さは含めません。

JASS5による定着長さの規定は、下図のように、<u>直線定着の長さ L_2</u> は定着起点から末端まで、<u>フック付き定着の長さ（L_{2h}）</u>はフックの折曲げ開始点までの長さです。L_2 は定着の長さ、<u>L_1 は重ね継手の長さ</u>です。

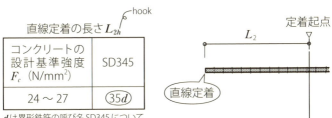

直線定着の長さ L_{2h}

コンクリートの設計基準強度 F_c (N/mm²)	SD345
24～27	35d

d は異形鉄筋の呼び名 SD345については R002を参照

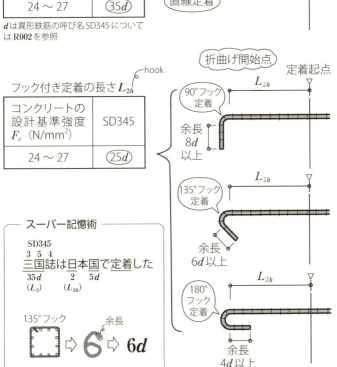

フック付き定着の長さ L_{2h}

コンクリートの設計基準強度 F_c (N/mm²)	SD345
24～27	25d

── スーパー記憶術 ──

SD345
 3 5 4
<u>三国誌は日本国で定着した</u>
　35d　　　2　　5d
　(L_2)　　　　(L_{2h})

135°フック　余長
□ ⇒ 6 ⇒ **6d**

135°フックの余長については R017を参照

Q 梁主筋の定着長さは、鉄筋の種類、コンクリートの設計基準強度 F_c、フックの有無によって変わる?

A 変わります。

JASS5の定着長さは、下図のようにSD295A、SD345などの鉄筋の種類、$21N/mm^2$、$24\sim27N/mm^2$などのコンクリートの設計基準強度 F_c、フックの有無によって異なる長さに規定されています。L_2はフックなし直線定着、L_{2h}はフック付き直線定着、L_aは90°折曲げ定着の投影定着長さです。

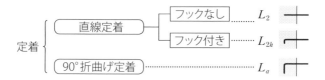

直線定着の長さ L_2　鉄筋の種類（降伏点強さの違い）

コンクリートの設計基準強度 F_c (N/mm²)	SD295A SD295B	SD345	SD390	SD490
18	…	…	…	…
21	…	…	…	…
24〜27	30d	35d	40d	45d
30〜36	…	…	…	…
48〜60	…	…	…	…

(JASS5)

【三国誌は日本国で定着した】
SD345　3 5 4
35d　　2　5d

フック付き定着の長さ L_{2h}　　h : hook

コンクリートの設計基準強度 F_c (N/mm²)	SD295A SD295B	SD345	SD390	SD490
18	…	…	…	…
21	…	…	…	…
24〜27	20d	25d	30d	35d
30〜36	…	…	…	…
48〜60	…	…	…	…

(JASS5)

【 】内スーパー記憶術

- JASS5の定着や継手の表は、年々複雑になっています。しかし現場では鉄筋工が、手作業で組み立てます。材料を無駄にしないように長さを最適化するのはわかりますが、あまりに細かい差は、現場でのミスを誘発するように思えます。長さが規定通りに施工しやすいように、チェックしやすいように、安全側に数値をある程度まとめた方がよいと筆者は考えます。

フックと定着　その2

大梁主筋の柱内折曲げ定着の投影定着長さ L_a

コンクリートの設計基準強度 F_c (N/mm²)	SD295A SD295B	SD345	SD390	SD490
18	…	…	…	…
21	…	…	…	…
24〜27	$15d$	$20d$	$20d$	$25d$
30〜36	…	…	…	…
⋮ 48〜60	…	…	…	…

ロサンゼルス
【L Aには20代で行け】
　La　　$20d$

折曲げ定着（大梁／柱）

大梁の定着は、下図のように、L_{2h}ができる場合とできない場合の、2通りの方法があります。右図の 90°折曲げ定着の全長は、直線定着の長さ L_2 以上とします。

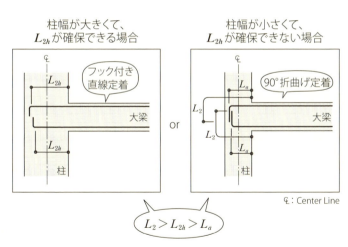

柱幅が大きくて、L_{2h} が確保できる場合 — フック付き直線定着

柱幅が小さくて、L_{2h} が確保できない場合 — 90°折曲げ定着

$L_2 > L_{2h} > L_a$

℄ : Center Line

L_2、L_{2h} は直線定着とフック付き直線定着、L_a は90°折曲げ定着の投影定着長さです。90°折曲げ定着の全長では、直線定着の長さ L_2 が準用されています。上図左のフック付き直線定着 L_{2h} がとれるほど柱幅がないケースが多く、ほとんどは右の L_2 と L_a で梁主筋を定着します。

フックと定着 その3

Q 大梁主筋の直線定着の長さL_2は、コンクリートの設計基準強度F_cが30N/mm²と21N/mm²の場合ではどちらが短い?

A 設計基準強度F_cが大きい30N/mm²の方が抜けにくいので、直線定着長さL_2は短くなります。

F_cが大きいと、付着強度も大きくなり、鉄筋が引き抜きにくくなります。引き抜きにくい分、定着長さや継手長さは短くてもよいことになります。

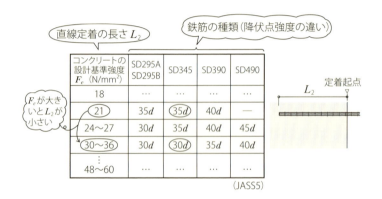

引き抜きにくさは、付着力の最大、付着強度τ_{max}で決まります。τ_{max}はF_cに比例し、F_cの1/10程度です。F_cが大きいとτ_{max}は大きくなって抜けにくくなり、L_2は短くできます。

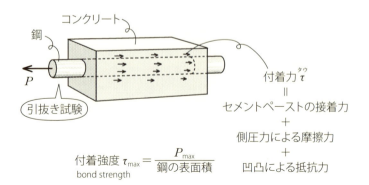

$$付着強度\ \tau_{max} = \frac{P_{max}}{鋼の表面積}$$
bond strength

R051 スラブ下端筋

Q スラブ下端筋の直線定着長さ L_3 はどのくらい？

A $10d$ 以上かつ $150mm$ 以上です。

スラブ下端筋の直線定着は $10d$ 以上かつ $150mm$ 以上です。この定着長さを確保するのは、普通の梁では簡単です。

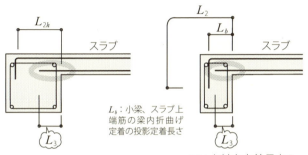

L_b：小梁、スラブ上端筋の梁内折曲げ定着の投影定着長さ

フック付き定着長さ L_{2h} が確保できない場合

小梁、スラブ下端筋　直線の長さ L_3

コンクリートの設計基準強度 F_c (N/mm^2)	鉄筋の種類	下端筋	
		小梁	スラブ
18～60	SD295A SD295B SD345 SD390	$20d^*$	$10d^*$かつ150mm以上

梁に差し込む！

＊片持小梁、片持スラブの下端筋を直線定着とする場合は $25d$ 以上とする。　　　（JASS5）

― スーパー記憶術 ―

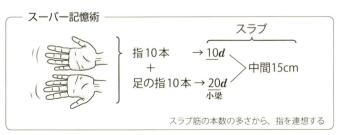

指10本　→ $10d$　　スラブ
　＋　　　　　　　　中間15cm
足の指10本 → $20d$　　小梁

スラブ筋の本数の多さから、指を連想する

● 壁筋の直線定着長さは L_2 です。

R052 スラブ筋・壁筋定着 まとめ

スラブ筋、壁筋の定着もここでまとめておきます。梁、柱にL_2分飲み込ませるのは共通(隅柱への壁筋の定着はL_{2h})。L_3はこの図ではスラブ下端筋のみです。

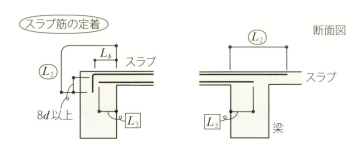

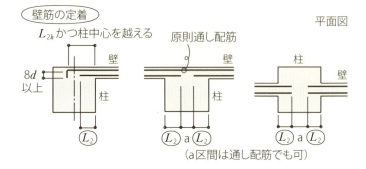

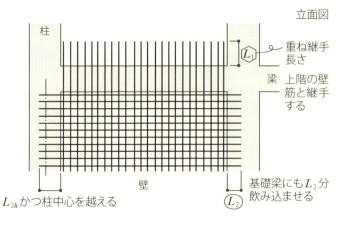

R053 定着長さ まとめ

L_1〜L_3、L_{2h}、L_{3h}、L_a、L_bなどの継手長さ、定着長さの種別は、記号とともに覚えておくと便利です。さすがに建築士試験では出ませんが、実務の設計や監理で頻繁に目にします。

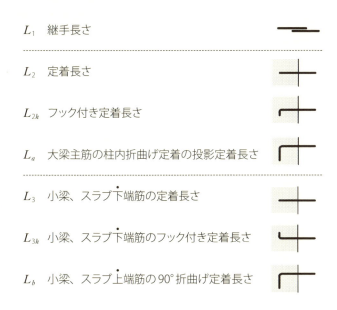

- L_1　継手長さ
- L_2　定着長さ
- L_{2h}　フック付き定着長さ
- L_a　大梁主筋の柱内折曲げ定着の投影定着長さ
- L_3　小梁、スラブ下端筋の定着長さ
- L_{3h}　小梁、スラブ下端筋のフック付き定着長さ
- L_b　小梁、スラブ上端筋の90°折曲げ定着長さ

フック付き定着長さ L_{2h}

抜けないようにするのか

― スーパー記憶術 ―

継いで1本にする
継手　L_1

フック付き定着 ⇒ 2 ⇒ 2 hook　L_{2h}

フックの形から2を連想する

 **R054**　　　　　　　　　重ね継手の長さ　その1

Q 重ね継手長さ L_1、フック付き重ね継手長さ L_{1h} はどのくらい？（SD345）

A 直線重ね継手長さ L_1 は $40d$、フック付き重ね継手長さ L_{1h} は $30d$ です。

柱、梁の主筋は、一般に、ガス圧接、機械式継手、溶接継手を使います。重ね継手の長さ L_1 は、下表のようになり、フック付き L_{1h} では末端のフックは長さに含めません。

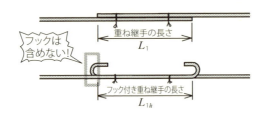

直線重ね継手の長さ L_1　　　鉄筋の種類（降伏点強度の違い）

コンクリートの設計基準強度 F_c (N/mm²)	SD295A SD295B	SD345	SD390	SD490
18	…	…	…	…
21				
24〜27	$35d$	$40d$	$45d$	$55d$
30〜36	…	…	…	…
⋮				
48〜60	…	…	…	…

（JASS5）

フック付き重ね継手の長さ L_{1h}　　h : hook

コンクリートの設計基準強度 F_c (N/mm²)	SD295A SD295B	SD345	SD390	SD490
18	…	…	…	…
21				
24〜27	$25d$	$30d$	$35d$	$40d$
30〜36	…	…	…	…
⋮				
48〜60	…	…	…	…

（JASS5）

定着長さの表と似てるのか

【継いで1本にする】
継手　　L_1

── スーパー記憶術 ──
家を継いで 資産 家になる
　　継手　 $40d$ $30d$

【　】内スーパー記憶術

R055 重ね継手の長さ その2

Q
1. 重ね継手長さL_1、定着長さL_2は、フック付きと直線ではどちらが短い?
2. SD345とSD295Bの重ね継手長さL_1、定義長さL_2はどちらが長い?
3. 重ね継手長さL_1、定着長さL_2は、設計基準強度F_cが30N/mm²と21N/mm²ではどちらが短い?

A
1. フック付きの方が抜けにくいので、短くてよくなります。
2. 降伏点強度が大きいと応力負担も大きく設計されることもあり、SD345の方が長く必要となります。
3. 設計基準強度F_cが大きい方が抜けにくいので、F_c=30N/mm²の方が短くてよくなります。

フックのある方が抜けにくいので、L_1、L_2は短く設定されています。鉄筋の降伏点強度が大きいと、構造設計でより大きい応力を負担させるので、L_1、L_2は大きく規定されています。設計基準強度F_cが大きいと、鉄筋を拘束してずれにくく、抜けにくくする力である付着強度も大きくなるので、L_1、L_2は小さく規定されています。

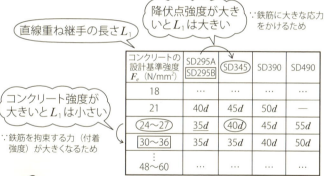

直線重ね継手の長さL_1

降伏点強度が大きいとL_1は大きい ∵鉄筋に大きな応力をかけるため

コンクリート強度が大きいとL_1は小さい
∵鉄筋を拘束する力(付着強度)が大きくなるため

コンクリートの設計基準強度 F_c (N/mm²)	SD295A SD295B	SD345	SD390	SD490
18	…	…	…	…
21	40d	45d	50d	—
24〜27	35d	40d	45d	55d
30〜36	35d	35d	40d	50d
⋮ 48〜60	…	…	…	…

(JASS5)

理屈で覚えるのか

Point

フックあり → 抜けにくい → L_1、L_2 小さい
降伏点強度大 → 応力大きい → L_1、L_2 大きい
F_c大 → 拘束力強い → L_1、L_2 小さい

• F_cのcはconcrete、compression(圧縮)の両方からとられていると思われます。基準法では、設計基準強度はFとされています。

継手

R056 重ね継手の長さ その3

Q D13とD16の重ね継手長さは、どちらの径に所定の数値を掛ける？

A 径が異なる重ね継手の場合、細い方のD13の径で計算します。

径が異なる場合の重ね継手の長さは、<u>細い方のdで計算する</u>とされています。D13とD16ならば、D13のd=13mmで計算します。
両方の鉄筋に流れる力の最大値は、細い方の鉄筋で決められています。よって細い方の継手長さでよいことになります。

重ね継手の長さ　L_1

$F_C = 24\text{N/mm}^2$、SD345 の場合、$L_1 = 40d$ なので

$d = 16$ から　$L_1 = 40 \times 16 = 640\text{mm}$

$d = 13$ から　$L_1 = 40 \times 13 = 520\text{mm}$　　細い方のdで計算してよい

細い方で計算していいのか

R057 重ね継手のずらし

Q 隣り合う重ね継手の継手位置は、相互に継手長さ分ずらすとどうなる？

A 鉄筋の先端位置がそろってしまって、構造的な弱点となります。継手長さの 0.5 倍か 1.5 倍はずらします。

L_1 分ずらすと、下図のように鉄筋の先端がそろって、構造の弱点になってしまいます。約 $0.5L_1$ ずらすか、$1.5L_1$ 以上ずらして、先端がそろわないようにします。

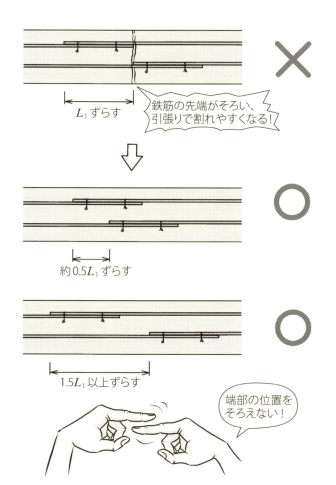

L_1 ずらす

鉄筋の先端がそろい、引張りで割れやすくなる！

約 $0.5L_1$ ずらす

$1.5L_1$ 以上ずらす

端部の位置をそろえない！

D35以上の継手

Q D35以上の継手の種類は？

A ガス圧接継手、溶接継手、機械式継手とします。

大きな力がかかる、表面積の大きい太い鉄筋を重ね継手すると、周囲のコンクリートが割れやすくなります。D35以上の異形鉄筋は重ね継手せず、下図のようなガス圧接継手、溶接継手、機械式継手とします。

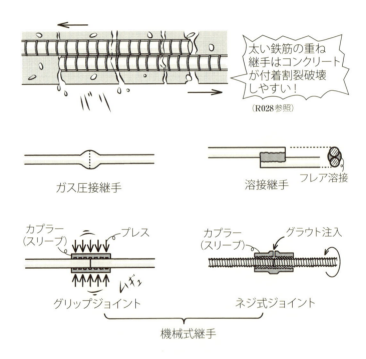

太い鉄筋の重ね継手はコンクリートが付着割裂破壊しやすい！

（R028参照）

ガス圧接継手

溶接継手　フレア溶接

カプラー（スリーブ）　プレス
グリップジョイント

カプラー（スリーブ）　グラウト注入
ネジ式ジョイント

機械式継手

― スーパー記憶術 ―

サンゴを重ねると割れやすい
D35以上　重ね継手

フレア (flare)：朝顔型の形。フレアスカートはすそ広がりのスカート

グラウト (grout)：充てん材。無収縮モルタルなど

カプラー (coupler)：カップルにするもの。連結するもの

継手の位置　その1

Q 柱主筋の継手位置は？

A 曲げモーメント、引張り力の小さい中央部です。

柱には、鉛直荷重時、水平荷重時ともに、上下端には大きな曲げモーメントがかかります。曲がった凸側には引張り力がかかり、継手には好ましくありません。柱の継手は中央部で行います。

- JASS5ではガス圧接位置は、柱の内法高さを H_0 として、柱下端から500mm以上、柱上端から $1/4H_0$ 以下としています。

―― スーパー記憶術 ――

① 鉛直荷重の曲げモーメント

② 水平荷重の曲げモーメント

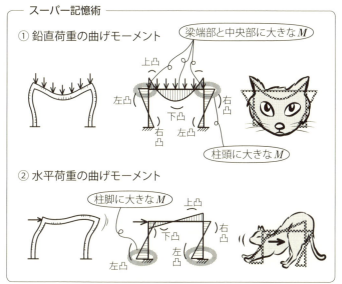

地震時には、①+②の力が働きます。

R060 継手の位置 その2

Q 梁主筋、上端筋の継手位置は？

A 中央上部で継ぎます。

鉄筋の継手は、部材に生じる応力の小さい箇所で、かつ常時はコンクリートに圧縮力が生じている部分に設けます。引っ張られると抜けやすいからです。柱では中央部が応力が小さく、梁では中央上部に圧縮力がかかります。よって梁上端筋は、梁中央上部で継ぎます。

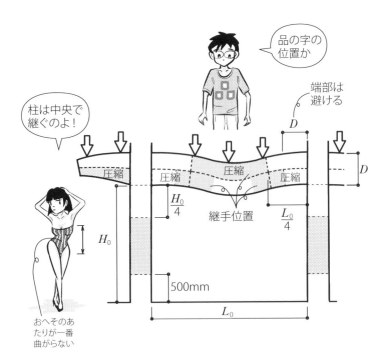

上から荷重を受ける梁は品の字、地面から上向きに力を受ける耐圧版付きの基礎梁では上下逆の「吅」の形になります。

― スーパー記憶術 ―

「納品されたままの鉄筋は短いので、品物を継いで長くする」と連想します

R061 継手の位置 その3

Q 梁主筋、下端筋の継手位置は？

A 柱から梁せい分だけ離し、そこから梁の内法寸法の1/4分の範囲で継ぎます。

梁端部は、鉛直荷重による曲げモーメントに加え、地震時に水平荷重による曲げモーメントが合わさって、大きな応力がかかります。凸に曲げられた側には引張り応力が作用して、継手が切断されるおそれがあります。下端筋は下図のように、柱から梁せいD分は離し、そこから梁の内法長さL_0の1/4分の範囲で継ぐとされています。

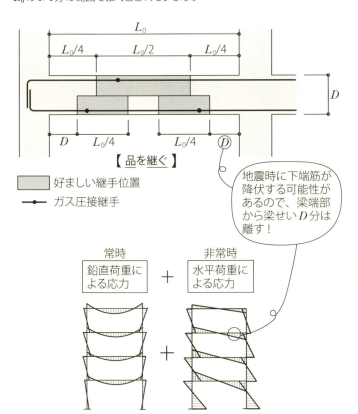

【 】内スーパー記憶術

R062 継手の位置 その4

Q 梁主筋を重ね継手とする場合、水平重ね？ 上下重ね？

A どちらでも可能です。

梁主筋の重ね継手の位置は、上端筋は「品の字」の中央、下端筋は「品の字」の両脇です。継手は水平に重ねても、上下に重ねてもOKです。柱梁の主筋は、重ね継手とすると長さが大きくなるので、ガス圧接などによることが多いです。

梁主筋の重ね継手位置

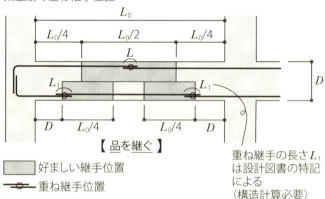

【 品を継ぐ 】

■ 好ましい継手位置
―○― 重ね継手位置

重ね継手の長さ L_1 は設計図書の特記による
（構造計算必要）

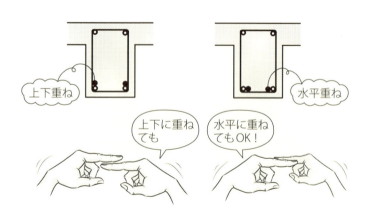

【 】内スーパー記憶術

R063 継手の位置 その5

柱梁の主筋における継手位置を、以下にまとめておきます。応力が小さくて、常時は圧縮力が働く位置で継手します。通常の梁は「品の字」の位置になります。基礎梁は、荷重なし、荷重あり、下からの荷重ありで3パターンとなります。下からの荷重がある場合、「品の字」を上下逆にした位置となります。

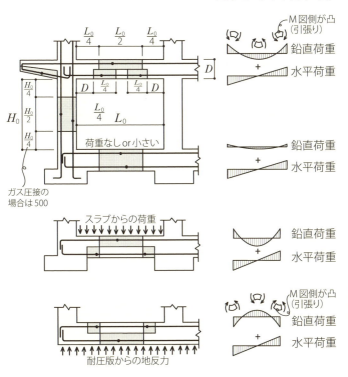

R064 カットオフ筋

Q 梁主筋、上端筋におけるカットオフ筋のカットオフ位置は?

A 柱から梁内法寸法の1/4の点から、中央へ向かって余長をとった位置です。

引張り応力の大きい部分だけ、短い鉄筋で補強するのが、カットオフ筋です。継手位置と同様に、$L_0/4$を基準にして、そこから$15d$、$20d$の余長をとった箇所をカットオフ位置(切断位置)とします。

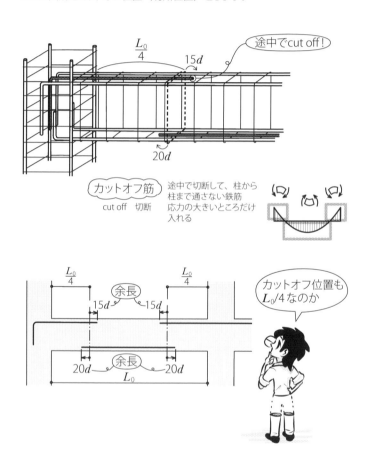

R065 基礎梁あばら筋

Q 梁せいが2m以上の基礎梁を中間の高さで水平打継ぎする場合、あばら筋の継手はどうする?

A 継手の安全性を高めるため、重ね継手ならば180°フック付きとし、または溶接継手、機械式継手とします。

せいが2m以上の基礎梁の場合、コンクリートを1回で打つと、体積が大きいため水和熱が多く発生し、ひび割れが生じやすくなります。また梁幅、せいが大きいため、あばら筋をグルッと一周させるには長すぎるので、配筋もやりにくくなります。そこでコンクリートは水平に打ち継ぎ、あばら筋はコンクリートが固まった後に継手します。継手は180°フック付きの重ね継手か、溶接継手、機械式継手とします。

せいが高いから半分ずつ工事するのか

2m以上の基礎梁

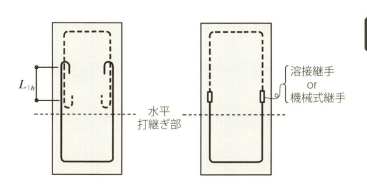

L_{1h}

水平打継ぎ部

溶接継手 or 機械式継手

R066 スパイラル筋 その1

Q スパイラル筋の末端の定着はどうする？

A 1.5巻以上の添え巻きとし、端部は余長 $6d$ をとった135°フックとします。

スパイラル筋の末端は、下図のように、1.5巻以上の添え巻きとして、はずれないようにします。端部を余長 $6d$ の135°フックとするのは、帯筋、あばら筋と一緒です（R015参照）。

spiral：らせん状の
スパイラル筋

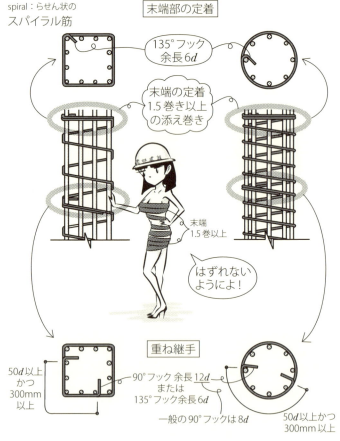

- スパイラル筋は、1本1本巻く帯筋と違って大地震時にはずれにくいというメリットはありますが、1本が重くて、立ち上がった主筋の上から落とし込むのが大変というデメリットもあります。

★ R067　スパイラル筋 その2

Q スパイラル筋の重ね継手の長さは？

A $50d$ 以上かつ 300mm 以上です。

スパイラル筋の重ね継手の長さは、$50d$ 以上かつ 300mm 以上です。$90°$ フックの場合の余長は、一般の $8d$ ではなく $12d$ 以上とされています。

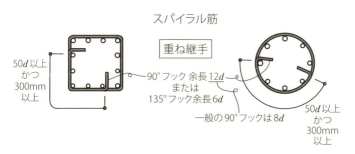

スパイラル筋

重ね継手

$50d$ 以上かつ 300mm 以上

$90°$ フック 余長 $12d$ または $135°$ フック余長 $6d$

一般の $90°$ フックは $8d$

$50d$ 以上かつ 300mm 以上

スパイラル筋の継手は $50d$ 以上かつ 300mm 以上よ！

― スーパー記憶術 ―

スパイラル ⇨ コイル
$50d$ 以上

3 0 0 } 300mm 以上

コイルの形から300を連想する

6 継手

R068 壁縦筋のあき重ね継手

Q 壁縦筋の位置がずれていた場合、折り曲げずにあき重ね継手できる？

A 壁筋、スラブ筋のみ、あき重ね継手ができます。

壁筋、スラブ筋のみ、少し間隔をあけて重ね継手とすることができます。特に壁の縦筋はコンクリートを打ち込んだ後に継手するため、位置がずれてもあきが $0.2L_1$ 以下かつ 150mm 以下ならば、コンクリートで一体化されるので大丈夫とされています。

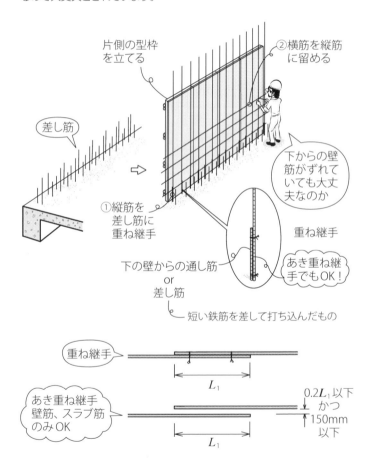

R069 杭基礎のベース筋

Q 4本の既製杭を受けるフーチングにおいて、ベース筋の両端はどうする？

A 両端で折り上げて、末端に90°フックを付けて定着します。

場所打ち杭に比べて既製杭を何本かでひとつのフーチングを支える場合、下図右下のようにベース筋に引張りがかかります。そこでベース筋両端は曲げ上げて、末端に90°フックを設けます。

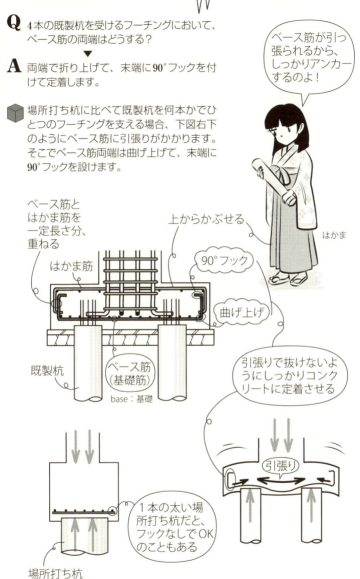

圧接技量資格者

Q D29の鉄筋を手動ガス圧接する場合、技術資格は？

A D25を超えD32以下の場合、手動ガス圧接技量資格者の2種以上が必要となります。

ガス圧接は、鉄筋どうしを圧して熱を加え、鉄原子を配置させることによって一体化させる継手の方法です。柱梁の主筋などの、太い鉄筋で行われます。設問のD29は、D32以下を圧接可能な、2種以上の技量を有する者が行わなければなりません。

手動ガス圧接技量資格者
圧接作業可能範囲

技量資格種別	作業可能範囲（鉄筋径）
1種	D25以下
2種	D32以下
3種	D38以下
4種	D51以下

SD490は3種、4種のみ

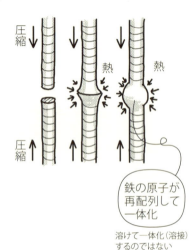

溶けて一体化（溶接）するのではない

― スーパー記憶術 ―

太陽 ⇒ 日光 、 SUNNY 、 さわやか
ガスで熱い　D25以下　D32以下　D38以下
（ガス圧接）（1種）　（2種）　（3種）

★ R071　　降雨時のガス圧接

Q 降雨時のガス圧接はどうする？

A 降雨時はガス圧接不可ですが、おおいを設ける場合に限り可能となります。

圧接面に水が当たったり、強風で炎が流れたり消えたりするので、降雨時、降雪時、強風時はガス圧接不可です。ただし、雨、雪、風除けのおおいを付ければ可能となります。

★ **R072** 機械式継手のずらし

Q ガス圧接継手、機械式継手の場合、隣り合う主筋の継手位置はどれくらいずらす？

A ガス圧接継手では400mm以上、機械式継手では400mm以上かつカプラー端部間で40mm以上ずらします。

重ね継手の場合は、$0.5L_1$か$1.5L_1$ずらしました（R057参照）。ガス圧接継手は400mm以上、機械式継手は400mm以上かつカプラー端部間を40mm以上ずらします。いずれも継手位置やカプラー端部がそろうことで構造的な弱点にならないようにしています。

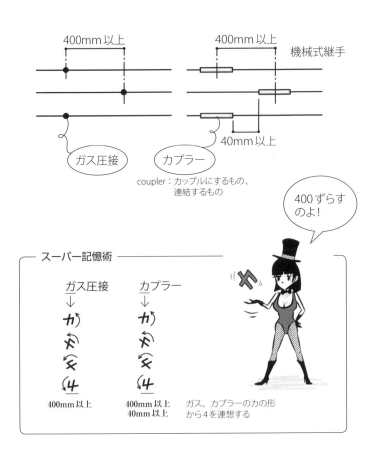

R073 径・ランク

Q 「SD345のD25」と「SD390のD29」はガス圧接できる?

A 降伏点強度1ランク差、7mm以下の径の差なので、ガス圧接できます。

ガス圧接は、1ランクの種類差、7mm以下の径の差まではOKです。設問のSD345とSD390は1ランク差、D25とD29は径4mm差なのでガス圧接可能です。

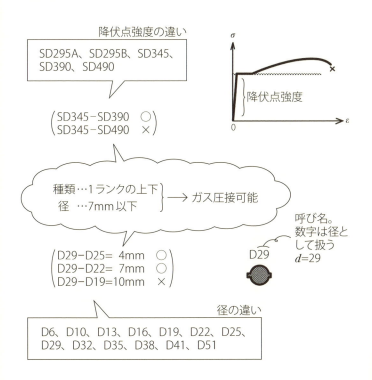

スーパー記憶術

鉄筋は 斜め に 圧接しない
　　　　　7mm超え

直径が7mm差以下ならOKよ!

7 ガス圧接

★ R074　自動ガス圧接

Q SD345のD22とD29の自動ガス圧接はできる？

A 自動ガス圧接は、径の異なる場合は不可です。

下図のような自動圧接機を設置して行う自動ガス圧接は、圧接面を見ながら微調整できないので、径の異なる継手は不可とされています。手動ガス圧接では7mm差以下は可なので、D22とD29の圧接は可能となります。

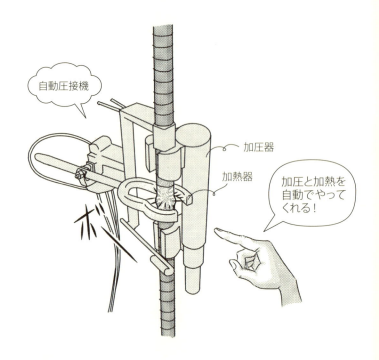

Point

手動圧接…7mm超えると不可　　【鉄筋は斜めに圧接しない】
　　　　　　　　　　　　　　　　7mm超え
自動圧接…径が異なると不可

【　】内スーパー記憶術

★ / R075 / 圧接端面間のすき間

Q 圧接端面間にすき間がある場合、ガス圧接できる？

A すき間が3mm以下ならばできます。

鉄筋の圧接端面では、平滑で直角に切断された面どうしが、すき間なく密着しているのがベストです。圧接器に取り付けた際、<u>圧接端面間のすき間が3mm以下ならば可</u>とされています（JASS5解説）。

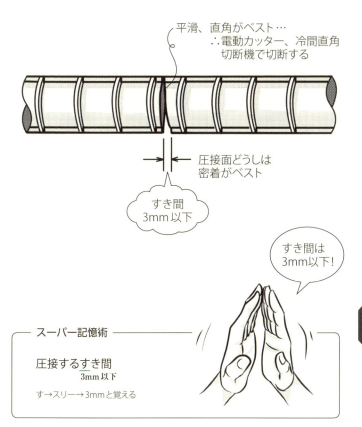

平滑、直角がベスト…
∴電動カッター、冷間直角切断機で切断する

圧接面どうしは密着がベスト

すき間 3mm以下

すき間は3mm以下！

--- スーパー記憶術 ---

圧接するすき間
<u>す</u>3mm以下

す→スリー→3mmと覚える

7 ガス圧接

切断機

Q ガス圧接に用いる鉄筋の切断は何でする?

A 冷間直角切断機か電動カッターで切断します。

冷間直角切断機は、下図のような、刃がダイヤモンドの丸のこで熱を加えずに冷間で直角に平滑に鉄筋を切断する機械です。切断面がきれいでグラインダー(丸い刃が回転する切断、研磨する機械)で研削する必要がないので、ガス圧接面の切断によく使われます。電動カッターは、はさみのようにせん断で鉄筋を切断する機械で、切断後、グラインダーの研磨が必要となります。

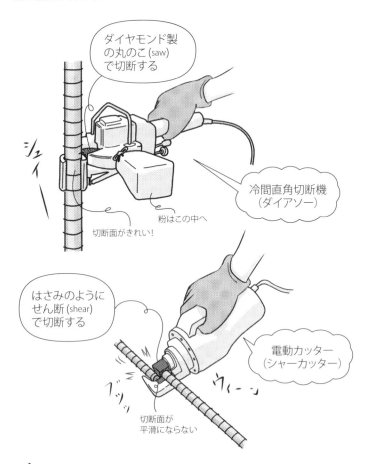

★ R077 端面処理 その1

Q 圧接する鉄筋の端面は研磨する?

A グラインダーで研磨します。

鉄筋の圧接端面は、軸に直角で、平滑な、さびやゴミの付いていない完全な金属面であることが大切です。電動カッターで切断すると、端面にはばりなどが出るので、グラインダーで研磨します。冷間直角切断機による切断、電動カッターで切断した後のグラインダーによる研磨は、ガス圧接の当日にやる必要があります。時間がたつと、さびやゴミなどが付いてしまいます。

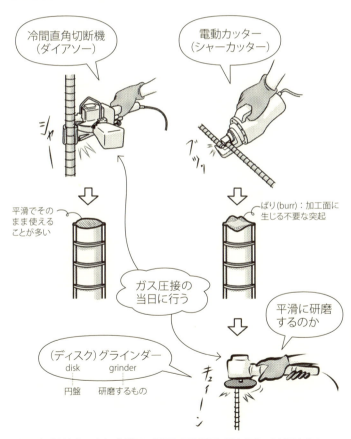

- 端面保護材を使用すれば、端面の切削を圧接当日以前に行うことができます。

R078 端面処理 その2

Q 圧接端面を平滑に仕上げ、ばりを除去するために面取りする？

A ばりのある角を軽く面取りします。

ばりとは英語の burr がなまった用語で、加工面に生じる不必要な突起のことです。グラインダーで鉄筋の切断面を平滑にし、ばりのある角には、小さな面取りをします。ばりを放置したまま圧接すると、余計なきょう雑物が圧接面に混じって、圧接不良となってしまいます。

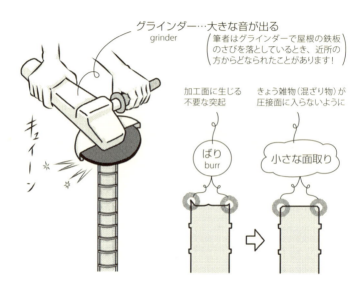

グラインダー…大きな音が出る
grinder

筆者はグラインダーで屋根の鉄板のさびを落としているとき、近所の方からどなられたことがあります！

加工面に生じる不要な突起 → ばり burr

きょう雑物（混ざり物）が圧接面に入らないように → 小さな面取り

面取りは、木造の柱の角を取って小さな平面をつくることに由来する。コンクリートの柱も、直角のピン角（かく、かど）にすると、ボロボロと崩れるので、面を取るのが一般的

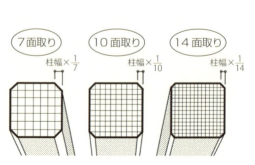

7面取り　柱幅×1/7

10面取り　柱幅×1/10

14面取り　柱幅×1/14

★ R079　ふくらみと長さ

Q ガス圧接のふくらみの直径と長さは？

A ふくらみの直径は 1.4d 以上、長さは 1.1d 以上です。

ガス圧接のふくらみにおいて、直径は鉄筋径の1.4倍以上、長さは1.1倍以上とされています（平12建告1463）。要は、ふくらみは大きい方が良いということです。ただし、あまりにもふくらみが大きすぎると、その部分だけ固く変形しにくくなり、境界で鉄筋が壊れやすくなります。

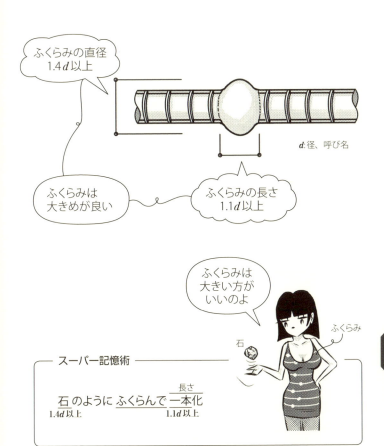

ふくらみの直径 1.4d 以上

d：径、呼び名

ふくらみは大きめが良い

ふくらみの長さ 1.1d 以上

ふくらみは大きい方がいいのよ

石　ふくらみ

――― スーパー記憶術 ―――

石 のように ふくらんで 一本化
1.4d 以上　　　　　　　1.1d 以上
　　　　　　　　　　　長さ

7　ガス圧接

★ R080 偏心量とずれ

Q ガス圧接における中心軸の偏心量と、圧接面のふくらみの中央からのずれは?

A 中心軸の偏心量は$1/5d$以下、圧接面のずれは$1/4d$以下です。

ガス圧接における鉄筋中心軸の偏心量は$1/5d$以下、ふくらみの中央と圧接面のずれは$1/4d$以下です(平12建告1463)。<u>ふくらみは大きい方が良く、ずれは小さい方が良い</u>ということです。

Point

ふくらみ → 大きい方が良い　　ずれ → 小さい方が良い

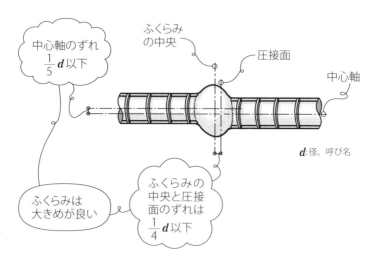

- 中心軸のずれ $\frac{1}{5}d$以下
- ふくらみの中央
- 圧接面
- 中心軸
- d:径、呼び名
- ふくらみは大きめが良い
- ふくらみの中央と圧接面のずれは$\frac{1}{4}d$以下

スーパー記憶術

<u>変心</u> する <u>恋心</u>　　　　<u>石</u>のように<u>ふくらん</u>で<u>一本化</u>
偏心　5分の1d以下　　　1/4d以下　　ふくらみ　長さ1.1d以上
　　　　　　　　　　　　　　　　　1.4d以上　　ふくらみのずれ

★ R081　　圧接の修正　その1

Q ガス圧接のふくらみの径、長さが足りない場合や、著しい曲がりがある場合、どうする？

A 再加熱して修正します。

ふくらみの径が $1.4d$ 未満、長さが $1.1d$ 未満、著しい曲がりがある場合は、再加熱して修正します。外観検査は、ガス圧接継手の全数について行います。

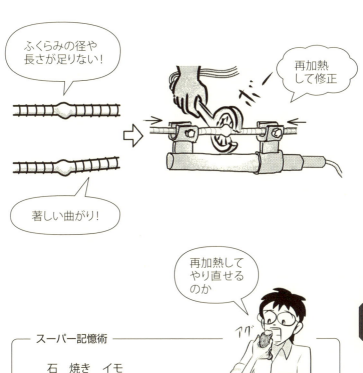

― スーパー記憶術 ―

石	焼き	イモ
ふくらみ	再加熱	曲がり

直径 / 長さ｝満たない

曲がった石焼きイモから連想する

R082 圧接の修正 その2

Q ガス圧接の圧接面のずれが規定を超えた場合、どうする？

A 切断して再びガス圧接します。

中心軸のずれが1/5dを超える、圧接面のずれが1/4dを超える場合、著しく形が悪い場合は、切り取って再圧接する必要があります。ずれに対しては、厳しく対応するということです。

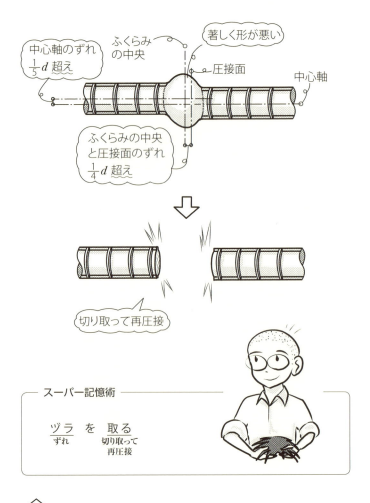

― スーパー記憶術 ―

　ヅラ　を　取る
　ずれ　　　切り取って
　　　　　　再圧接

★ **R083** 火炎 その1

Q ガス圧接で加熱中に火炎に異常が生じた場合、どうする？

A 圧接端面が密着後ならば火炎を調節して作業を継続し、密着前ならば切断して再びガス圧接します。

バーナーに逆火（ぎゃっか、さかび）が起きて、加熱が中断することがあります。端面どうしが密着する前だと、すき間に酸素が入って端面に酸化膜ができ、圧接不良となります。密着前の加熱が中断した場合、切り取って再圧接します。密着後は酸化被膜は生じないので、火炎を再調節して圧接作業を継続できます。

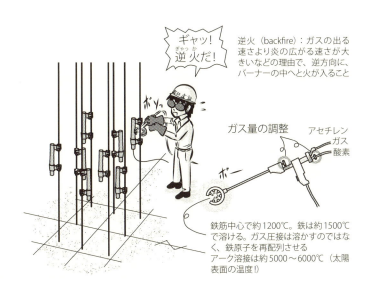

逆火（backfire）：ガスの出る速さより炎の広がる速さが大きいなどの理由で、逆方向に、バーナーの中へと火が入ること

鉄筋中心で約1200℃。鉄は約1500℃で溶ける。ガス圧接は溶かすのではなく、鉄原子を再配列させる
アーク溶接は約5000～6000℃（太陽表面の温度!）

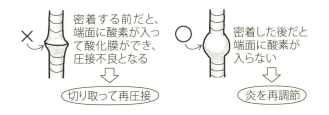

7 ガス圧接

火炎 その2

Q ガス圧接の加熱は、還元炎と中性炎のどちらで行う?

A 圧接端面が密着前は還元炎、密着後は中性炎で行います。

ガスの炎は、下図のように、空気に接する外側の酸化炎、内側の還元炎、その中間の中性炎があります。酸化炎は周囲の物を酸化させる(酸素と化合させる)炎、還元炎は酸化物から酸素を取り除く炎、中性炎はどちらでもない炎です。圧接端面が酸化しないように、端面が密着するまでは還元炎で加熱し、密着後は火力の強い中性炎で加熱します。

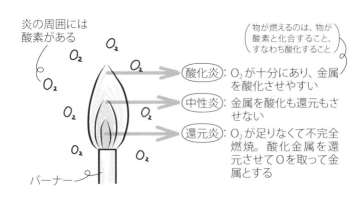

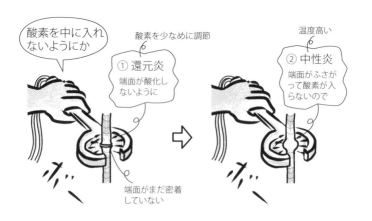

R085 検査

Q ガス圧接の外観検査、超音波探傷検査は何カ所で行う?

A 外観検査は全数、超音波探傷検査は1組の作業班が1日に行った箇所のうち無作為に抽出した30カ所で行います。

外観検査は、ゲージなどを使ってふくらみに所定の太さ、長さがあるか、軸や圧接面にずれや傾きがないかチェックします。超音波探傷検査は、超音波が不連続部分で反射する性質を使って、圧接不良部がないか確認します。外観検査は全数、超音波探傷検査は1作業班、1日当たり30カ所行います。

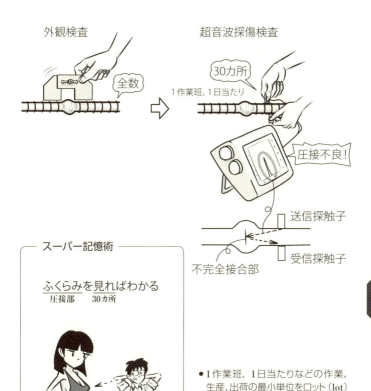

- スーパー記憶術

  ふくらみを見ればわかる
  　　　　　　圧接部　30カ所

- 1作業班、1日当たりなどの作業、生産、出荷の最小単位をロット (lot) といいます。ここでは1ロット当たり30カ所とも表現します。

★ R086

Q SD345、D25、$F_c = 24\text{N/mm}^2$ において
1. 90°折曲げ加工する場合の内法直径 D は？
2. 直線重ね継手の長さ L_1 は？
3. フック付き重ね継手長さ L_{1h} は？
4. 直線定着の長さ L_2 は？
5. フック付き定着長さ L_{2h} は？
6. スラブ下端筋の定着長さ L_3 は？

▼

A
1. $4d$ 以上です。
2. $40d$ 以上です。
3. $30d$ 以上です。
4. $35d$ 以上です。
5. $25d$ 以上です。
6. $10d$ 以上かつ 150mm 以上です。

□×d を、代表的な SD345、$F_c = 24\text{N/mm}^2$ で覚えておきましょう。

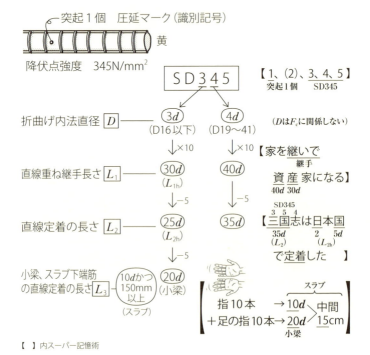

定着、継手、圧接　まとめ

以下に鉄筋の曲げ、定着、継手などの重要事項をまとめておきます。

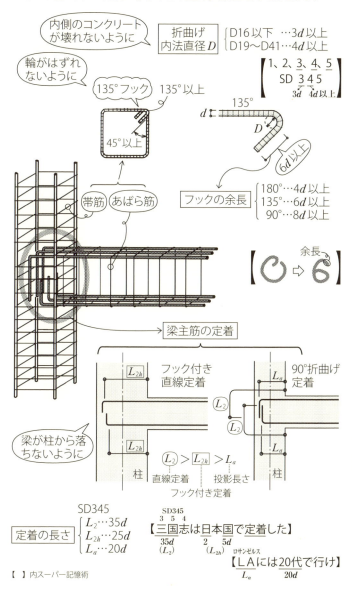

【 】内スーパー記憶術

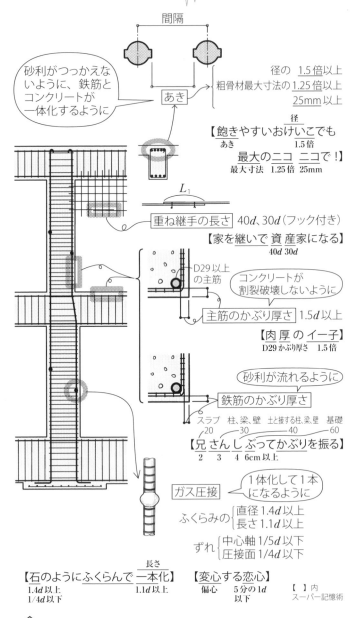

型枠計画図・型枠工作図

Q 型枠の組立てに先立ち、工事施工者が作成して工事監理者に提出する図面は?

A 型枠計画図と型枠工作図です。

設計図書の図面を見ながら、施工者が躯体図(くたいず)を起こし、そこからパネル割りやセパレーター位置、支保工位置などを記した型枠計画図、合板とさん木の組み合わせ方などを書いた型枠工作図を書き、工事監理者に提出します。

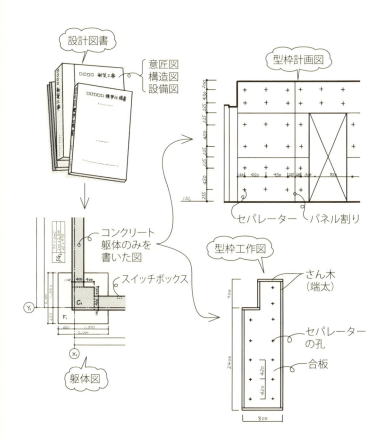

せき板　その1

Q せき板に用いる日本農林規格（JAS）規格の合板は、厚さ何mm？

A 特記がなければ12mmです。

固まる前のコンクリートを打ち込むための型、枠が型枠です。生コンは比重が2.3（水の2.3倍、2.3tf/m³、鉄筋と合わせると比重2.4）と非常に重く、さらに生コンを送り出すポンプや上から落とす際の重力も加わります。型枠は土石流を食い止めるように、頑丈につくっておく必要があります。

  コンクリート…………比重2.3（水の2.3倍、2.3tf/m³）
  コンクリート＋鉄筋…比重2.4（水の2.4倍、2.4tf/m³）

【RCは西（西洋）から来た】
　　　　　　　2.4

型枠は、生コンをせき止める板であるせき板と、それを支えて保持する支保工から成ります。せき板は、特記がなければ厚さは**12mm**です。

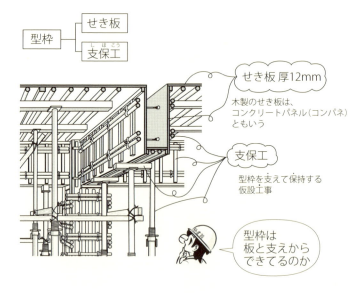

【　】内スーパー記憶術

★ R089　せき板　その2

Q せき板に用いる合板を保管する場合、どうする？

A 2本の受材の上に平積みにして、直射日光が当たらないようにシートなどをかけて養生します。

せき板（型枠用合板）は受け材の上に平積みにし、直射日光、雨を避けるためにシートでおおいます。受け材（枕材、厘木）を2本敷き、その上に積み重ねます。受け材を3本にすると、端の受け材が沈んだ場合に、板がそってしまいます。板類は平積みが普通ですが、板ガラスは重みで割れないようにたて置きとします

板は平積みでシートをかぶせるのか

コンクリート型枠用合板（コンパネ）

直射日光や雨に当たると木材中の糖分やタンニンが表面に出て、コンクリートが硬化不良を起こす。また板がそったり曲がったりする

受け材（枕木、厘木）
2本が基本。3本だと板がそるおそれあり。スレート板のような薄い板のみ3本とする

板ガラス
ロープ掛け

ガラスを平積みにすると、重さで割れてしまう。必ずたて置きに!

ガラスの比重=2.5
（水の2.5倍、RCは2.4）

【日光を通すガラス】
　　2.5

クッション材

【　】内スーパー記憶術

せき板　その3

Q 1 せき板に用いる、B−C品の合板とは？
2 コンクリート打放し仕上げでよく用いられる合板は？
▼
A 1 表面のグレードで、片面がB、片面がCの合板です。
2 ウレタン系樹脂で表面処理をした合板です。

コンクリート型枠用合板の規格には、下のようにAからDまでの基準があります。B−C品とは片面がBで片面がCのグレードということです。

```
                節、割れ、欠けなど
                 小←——→大
合板表面のグレード：A>B>C>D        B-C品：片面がB、片面がC
```

せき板に使う合板は、特記がなければ厚さは12mmとされています。片面をウレタン系樹脂で表面処理した型枠用合板は、コンクリートの仕上がりが平滑で美しくなるので、打放し仕上げによく使われます。またコンクリートからはく離しやすく、傷の少ないものは上階へと転用できます。

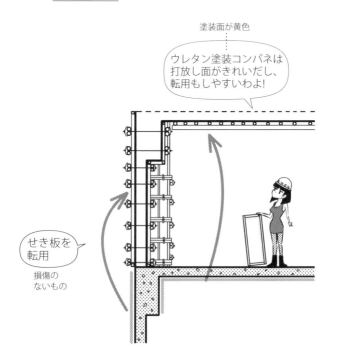

透水型枠

Q 透水型枠とは？

A コンクリート表面の余剰水や空気を外へ出せるようにした型枠です。

生コンを打つ際にせき板の近くに、余った水や空気がたまりやすくなります。スポンジ状に空洞のある表面や、砂利や砂の出た表面（ジャンカ）となることがあります。透水型枠を使うと、織布と孔から余剰水や空気を外へ出し、コンクリート表層部を緻密にすることができます。

透水型枠／合板／特殊織布（しょくふ）／水、空気／生コン／余剰水／小さな孔／コンクリート表面が緻密になり、ジャンカもできにくい

余計な水と空気を出せるのよ!

R092

Q 型枠支保工の緊結材には何がある？

A セパレーター、コーン、フォームタイなどです。

セパレーターは、せき板の間隔を保持する金具、コーンは主に打放しコンクリートで使われるセパレーターの先に付ける円錐状の器具、フォームタイは、せき板の外側でセパレーターを締め付ける金具です。どれも型枠支保工の緊結材です。

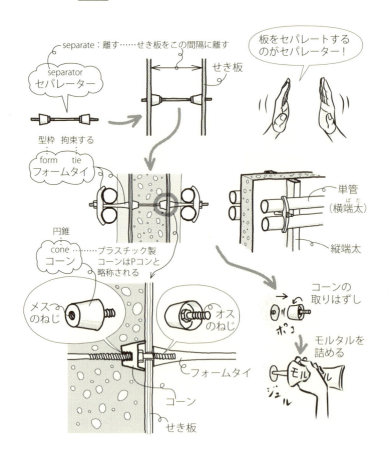

セパレーター　その1

セパレーターには、コンクリート面が打放し、仕上げありの違いで、B型、C型、BC型があります。

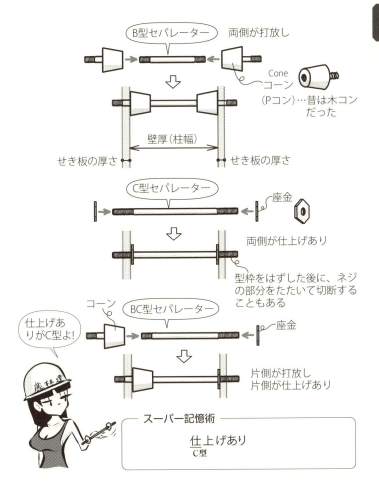

セパレーター その2

Q 両面仕上げがある場合、セパレーターはどうする？

A C型セパレーターを使い、頭を折って除去した後にさび止め塗料を塗ります。

打放しコンクリート用はB型、仕上げ用はC型を用います。片面が打放し、片面が仕上げありは、BC型です。

{ 打放し→B型
{ 仕上げ→C型【仕上げあり】
　　　　　C型

PS（パイプスペース）内の壁などで、金具が見えてもOKなところでもC型を使います。

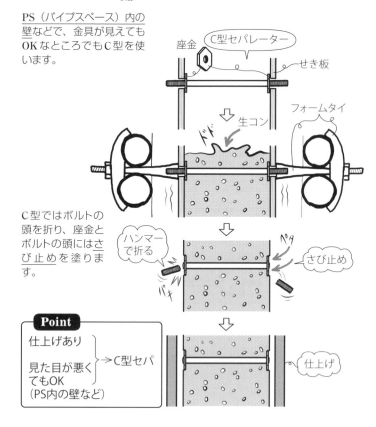

C型ではボルトの頭を折り、座金とボルトの頭にはさび止めを塗ります。

Point
仕上げあり
見た目が悪くてもOK } → C型セパ
（PS内の壁など）

【　】内スーパー記憶術

R094 セパレーター その3

Q 地下水の浸入のおそれがある場合、セパレーターはどうする?

A 止水板付きセパレーターを使います。

地下の外壁では、セパレーターの周囲を水道(みずみち)として、地下水が浸入するおそれがあります。そのため、<u>止水板付きセパレーターを使います</u>。また打継ぎ面にも水が浸入するので、<u>止水板</u>を入れます。

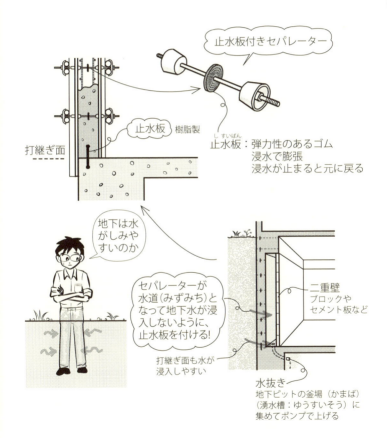

端太材

Q 型枠支保工の端太材には何を使う?

A 木製角材、鋼製パイプ、鋼製角パイプなどを使います。

端太材(ばたざい)とは、せき板の外側に付けて補強する材で、木製角材、鋼製パイプ、鋼製角パイプなどがあります。木製角材は、端太角(ばたかく)とも呼ばれます。せき板をバタつかせないように入れる材です。鋼製パイプは単管パイプ、単管とも呼ばれます。単管パイプとは、足場によく使われる直径約48mmの亜鉛メッキ鋼管です。

壁の型枠は、下図のように、縦端太をせき板に打ち付けて搬入し、現場で単管の横端太にフォームタイで引っ掛ける方法がよくとられます。

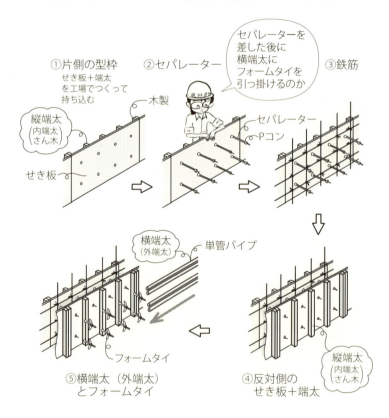

R096 パイプサポートと鋼管 その1

Q パイプサポートを継ぐ場合はどうする？

A パイプサポートは2本まで継ぐことができ、4本のボルトか専用の金具でしっかり留めます。

パイプサポートとは、下図のような、高さを調節できるパイプの支柱です。1～1.2mの間隔に並べて、スラブや梁の型枠を支える支保工です。継ぐ場合は2本までで、4本のボルトか専用の金具でしっかりと留めます（労安規）。階高の高いホールや体育館などでは、パイプサポートではなく、枠組足場を転用した鋼管枠（枠組式支保工）を使うことが多いです。

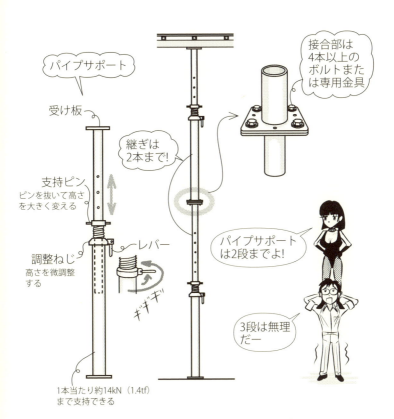

★ R097　パイプサポートと鋼管　その2

Q パイプサポートの水平つなぎはどうする？

A 3.5mを超えるときは高さ2mごとに、水平つなぎを2方向に入れます。

パイプサポートを支柱とする場合、高さが3.5mを超えるときは、高さ2m以内ごとに水平つなぎを2方向に設けます（労安規）。

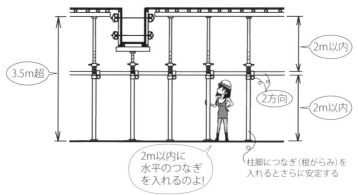

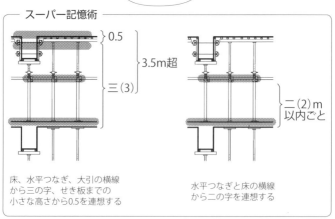

― スーパー記憶術 ―

床、水平つなぎ、大引の横線から三の字、せき板までの小さな高さから0.5を連想する

水平つなぎと床の横線から二の字を連想する

R098 パイプサポートと鋼管 その3

Q 鋼管枠を支柱とする場合、水平つなぎはどうする?

A 最上層と5層以内ごとに、水平つなぎを2方向に入れます。

鋼管枠（枠組式支保工）は、枠組足場を支柱とするもので、天井の高いホールや体育館などで使われます。枠組足場と同様に、<u>最上層と5層以内ごとに水平つなぎ</u>をパイプなどで入れます（労安規）。

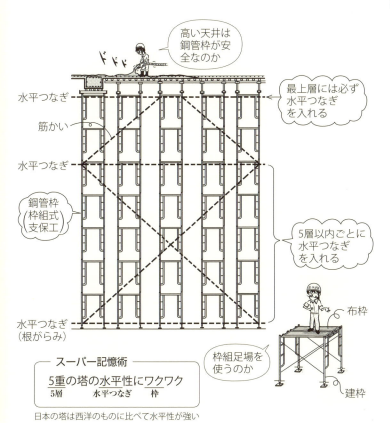

スーパー記憶術

<u>5</u>重の塔の<u>水平</u>性に<u>ワク</u>ワク
　5層　　　　水平つなぎ　　枠

日本の塔は西洋のものに比べて水平性が強い

R099　パイプサポートと鋼管　その4

Q 鋼管枠を支柱とする場合、1枠当たりの許容荷重は荷重の受け方によって異なる?

A 柱の受け板で受ける場合と、枠の中央で受ける場合などで異なります。

枠の柱の受け板に、直接大引などを載せれば、重さはきれいに下に伝わります。門型の枠の中央に荷重をかける場合は、枠の弱い部分なので、許容荷重は小さくなります。横架材のどこに荷重をかけるかで、ひとつの枠(柱)にかかる荷重の許容値は、50kN (5tf) から15kN (1.5tf) まで、値が決められています。

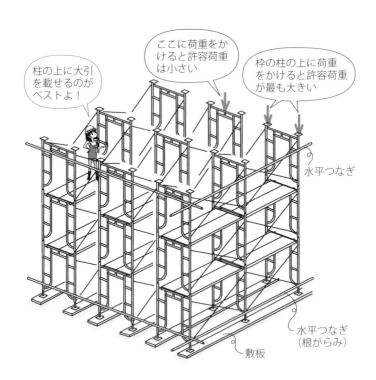

R100 パイプサポートと鋼管 その5

Q パイプサポート以外の鋼管(単管)を支柱とする場合、水平つなぎはどうする?

A 2m以内ごとに、水平つなぎを2方向に入れます。

パイプサポートを使わずに、足場に使う鋼管(単管)を支柱とすることがあります。その場合は3.5mを超えるという条件がつかずに、どんな場合でも高さ2m以内ごとに2方向に水平つなぎを入れます(労安規)。鋼管、パイプサポート、鋼管枠は別のもの。まぎらわしいので、ここでしっかりと覚えておきましょう。

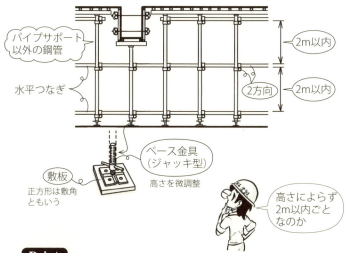

Point

水平つなぎ
パイプサポート以外の鋼管 → 高さ2m以内ごと
パイプサポート → 高さ3.5mを超えると2m以内ごと
鋼管枠(枠組式支保工) → 最上層と5層以内ごと

【5重の塔の水平性にワクワク】
　5層　　水平つなぎ　枠

【 】内スーパー記憶術

★ R101　パイプサポートと鋼管　その6

Q 組立て鋼柱を支柱とする場合、水平つなぎはどうする？

▼

A 高さが4mを超えるときは、4m以内ごとに水平つなぎを2方向に入れます。

高い支柱が必要な場合、下図のように何本かの鋼材を組み合わせて大きな柱とする組立て鋼柱を使うことがあります。高さが4mを超えるときは4m以内ごとに水平つなぎを2方向に入れるとされています（労安規）。

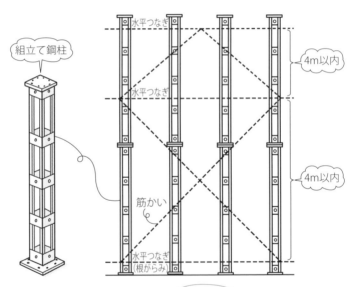

── スーパー記憶術 ──
4本の柱で1組
4m以内ごと　組立て柱

何本か組んで
大きな柱にす
るのよ！

何本かで1本柱としたものを、一般に組柱（くみばしら）という

足場

Q 型枠が動かないように、外部足場に緊結してよい？

A 足場のゆれで型枠がひずむので、型枠を足場に留めてはいけません。

足場は、倒れないように、縦横何mかおきに壁つなぎを付ける必要があります。しかし、型枠とつなぐと、足場の上を歩いたり荷物を運んだりする際にゆれて、型枠がゆれてひずむ可能性があります。型枠と足場をつなぐのは不可です。

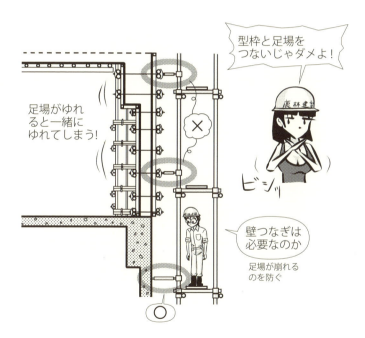

ターンバックル

Q 型枠の建入れ直しはどうする?

A 鎖とターンバックルで行います。

ターンバックルとは、回転(turn)させて長さを調節して締める金具(buckle)のことです。コンクリートスラブに、事前にU字形の金具を埋め込んでおき、型枠との間に斜めに鎖を掛け、ターンバックルを回して締め付け、型枠が動かないようにします。水平、垂直や位置の調整をすることを建入れ直しといいますが、鎖とターンバックルで建入れ直しも行います。鉄骨の建て方(構造材の組立て)の際の建入れ直しでも、ターンバックルは活躍します。

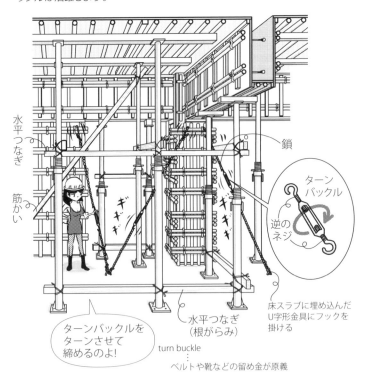

ターンバックルをターンさせて締めるのよ!

turn buckle
ベルトや靴などの留め金が原義

腰壁

Q 窓下の腰壁上部にコンクリートが回るようにするには？

A ふたとなる型枠中央部に空気孔を設けるか、中央部からもコンクリートを入れるようにします。

窓下の腰壁は、生コンが回り込みにくく、空気もたまりやすくなります。未充てんやジャンカの多い箇所です。小さな窓では、腰壁上端中央部に空気孔をあけて空気を抜けやすくする、生コンを片方から押して流して空気がたまらないようにするなどの工夫が要ります。大きな窓では腰上部の両端に押え形枠を付けて中央部をあけ、そこからも生コンを入れて金ゴテで押えます。

ジャンカ：モルタルや砂が少なく砂利が露出したもの。豆板（まめいた）ともいう

未充てん：空洞、すともいう

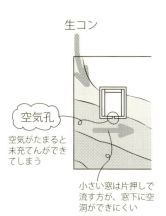

空気がたまると未充てんができてしまう

小さい窓は片押しで流す方が、窓下に空洞ができにくい

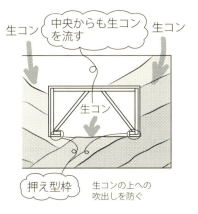

生コンの上への吹出しを防ぐ

柱型枠　その1

Q 型枠の組立てにおいて、足元を桟木で固定するのは？

A 足元がコンクリートの圧力でずれないようにするためです。

柱型枠の足元は、生コンの側圧（側面方向にかかる圧力）が最も大きいところです。下図のように足元は桟木などで補強し、床スラブにもしっかりと固定します。合板だけだと、生コンの圧力で外側にずれてしまいます。

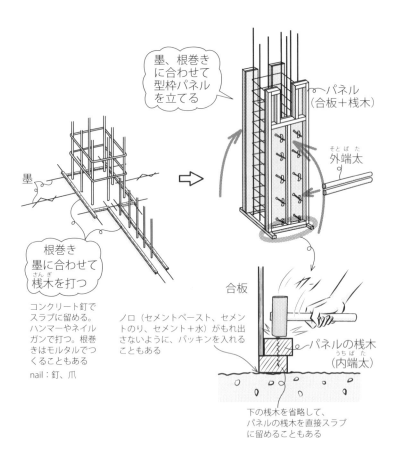

墨、根巻きに合わせて型枠パネルを立てる

パネル（合板＋桟木）

外端太（そとばた）

根巻き墨に合わせて桟木を打つ

コンクリート釘でスラブに留める。ハンマーやネイルガンで打つ。根巻きはモルタルでつくることもある
nail：釘、爪

ノロ（セメントペースト、セメントのり、セメント＋水）がもれ出さないように、パッキンを入れることもある

合板

パネルの桟木（内端太 うちばた）

下の桟木を省略して、パネルの桟木を直接スラブに留めることもある

★ **R106** 柱型枠　その2

Q 型枠下部に掃除口を設けるのは？

▼

A 木くず、落ち葉、ゴミなどを取るため、洗浄水を排出するためです。

型枠の底には、木くず、落ち葉、ゴミなどがたまりやすくなります。そのまま生コンを打つと、構造的に重要な打継ぎ面に欠陥ができてしまいます。型枠下部の要所に掃除口を設け、ゴミを取り除いたり洗浄水を排出したりします。実際の現場では、掃除口をつくっているところは少ないのが現状です。

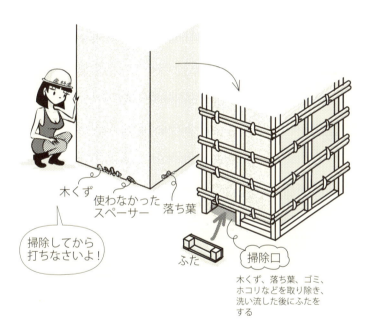

木くず／使わなかったスペーサー／落ち葉／ふた／掃除口

掃除してから打ちなさいよ！

木くず、落ち葉、ゴミ、ホコリなどを取り除き、洗い流した後にふたをする

★ R107　スリーブ　その1

Q スリーブの型枠はどうする？

A 鋼管、硬質塩ビ管、紙管などを動かないように堅固に取り付け、切断面にはコンクリートが入らないようにふたをします。

スリーブは下図のように、紙管や鋼管、硬質ポリ塩化ビニル管などを型枠内に取り付けて、生コンの圧力で動かないようにします。またスリーブ周囲には補強の鉄筋を入れて、スリーブの孔が構造上の弱点にならないようにします。

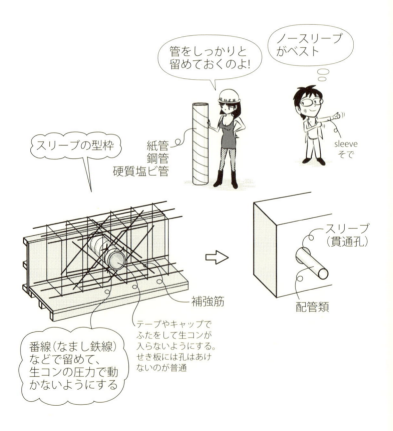

- 管をしっかりと留めておくのよ!
- ノースリーブがベスト
- sleeve そで
- スリーブの型枠
- 紙管／鋼管／硬質塩ビ管
- 補強筋
- テープやキャップでふたをして生コンが入らないようにする。せき板には孔はあけないのが普通
- 番線(なまし鉄線)などで留めて、生コンの圧力で動かないようにする
- スリーブ(貫通孔)
- 配管類

● 柱、梁以外で径200mm以下では紙管としてよいとされています（公仕）。

★ R108 スリーブ その2

Q 地中部分で水密を要するスリーブの型枠はどうする？

A つば付き鋼管を使います。

地中部分で水密を要する部分のスリーブは、スリーブ管とコンクリートのすき間から水が浸入しにくいように、つば付き鋼管とします。鋼はコンクリートと一体化してぴったりとくっつくので、塩ビよりも水は入りにくくなります。水密が不要の場合は、さびの出ない硬質ポリ塩化ビニル管（塩ビ管）とします（公仕）。

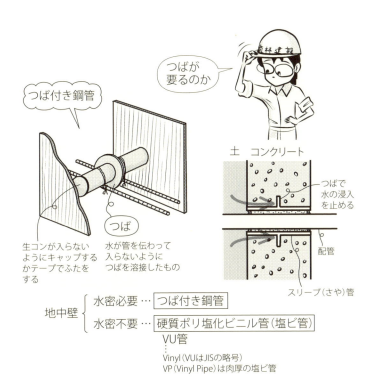

地中壁 ┬ 水密必要 … つば付き鋼管
　　　 └ 水密不要 … 硬質ポリ塩化ビニル管（塩ビ管）
　　　　　　　　　　VU管
　　　　　　　　　　⋮
　　　　　　　　　　Vinyl（VUはJISの略号）
　　　　　　　　　　VP（Vinyl Pipe）は肉厚の塩ビ管

★ R109　スペーサーの確認

Q かぶり厚さの確認はどうする？

A スケール、定規で測定し、測定できない部分は所定のスペーサーが配置されていることを目視で確認します。

かぶり厚さは非常に重要なので、スケール、定規、専用の定規などを使って、コンクリートを打つ前に必ず測ります。手の届かないところでは、スペーサーが入っていることを目視で確認します。

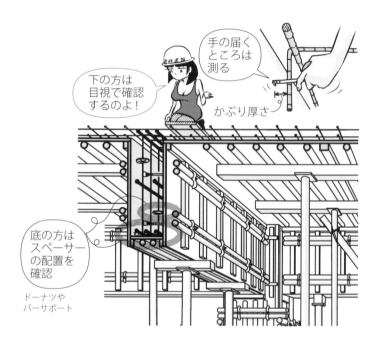

- 筆者の経験では、コンクリートを打つ前の配筋検査で、1カ所か2カ所はかぶり厚さが足りないところが毎回ありました。そのつど、スペーサーを追加で入れるなどの修正をしてもらいました。コンクリートを打ってからでは手遅れとなりますので、非常に重要なところです。

★ R110　　金属製型枠パネル

Q 金属製型枠パネルはどんなときに使う？

A 大規模で同様なパネル割りが多い建物や、決まった寸法の多い木造の基礎などに使います。

型枠には、既製品の金属製パネル（メタルフォーム）もあり、鋼やアルミ合金で、せき板＋端太としてパネル化されています。中、小規模のRC造の建物は、柱梁などの寸法が少しずつ違うので、金属製パネルは使いにくく、木製型枠で組むのが一般的です。木造の基礎は、基礎幅や高さなどが同じ建物が多いので、金属製パネルが多く使われています。コンクリート面の仕上がりは、木製に比べて平滑になります。

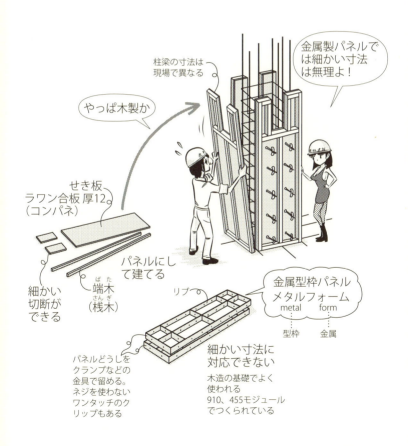

フラットデッキ　その1

Q フラットデッキ（床型枠用鋼製デッキ）を使うメリットは？

A 取りはずし作業が省略でき、工期を短縮できます。

フラットデッキとは、鋼製の床用型枠で、コンクリートが固まっても取りはずさずにそのままにします。取りはずし作業がないので、工期を短縮することができます。

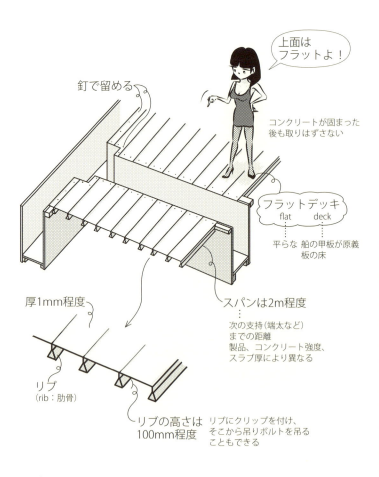

★ R112　フラットデッキ　その2

Q フラットデッキ（床型枠用鋼製デッキ）のエンドクローズ部分は、鉄骨支持梁にどのように掛ける？

A 掛かり代は50mm以上、オフセットは40mm以下として掛けます。

　フラットデッキを木製の端太材に掛ける場合は、釘打ちしてデッキが落ちないようにします。鉄骨梁に掛ける際には、スポット溶接で留めます。掛かり代は50mm以上、梁端からリブまでのオフセット距離は40mm以下とされています。コンクリートの重さでデッキが落ちないようにするためです。

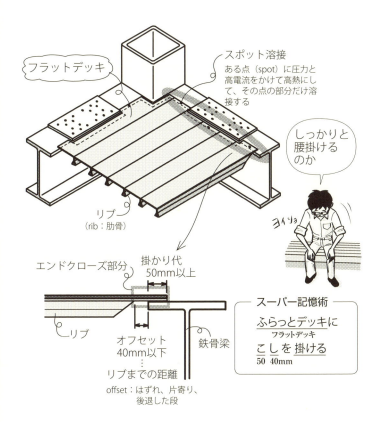

スポット溶接
ある点（spot）に圧力と高電流をかけて高熱にして、その点の部分だけ溶接する

フラットデッキ

リブ（rib：肋骨）

しっかりと腰掛けるのか

ヨイショ

エンドクローズ部分

掛かり代 50mm以上

リブ

オフセット 40mm以下
…リブまでの距離
offset：はずれ、片寄り、後退した段

鉄骨梁

スーパー記憶術

ふらっとデッキに
　フラットデッキ
こしを掛ける
50　40mm

★ R113 鋼製仮設梁

Q スラブ型枠用の鋼製仮設梁では、トラス下弦材の中央部を支持できる?

A トラスが変形してしまうので支持できません。

トラスでできた鋼製仮設梁(鋼製支保梁、軽量支保梁)を使うと、スラブ型枠を多くの支柱で支えなくてすみます。トラス梁の途中で支えようとすると、力を受けるようにつくられていないので、トラス梁が変形してしまいます。

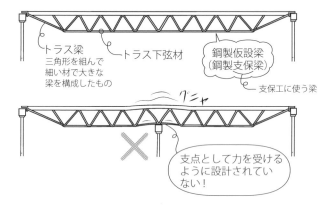

鋼製仮設梁には下図のように、伸縮してさまざまなスパンに対応可能なものもあります。

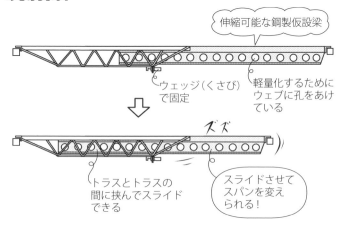

★ R114 コラムクランプ

Q コラムクランプとは？

A 独立柱の型枠を締めるための金具です。

クランプは、緊結金具の意味で、単管パイプどうしを連結する金具のことを一般に指します。
コラムクランプは下図のような、独立柱の型枠に用いる金具のことです。クランプとは異なるので、注意しましょう。

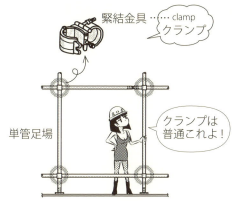

緊結金具……clamp
クランプ

単管足場

クランプは普通これよ！

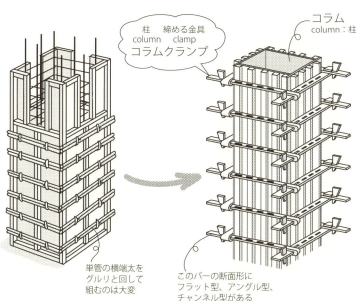

柱　締める金具
column　clamp
コラムクランプ

コラム
column：柱

単管の横端太をグルリと回して組むのは大変

このバーの断面形にフラット型、アングル型、チャンネル型がある

8 型枠工事

★ R115 ハーフプレキャストコンクリート板型枠

Q ハーフプレキャストコンクリート板型枠を外壁屋外側に使うと、何が良い?

A 外壁仕上げ工事が不要となります。

プレキャストコンクリート板とは、事前に(pre)工場で型に入れて(cast)つくるコンクリート板です。タイルや石などを一緒に打ち込むと、仕上げを現場で施工する必要がなく、タイルや石も落ちにくいというメリットがあります。ハーフプレキャストコンクリート板型枠とは、壁の屋外側の型枠をプレキャストコンクリート板とするものです。仕上げ工程を短縮することができます。内側は普通の型枠を使うのでハーフといいます。

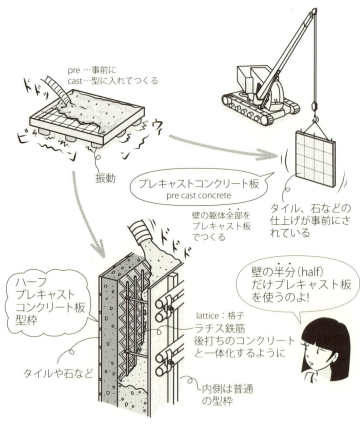

★ R116　スライディングフォーム工法

Q スライディングフォーム工法で壁を打ち上げると、何が良い？

A 打継ぎ面がない連続した壁がつくれます。

生コンが固まってから、その上に型枠をつくって生コンを打つと、打継ぎ面ができます。煙突やサイロ、給水タンクなど、同じような壁面が垂直に続く建造物では、このような型枠を上へずらしながらコンクリートを打ち込む<u>スライディングフォーム工法（スリップフォーム工法）</u>が用いられることがあります。生コンを固まらせながら型枠をスライドさせるので、打継ぎ面ができません。

ずり上げながら打つのよ！

スライディングフォーム工法

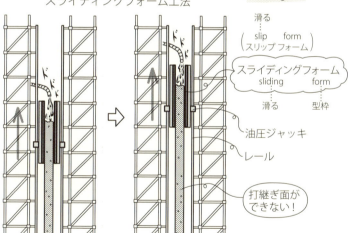

滑る
（slip　form
　スリップ フォーム）

スライディングフォーム
sliding　form
滑る　　　型枠

油圧ジャッキ

レール

打継ぎ面が
できない！

型枠・支柱にかかる荷重 その1

Q 型枠支保工の構造計算では、どのような荷重を考える？

A コンクリート打込み時の鉛直荷重、水平荷重、コンクリートの側圧を考えます。

コンクリート打込み時の振動、衝撃をコンクリート、鉄筋、型枠自体の重さに加えたものを鉛直荷重とし、同じく振動、衝撃に風圧を加えたものを水平荷重とします。また液体に近い生コンからは、水平方向の荷重を受け、側圧（R126参照）として別に計算します。

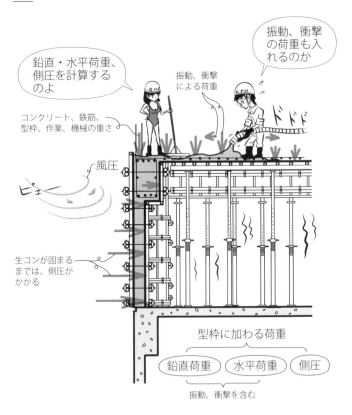

型枠・支柱にかかる荷重 その2

Q 型枠支保工の構造計算では、水平荷重にどのような荷重を見込む？

A 風圧、作業や機械による荷重を入れ、地震荷重は入れません。

型枠に加わる水平荷重には、風圧や作業、機械による荷重を考慮しますが、地震荷重は入れません。生コンはずっと液体状ではなく、打ち込んですぐに固まりはじめ、1日もするとスラブ上を歩けるようになります。生コンの強度が出ると、生コンと鉄筋が一体となって建物が自立しはじめるので、型枠と建物の両者で支えられるようになります。そうなる前に大地震がくる確率はきわめて低いとして無視するわけです。

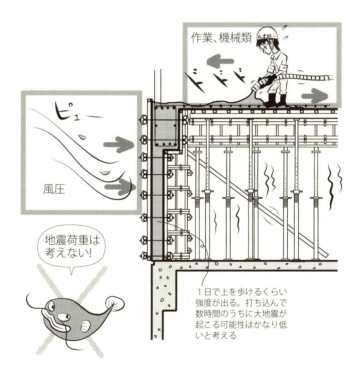

型枠・支柱にかかる荷重 その3

Q パイプサポートや鋼管を支柱とする場合、設計荷重の何パーセントの水平荷重がかかるとする？

A 設計荷重の5%の水平荷重がかかるとします。

パイプサポートや鋼管を支柱とする場合、設計荷重の5%の水平荷重がかかるとして型枠の構造計算を行います。建物の構造計算では、大地震時の水平荷重は重さの20%（標準せん断力係数 $C_0=0.2$）、2次設計では100%（$C_0=1.0$）としますので、地震は考えていないことになります。

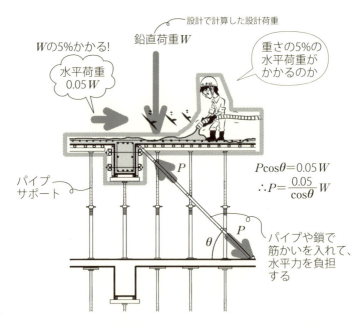

--- スーパー記憶術 ---

Support → 5%　　サポートのSを5と連想する

★ R120　型枠・支柱にかかる荷重　その4

Q 鋼管枠を支柱とする場合、設計荷重の何パーセントの水平荷重がかかるとする？

A 設計荷重の2.5%の水平荷重がかかるとします。

鋼管枠は枠組足場に使う既製品の部材で、パイプサポートよりも水平力に抵抗しやすいので、5%の半分の<u>2.5%</u>とされています。

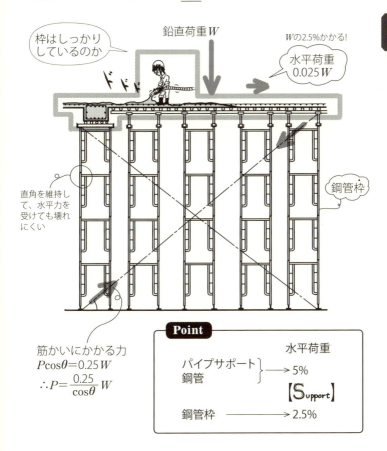

枠はしっかりしているのか

鉛直荷重W

Wの2.5%かかる!
水平荷重 $0.025W$

直角を維持して、水平力を受けても壊れにくい

鋼管枠

筋かいにかかる力
$P\cos\theta = 0.25W$
$\therefore P = \dfrac{0.25}{\cos\theta}W$

Point

水平荷重
パイプサポート／鋼管 ⟶ 5%

[S_upport]

鋼管枠 ⟶ 2.5%

【　】内スーパー記憶術

Q 型枠支保工の構造計算では、鉄筋コンクリートの荷重、在来工法の型枠の荷重はどれくらい？

A 鉄筋コンクリートは $24kN/m^3$($2.4tf/m^3$)×部材厚さ(m)、型枠は $0.4kN/m^2$($40kgf/m^2$)です。

荷重には一般に、下図のように、人でたとえるなら、体重としての<u>固定荷重</u>(DL：Dead Load)と、荷物に当たる作業や、衝撃を加えた<u>積載荷重</u>(LL：Live Load)があります。

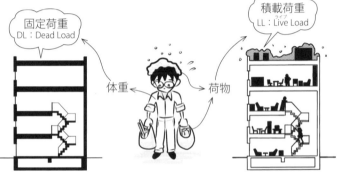

型枠支保工での荷重計算でも、鉄筋コンクリートや型枠自体の重さである固定荷重のほかに、作業荷重＋衝撃荷重を加算します。

型枠と鉄筋コンクリートの荷重

コンクリートの比重は約2.3、鉄筋コンクリートの比重は約2.4です。水の約2.4倍の重さがあります。水1m³は1t（トン。正確にはtf、トンエフ）、鉄筋コンクリートは2.4tで、N（ニュートン）で表すと24kN/m³です。比重で覚えておくと、そのままt/m³となり、感覚的によくわかります。1tは軽自動車約1台の重さです。

――― スーパー記憶術 ―――

（西洋）
RCは西から来た
比重2.4（24kN/m³）
標準的な強度24N/mm²

トン テン カン
tf ≒ 10 k N = 10,000N

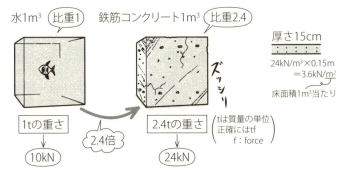

フラットデッキ、鋼製の梁などを使わずに、根太、大引などによって支える在来構法の型枠では、型枠の荷重は**0.4kN/m²**（約**40kgf/m²**）とします（JASS5 解説）。

R122　打込み時の荷重　その1

Q 型枠支保工の構造計算では、打込み時の積載荷重はどれくらい？

A 打込み時の積載荷重は $1.5kN/m^2$（$150kgf/m^2$）です。

生コン打込み時の作業荷重と衝撃荷重の合計（積載荷重LL）は、$1.5kN/m^2$とします。$1.5kN$とは$0.15tf=150kgf$です（労安規）。

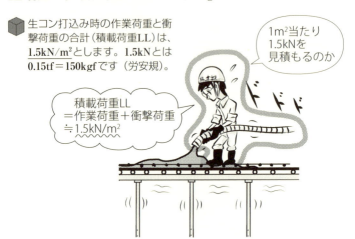

― スーパー記憶術 ―

<u>イチゴ</u> <u>缶</u> <u>ジュース</u>をそそぐ
　1.5　　kN/m^2　生コンをそそぐ衝撃

打込み時の荷重 その2

Q 厚さ20cmのスラブをポンプ工法で打つ場合、鉛直荷重はどれくらい？

A 積載荷重$1.5kN/m^2$＋コンクリートの荷重$24kN/m^3×0.2m$＋型枠の荷重$0.4kN/m^2＝6.7kN/m^2$です。

生コン打込み作業による作業荷重、衝撃荷重は$1.5kN/m^2$です。打ち込まれた生コンと鉄筋を合わせた重さは$1m^3$当たり$24kN/m^3$、それが$0.2m$の厚みがあるので$1m^2$当たり$24×0.2＝4.8kN/m^2$となります。鉄筋コンクリートを支える型枠の重さは$0.4kN/m^2$。3者を合計すると$6.7kN/m^2$($670kgf/m^2$)となります。

RCの比重は2.4、$1m^3$で$2.4tf/m^3＝24kN/m^3$。厚み$0.2m$では$1m^2$当たり$1m×1m×0.2m＝0.2m^3$となるので、0.2を24にかけることになります。m^3、m^2の単位を間違わないようにしましょう。

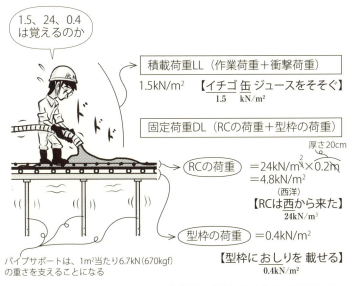

積載荷重LL（作業荷重＋衝撃荷重）

$1.5kN/m^2$ 【イチゴ 缶 ジュースをそそぐ】
　　　　　　　　1.5　　 kN/m^2

固定荷重DL（RCの荷重＋型枠の荷重）

厚さ20cm
RCの荷重 $＝24kN/m^3×0.2m$
$＝4.8kN/m^2$
（西洋）
【RCは西から来た】
$24kN/m^3$

型枠の荷重 $＝0.4kN/m^2$

【型枠におしりを載せる】
$0.4kN/m^2$

パイプサポートは、$1m^2$当たり$6.7kN$（$670kgf$）の重さを支えることになる

全荷重$＝1.5＋4.8＋0.4＝6.7kN/m^2$

【 】内スーパー記憶術

R124 コンクリートの側圧 その1

Q 型枠にかかるコンクリートの側圧は、高さ（深さ、ヘッド）、時間とともにどう変化する？

A 高さに比例して側圧も増えますが、一定の高さ以上では粘性が出て側圧は一定となり、さらに深いところでは時間が経過しているので側圧は高さとともに小さくなります。

型枠の側面にかかる生コンの側圧は、水と同様に、高いほど大きくなります。しかし生コンは打った直後から硬化がはじまり、一定の高さ以上では粘性が増大して側圧は一定となります。さらに深いところでは、時間がたっているので、深いほど側圧は小さくなります。完全に硬化すると側圧はゼロになります。

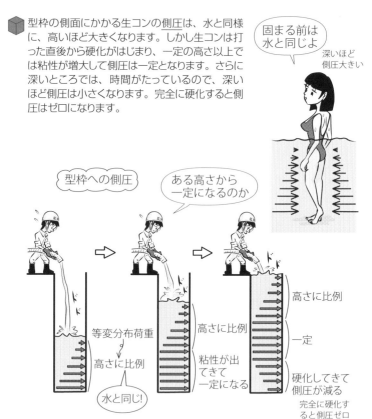

- JASS5では、単純化された側圧を求める式が示されています。

★ R125　コンクリートの側圧　その2

Q コンクリート打込み高さが1.5m以下の場合、側圧の式は？

A コンクリートの単位容積質量（密度）ρ×重力加速度g×ヘッド（高さ）H です。

密度（単位容積質量）ρに高さHをかけたものが生コンの質量になり、それに重力加速度gをかけた$(\rho H)g$が重さ（重力）となります。下のJASS5の表では$\rho g = W_0$としているので、高さHの生コンの重さは$W_0 H$となります。高さHが1.5m以下では、側圧は重さそのもの$W_0 H$とするとされています。高さ（深さ）Hのことはヘッドと呼びます。

型枠設計用コンクリートの側圧（kN/m²）　(JASS5)

打込み速さ(m/h)	10以下の場合		10を超え20以下の場合		20を超える場合
H(m)　部位	1.5以下	1.5を超え4.0以下	2.0以下	2.0を超え4.0以下	4.0以下
柱	$W_0 H$	$1.5W_0 + 0.6W_0 \times (H-1.5)$	$W_0 H$	$2.0W_0 + 0.8W_0 \times (H-2.0)$	$W_0 H$
壁		$1.5W_0 + 0.2W_0 \times (H-1.5)$		$2.0W_0 + 0.4W_0 \times (H-2.0)$	

H：フレッシュコンクリートのヘッド(m)（側圧を求める位置から上のコンクリートの打込み高さ）
W_0：フレッシュコンクリートの単位容積質量(t/m³)に重力加速度を乗じたもの(kN/m³)

重さ(重力)＝質量×g
1m³の重さ＝$\rho g = W_0$
Hmの重さ＝$(\rho H)\ g = (\rho g)H = W_0 H$　　$\begin{pmatrix}g：重力加速度\\\rho：単位容積質量\end{pmatrix}$
　　　　　質量

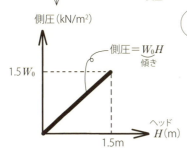

一定の深さまでは$W_0 H$か

- $W_0 = 2.4(t/m^3) = 24(kN/m^3)$とすると、$H=1$mでは$24 \times 1 = 24 kN/m^2$、$H=1.5$mでは$24 \times 1.5 = 36 kN/m^2$の側圧がかかります。
- フレッシュコンクリートとは、固まる前のコンクリートのことです。

★ R126 コンクリートの側圧 その3

Q コンクリートの側圧は、ヘッド H が大きくなるとどうなる？

A 側圧は大きくなります。

コンクリートの側圧の計算式は、JASS5では下表のような式で示されています。コンクリート硬化後の側圧の減少は、見込まれておらず、安全側で式がつくられています。どの式も、コンクリートのヘッド（深さ）が大きくなるほど大きくなる式となっています。

型枠設計用コンクリートの側圧（kN/m²）　　　　　（JASS5）

打込み速さ (m/h) 　部位 H(m)	10以下の場合		10を超え20以下の場合		20を超える場合
	1.5以下	1.5を超え4.0以下	2.0以下	2.0を超え4.0以下	4.0以下
柱	$W_0 H$	$1.5 W_0 + 0.6 W_0 \times (H-1.5)$	$W_0 H$	$2.0 W_0 + 0.8 W_0 \times (H-2.0)$	$W_0 H$
壁		$1.5 W_0 + 0.2 W_0 \times (H-1.5)$		$2.0 W_0 + 0.4 W_0 \times (H-2.0)$	

H：フレッシュコンクリートのヘッド(m)（側圧を求める位置から上のコンクリートの打込み高さ）
W_0：フレッシュコンクリートの単位容積質量(t/m³)に重力加速度を乗じたもの(kN/m³)

t/m³とした場合は比重（水と比べた重さ）と数値は同じになる。コンクリートの比重が2.3ならば2.3t/m³。

側圧 $= 1.5 W_0 + 0.6 W_0 (H-1.5)$
$\quad = 0.6 W_0 H + 0.6 W_0$　傾き

側圧 $= W_0 H$　傾き

圧力の単位を水の深さで表し、水頭、ヘッドと呼ぶことがある。ここではコンクリートの深さ（高さ）

ヘッドとは深さのことか

H 高さ（深さ）

Head

コンクリートの深さ

- H が4mを超えると側圧が過大となるので、なるべく避けます。やむをえず施工する場合は、ポンプ筒先を十分型枠内に入れ、層分けして回し打ちするなどの必要があります。回し打ちとは、壁の下部を打った後に、壁のほかの部分を回りながら打ち、一周して下部が少し固まったころに打ち重ねる方法です。

R127 コンクリートの側圧 その4

Q 高流動性コンクリートの場合、コンクリートの側圧は、粘性や硬化を考える？

A 考えずに、重さによる圧力がかかるとします。

高流動性コンクリートの場合、粘性や硬化を考えずに、水と同じように重さによる側圧がかかるとして計算します。高さ H の底面や底に接する側面にかかる圧力は $\rho g H$ となり、ρg を W_0 とおくと $\underline{W_0 H}$ となり、硬化による緩和のない式となります（g：重力加速度）。

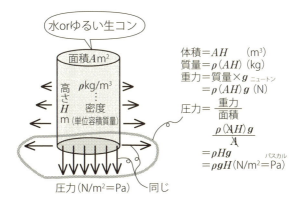

体積 $= AH$ （m³）
質量 $= \rho(AH)$ (kg)
重力 $=$ 質量 $\times g$ ニュートン
$= \rho(AH)g$ (N)

圧力 $= \dfrac{重力}{面積}$

$= \dfrac{\rho(AH)g}{A}$
$= \rho H g$
$= \rho g H$ (N/m² = Pa) パスカル

ρ の単位を t/m³（比重と同じ数値）とすると
質量 $= \rho(AH)$ (t)
重力 $= \rho(AH)g$ (kN)
圧力 $= \rho g H$ (kN/m² = kPa)
となる
$\rho g = W_0$ とおくと
圧力 $= W_0 H$ となり、JASS5の表と同じ式になる

--- スーパー記憶術 ---

老人H！パス！
ρ　g　H　パスカル
　　　　　　Pa
　　　　　 (N/m²)

- 大気圧が上下左右からかかりますが、相殺されて、水（生コン）だけの圧力になります。
- 圧力 $= \rho g H$ の式は、給水設備の計算でも出てくる、物理で一般的に使われる式なので、ここで覚えておくとよいでしょう。

★ R128 コンクリートの側圧 その5

Q コンクリートの打込み高さが4m以下、打込み速さが20m/hを超える場合、側圧はどうなる?

A 側圧は、単位容積重量 W_0（kN/m³）×ヘッド H（m）です。

打込み速さが速い場合、固まる前から、次から次へと生コンが打ち込まれるので、生コンの重さがそのまま側圧として作用してしまいます。側圧は、水による側圧の式と同じになります。<u>側圧は W_0H という、傾きが W_0 で一定の直線となります。</u>

型枠設計用コンクリートの側圧 (kN/m²)　打込みのスピードが速いと固まりにくい（JASS5）

打込み速さ (m/h)	10以下の場合		10を超え20以下の場合		20を超える場合
H(m) 部位	1.5以下	1.5を超え4.0以下	2.0以下	2.0を超え4.0以下	4.0以下
柱	W_0H	$1.5W_0 + 0.6W_0 \times (H-1.5)$	W_0H	$2.0W_0 + 0.8W_0 \times (H-2.0)$	W_0H
壁		$1.5W_0 + 0.2W_0 \times (H-1.5)$		$2.0W_0 + 0.4W_0 \times (H-2.0)$	

H：フレッシュコンクリートのヘッド(m)（側圧を求める位置から上のコンクリートの打込み高さ）
W_0：フレッシュコンクリートの単位容積質量(t/m³)に重力加速度を乗じたもの(kN/m³)

20歳超
20m/h超ではまっすぐ上がるのよ!

打ち込むスピードが20m/hを超えると、すべて W_0H！

側圧(kN/m²)
$4W_0$
側圧＝W_0H
　　　傾き
柱、壁
ヘッド H(m)
4m
生コンの深さ(高さ)

― スーパー記憶術 ―
<u>20歳過ぎても</u>
　20m/h超
<u>嫁入りまで</u>
　4mまで
<u>順調に成長する</u>
　傾き一定で増加

R129 コンクリートの側圧 その6

Q コンクリートの打込み高さが4m以下、打込み速さが20m/hを超える場合、壁の側圧は柱の側圧より小さくすることができる？

A 打込み速さが毎時20mを超える場合はできません。

生コンが型枠に及ぼす側圧は、一定深さ（高さ）以上では、壁よりも柱を大きめに計算します。柱の方が生コンが多めになり、固まるスピードも壁に比べて遅くなるからです。打込み速さ20m/hを超える場合は、前頁で述べたように、硬化による傾きのゆるい式は用意されておらず、柱も壁も同じ W_0H となります。

型枠設計用コンクリートの側圧 (kN/m²) (JASS5)

打込み速さ (m/h) 部位	10以下の場合		10を超え20以下の場合		20を超える場合
H(m)	1.5以下	1.5を超え4.0以下	2.0以下	2.0を超え4.0以下	4.0以下
柱	W_0H	$1.5W_0 + 0.6W_0 \times (H-1.5)$	W_0H	$2.0W_0 + 0.8W_0 \times (H-2.0)$	W_0H
壁		$1.5W_0 + 0.2W_0 \times (H-1.5)$		$2.0W_0 + 0.4W_0 \times (H-2.0)$	

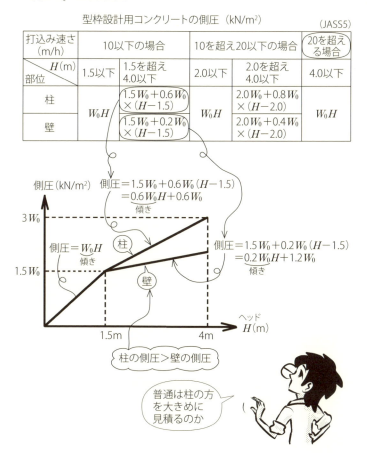

柱の側圧＞壁の側圧

普通は柱の方を大きめに見積るのか

Q 型枠支保工に使う鋼材の許容曲げ応力度はどう求める?

A 降伏強度か、引張り強さの3/4のうち、小さい方の値の2/3を許容曲げ応力度とします。

小さい方の値ではなく、いずれか小さい方の値の2/3以下とします（労安規）。

ここでは構造分野でも重要な、応力、応力度、許容応力度などを、しっかりと復習して覚え直しておきましょう。消しゴムを指で押しつぶす場合、指の力は消しゴムの外から及ぼす力なので外力（がいりょく）といいます。外力によって消しゴム全体に力が伝わり、消しゴムはどの部分を切り出しても圧縮されて縮んでいます。消しゴム内部に伝わる力を、内力（ないりょく）といいます。内力は、外力に応じて働く力なので応力（おうりょく）ともいいます。

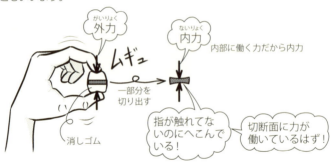

建物に加わる外力は、重さなどの荷重、地面が重さに対して反発する力である反力が主なものです。その外力に対して、柱梁などに内力（応力）が生じます。

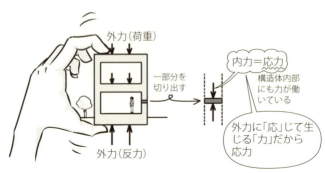

許容応力度

同じ応力でも、細い柱と太い柱では、1mm²当たり（1cm²当たり）にかかる力は異なります。柱が壊れるか否かは、単位断面積当たりの応力を考えます。応力/断面積で算出する単位断面積当たりの応力を、応力度といいます。単位は力/面積で、N/mm²（ニュートンパー平方ミリメートル、ニュートン毎平方ミリメートル）などが使われます。

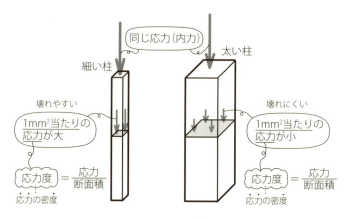

応力度の度は、人口密度の度と同じで、応力の密度を表します。

荷重を拾い出して柱や梁などにかかる応力を出し、断面積当たりの応力度を算出します。その応力度が法で定めた許容限度である許容応力度以下であればOKとします。許容応力度は、材料強度に安全の余裕をもたせて定められています。

- ややこしいのは、応力度のことを応力と呼ぶことがあることです。基準法では応力度ですが、労安規では応力と書かれています。Nは応力、N/mm²は応力度と、単位で判断すれば間違いはありません。

 **R130**（つづき）

長期荷重とは、長期間、常時かかっている重さのことです。重さを構造体にかけて各部の応力を計算し、次に各断面の応力度を計算し、その長期荷重による長期応力度が法で定めた長期許容応力度以下となるようにします。<u>長期許容応力度とは、長期応力度の許容限度のこと</u>です。

長期荷重（重さ）による

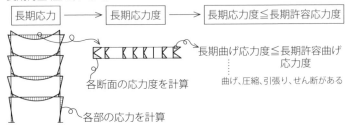

長期応力度は長期荷重から計算しますが、短期応力度は長期荷重＋短期荷重から出します。非常時の地震力が働くときには、常時働く重さもかかっているからです。<u>短期許容応力度とは、短期応力度の許容限度のこと</u>です。

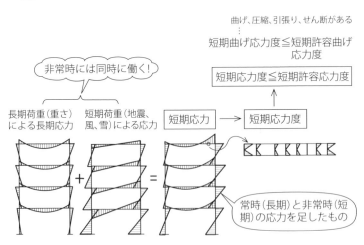

許容応力度

弾性とは応力度とひずみ度が比例して、力を除くと元に戻る性質です。降伏点とは弾性が終了して塑性（そせい）がはじまる点です。材料が白旗を上げて降伏、屈服（yield）して、以降は同じ力で伸びてしまいます。

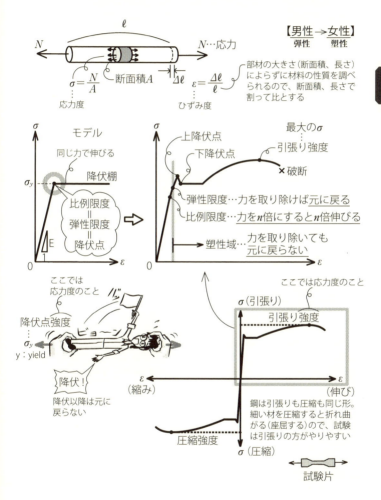

【　】内スーパー記憶術

$\sigma-\varepsilon$のグラフで、原点からの直線が水平に折れ曲がり棚状になる高さが降伏点強度（降伏強さ）σ_yで、山の頂上の高さ、最大値が引張り強度（引張り強さ）σ_{max}です。基準強度Fは、構造計算の基準となる強度です。鋼材のFは降伏点強度か、引張り強度の**70%**のいずれか小さい方の値とします（鋼規準）。棚の高さか山の高さ×0.7のうちの低い方をFとします。鋼は工場で製造されるので、Fの値は製品によって決められています。

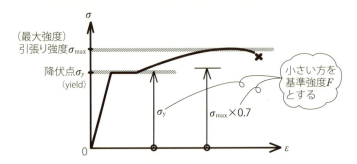

たとえば建築構造用圧延鋼材SN400の場合、引張り強度σ_{max}は400N/mm²、降伏点強度σ_yは235N/mm²で、$400 \times 0.7 = 280 > 235$なので基準強度$F$は235N/mm²となります。一般に$\sigma_y$が$F$となることが多いです。

$$\text{SN400} \longrightarrow \begin{cases} \sigma_{max} = 400\text{N/mm}^2 \\ \sigma_y = 235\text{N/mm}^2 \end{cases} \longrightarrow F = 235\text{N/mm}^2$$

【 <u>新 建築</u> 】【<u>トラック一周、兄さんGo！</u>】
　　SN 建築構造用　　　400N/mm²　　　2　3　　5 N/mm²

長期、短期の許容応力度と基準強度Fの関係は、建築基準法では以下のように決められています。鋼は圧縮も引張りも、まったく同じ$\sigma-\varepsilon$グラフとなるので、許容応力度も同じ。曲げモーメントは圧縮、引張りの応力度に分解されるので、やはり同じ値となります。

鋼材の許容応力度

長期許容応力度				短期許容応力度			
圧縮	引張り	曲げ	せん断	圧縮	引張り	曲げ	せん断
$\frac{2}{3}F$			$\frac{2}{3\sqrt{3}}F$	F			$\frac{1}{\sqrt{3}}F$

基準法では$\frac{2}{3}F$を$\frac{F}{1.5}$と記していますが、ここではわかりやすいように$\frac{2}{3}F$としました。

【　】内スーパー記憶術

許容応力度

鋼の場合の基準強度Fは、$\sigma-\varepsilon$のグラフにおける降伏棚の高さになります。普段の重さ、長期荷重による応力度の限度、長期許容応力度は、降状棚の高さの2/3に設定されています。大地震などの非常時の場合、地震の短期荷重が長期荷重と合わさってかかります。大地震時の応力度の限度、短期許容応力度は、降伏棚の高さそのものと決められています。

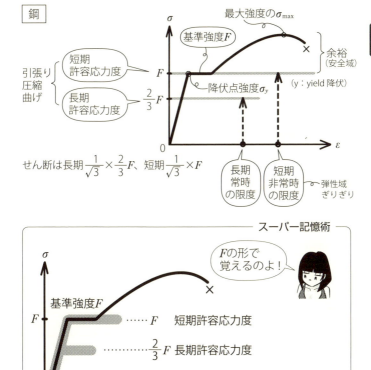

- 結果的に長期許容応力度はσ_{max}の約$1/2$（安全率2）となります。

★ R130 (つづき)

コンクリートの場合、鋼のように製品ごとに強度が決まっているわけではなく、設計者が構造設計をする際に決めるので、設計基準強度F_cと、「設計」が頭に付きます。コンクリートの$\sigma-\varepsilon$グラフでは降伏棚がないので、σ_{max}の少し下をF_cとし、$1/3 F_c$を長期許容応力度、$2/3 F_c$を短期許容応力度とします。$2/3 F_c$を降伏点、弾性の終わるところと仮定しています。

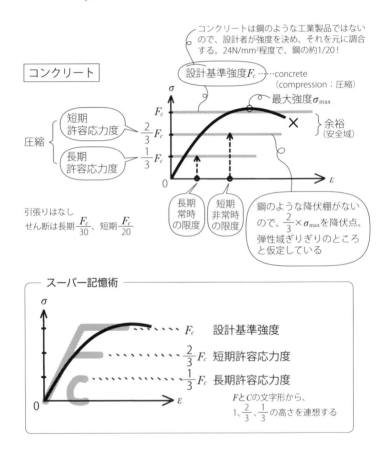

- 長期は鋼の場合はσ_{max}の約$1/2$(安全率2)、コンクリートはσ_{max}の約$1/3$(安全率は3)となります。

許容応力度

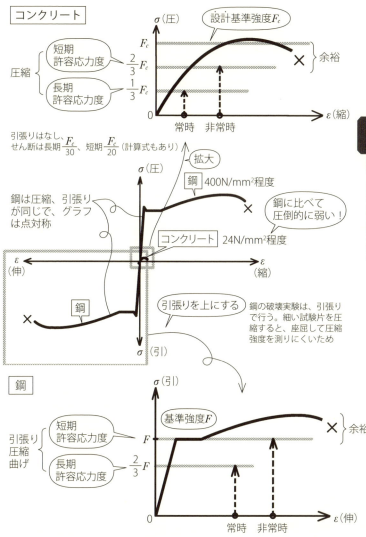

型枠支保工の鋼材では、引張り強さσ_{max}の3/4（0.75）または降伏点強度σ_yの小さい方（これがFに相当）の2/3を許容応力度とするとされています（労安規）。支保工では大地震は想定しないので、鋼の長期許容応力度の算出法（$2/3F$）とほぼ一致しています。

Q 型枠合板の許容曲げ応力度はどうする？

A 長期許容応力度と短期許容応力度の平均値を許容応力度とします。

曲げ応力度を復習しておきましょう。曲げモーメントMは、部材の両側にかかるつり合う2つのモーメント、断面に働く湾曲させようとするモーメントです。モーメントどうしがつり合っているので、湾曲はするけれど回転はしません。

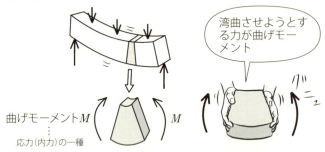

湾曲部の変形に注目すると、上端で最も縮み、下端で最も伸び、中央で変形はゼロです。ということは上端で最も大きな圧縮応力度が働き、下端で最も大きな引張り応力度が働き、中央で応力度がゼロということがわかります。曲げモーメントMは下図右のように、断面に垂直な応力度である曲げ応力度σ_b（シグマビー）に分解できます。

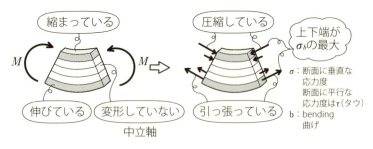

型枠の許容応力度 その1

つり合いや変形などの計算より、部材各部の M を算出します。M は下に凸に湾曲するものをプラスと定義し、グラフは凸の側に書きます。凸に湾曲する側にM図が書かれるので、M図と湾曲の形が似ていてわかりやすくなるからです。

合板にかかる荷重は等分布荷重、スパンは根太と根太の距離として、公式から M の最大 M_{max} を求めると楽です。中立軸から y の距離の曲げ応力度 σ_b は、$\dfrac{My}{I} = \dfrac{M}{Z}$ と表せます。

上端、下端で σ_b は最大となるので、計算は y が上下端までの距離 y_{max} で行い、それが許容曲げ応力度以下か否かを確認します。合板では厚みの半分が y_{max} です。

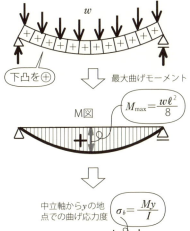

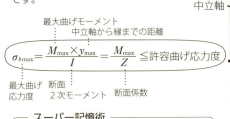

$$\sigma_{bmax} = \frac{M_{max} \times y_{max}}{I} = \frac{M_{max}}{Z} \leqq 許容曲げ応力度$$

最大曲げ応力度 / 断面2次モーメント / 断面係数
最大曲げモーメント / 中立軸から縁までの距離

I：断面2次モーメント
Z：断面係数 $\left(\dfrac{I}{y_{max}}\right)$

I, Z は曲げにくさを表す係数。断面形状で決まる係数で、長方形、H形などは表にまとめられている

スーパー記憶術

$\underline{白クマ}_{シグマ\sigma}$ は $\underline{私の愛}_{My/I}$、$\underline{マ ジ}_{M/Z}$ で

R131 (つづき) 型枠の許容応力度 その1

木材のσ_b-εのグラフは、鋼のようにはっきりとした降伏棚がありません。そこで許容曲げ応力度は、最大値F_bに対して$1.1/3 \times F$、$2/3 \times F$と決められています。コンクリートの許容圧縮応力度の決め方に近いものです。さらに型枠の計算では、支保工以外は長期許容応力度と短期許容応力度の平均値を許容応力度とするとされています（JASS5）。重さだけの長期に対して、少し安全側に設定されています。

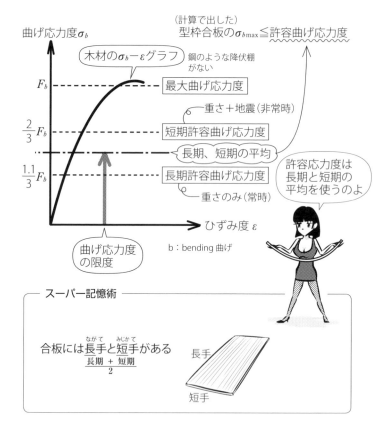

R132 型枠の許容応力度 その2

Q 型枠合板のヤング係数は、長さ方向と幅方向で違う？

A 幅方向のヤング係数の方が、少し小さくなります。

曲げ、圧縮、引張りともに、変形が小さいところでは力と変形が比例して、力を除くと元に戻る弾性となっており、$\sigma=E\varepsilon$の関係が成り立ちます。ヤング係数Eは材料によって決まる定数です。

型枠合板は、木の目を縦横に重ねたものですが、若干目の方向性が片寄っていて、長さ方向のEに対して、幅方向のEが若干小さくなります。

--- スーパー記憶術 ---
シロクマ は いー 腕っ 節
シグマ σ ＝ E × イプシロン ε
曲,圧,引

せん断ではτで$G\gamma$
　　　　　　　　└ せん断弾性係数

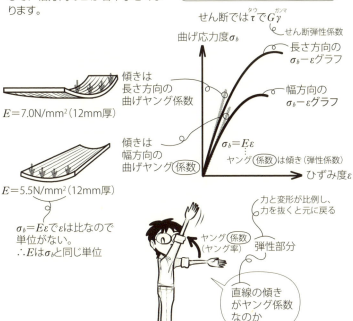

$E=7.0\text{N/mm}^2$（12mm厚）

傾きは長さ方向の曲げヤング係数

$E=5.5\text{N/mm}^2$（12mm厚）

傾きは幅方向の曲げヤング係数

曲げ応力度σ_b

長さ方向の$\sigma_b-\varepsilon$グラフ

幅方向の$\sigma_b-\varepsilon$グラフ

$\sigma_b=E\varepsilon$

ヤング係数は傾き（弾性係数）

ひずみ度ε

$\sigma_b=E\varepsilon$でεは比なので単位がない。
∴Eはσ_bと同じ単位

力と変形が比例し、力を抜くと元に戻る

ヤング係数（ヤング率）弾性部分

直線の傾きがヤング係数なのか

- 湿潤の度合いによってもEが小さくなります。

型枠の許容変形量

Q 型枠各部材の許容変形量は？

A 2mm程度です。

側圧や鉛直荷重による型枠各部材それぞれの許容変形量は、2mm程度を目安とします（JASS5解説）。この2mmとは型枠、支保工の各材における許容変形量です。それぞれの変形を足し算したトータルの許容変形量は、合計して5mm以下とされています。

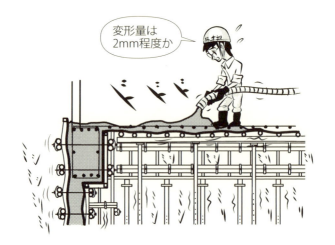

R134 大引のたわみ

Q 型枠における大引のたわみは、単純支持と両端固定支持のどちらで計算する？

A 単純支持と両端固定支持のたわみの平均値とします。

まず梁のたわみδの公式から復習しておきます。<u>等分布加重w(N/m、kN/m）のかかった梁の中央部でのδは、両端固定に比べて単純梁（片方がピン、片方がローラー）の方が、5倍も大きくなります。</u>

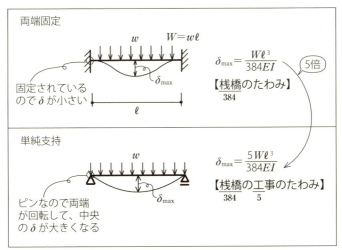

ℓの次数を集中加重Pの式とそろえるため、w(N/m)を$W=w\ell$(N)と力に直して覚えると楽です。<u>式の分母にはEI（曲げ剛性）、分子のℓは3乗</u>がきます。

$$\begin{cases} たわみ\delta = \Box \times \dfrac{力 \times \ell^3}{EI} & （3乗） \\ たわみ角\theta = \bigcirc \times \dfrac{力 \times \ell^2}{EI} & （2乗） \end{cases}$$

ヤング係数（材料で決まる／変形しにくさ）　断面2次モーメント（断面で決まる／曲げにくさ）

$E \times I$は<u>曲げ剛性</u>といい、曲げにくさを表す係数です。

【 】内スーパー記憶術

公式中のヤング係数 E ×断面2次モーメント I の積は曲げ剛性と呼ばれ、曲げにくさを表す係数です。EI が大きいほど曲がりにくいので、δ、θ の公式では必ず EI は分母に来ます。ちなみにヤング係数 E は材料によって決まる係数、断面2次モーメントは断面形状によって決まる係数です。

― スーパー記憶術 ―

$\underset{E \times I}{\underline{いい愛があると}}\underset{曲げ剛性}{\underline{曲がらない}} \rightarrow EI は分母$
$\begin{cases} \delta = \square \times \dfrac{力 \times \ell^3}{EI} \\ \theta = \bigcirc \times \dfrac{力 \times \ell^2}{EI} \end{cases}$

δ の式では ℓ の3乗、θ の式では ℓ の2乗となります。ℓ の単位がm(メートル)だとすると、δ では分母の単位 m² と約分されて m が残り、θ では m はすべて消えます。角度は(弧の長さ)/(半径)という実質の単位のない弧度(rad:ラジアン)を使うから、単位はありません。

― スーパー記憶術 ―

たわみ $\delta \longrightarrow \varDelta \longrightarrow$ 3角形 $\longrightarrow$ 3乗 $\longrightarrow \delta = \square \times \dfrac{力 \times \ell^{③}}{EI}$

たわみ角 $\theta \longrightarrow \angle \longrightarrow$ 2辺の角度 $\longrightarrow$ 2乗 $\longrightarrow \theta = \bigcirc \times \dfrac{力 \times \ell^{②}}{EI}$

集中荷重 P の δ の式もあげておくので、ついでに覚えてしまいましょう。

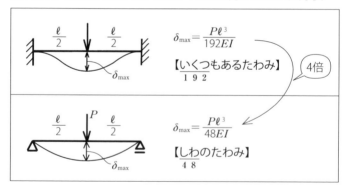

$\delta_{max} = \dfrac{P\ell^3}{192EI}$

【$\underset{1\ 9\ 2}{\underline{いくつもあるたわみ}}$】 (4倍)

$\delta_{max} = \dfrac{P\ell^3}{48EI}$

【$\underset{4\ 8}{\underline{しわのたわみ}}$】

【 】内スーパー記憶術

大引のたわみ

型枠のたわみ量を計算する際には、単純梁ほど支点が自由に回転しないものの、両端固定の梁ほどしっかりと固定されていないということで、<u>たわみ量δは単純梁と両端固定梁のたわみ量の平均とします。</u>

等分布加重$w(W=w\ell)$→たわみ$\delta = \frac{1}{2}\left\{\frac{1}{384}\frac{w\ell^3}{EI} + \frac{5}{384}\frac{w\ell^3}{EI}\right\} = \frac{w\ell^3}{128EI}$

中央集中荷重P ────→たわみ$\delta = \frac{1}{2}\left\{\frac{1}{192}\frac{P\ell^3}{EI} + \frac{1}{48}\frac{P\ell^3}{EI}\right\} = \frac{5P\ell^3}{384EI}$

合板のせき板は転用による劣化を考慮してδが大きくなる単純梁で計算します。そのほかのせき板、根太（内端太）、大引（外端太）は単純梁と両端固定梁の平均の式を使います。

たとえば下の大引のたわみ量σを求める場合、各根太が受けるA、B、Cの重さを計算し、その重さを根太が受けて大引に集中してかかるとして、δの式をつくります。その際、単純梁と両端固定梁の平均の式を使ってδを計算し、$\delta \leq 2\text{mm}$を確認します。

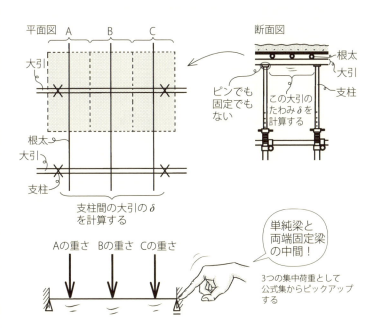

せき板の存置期間　その1

Q 梁の型枠を取りはずすとき、どのような順番でせき板をはずす？

A 側板を先にはずし、最後に底板と支柱をはずします。

梁には梁自体の重みのほかに、スラブ下の支柱をはずした後にはスラブ全体の重みもかかってきます。梁の水平のせき板（底板：そこいた）と支柱は、最後まで存置する必要があります。側板（そくいた、がわいた）は先にはずすことができるので、横にはずせるような納まりとしておきます。

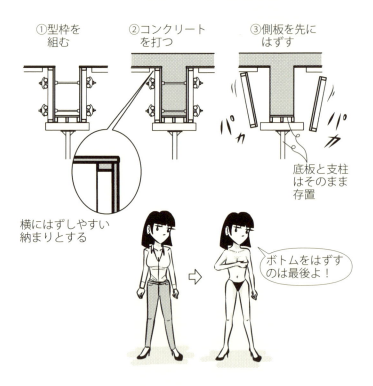

せき板の存置期間　その2

Q せき板の存置期間（そんちきかん）では、コンクリートの材齢と圧縮強度のうち、両方を満足しなければならない？

A どちらか一方を満足すれば、取りはずしできます。

せき板や支保工の存置期間は、計画供用期間と部位によって、<u>圧縮強度と材齢による最小存置期間</u>が定められています。<u>強度と材齢のうち、どちらかを満足すれば、取りはずすことができます</u>。たとえば5日ではずせると決められた部位で、どうしてもそれより早くはずしたい場合、強度試験によって確かめて4日ではずすなどとします。

R137 せき板の存置期間 その3

Q 柱、壁、梁側（はりがわ）、基礎のせき板の存置期間は、コンクリートの圧縮強度が何 N/mm^2 以上？（計画供用期間が短期、標準）

A $5N/mm^2$ 以上です。

梁の側面、柱、壁、基礎のような**垂直のせき板**の場合、短期、標準では、圧縮強度が $5N/mm^2$ 以上とされています。垂直面のせき板は、重さを支える必要がないので、生コンがある程度固まって液体としての側面への圧力がなくなれば、取りはずしできます（JASS5）。

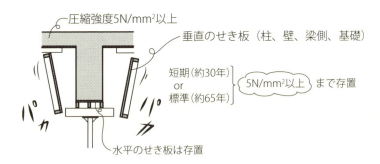

スーパー記憶術

<u>コン</u><u>コン</u><u>せき</u>をする
　5N　5N　せき板
　(短)　(標)　存置

R138 せき板の存置期間 その4

Q 柱、壁、梁側、基礎のせき板の存置期間は、コンクリートの圧縮強度が何 N/mm^2 以上？（計画供用期間が長期、超長期）

A $10N/mm^2$ 以上です。

梁の側面、柱、壁、基礎のような垂直のせき板の場合、長期、超長期では、圧縮強度が $10N/mm^2$ 以上とされています（JASS5）。

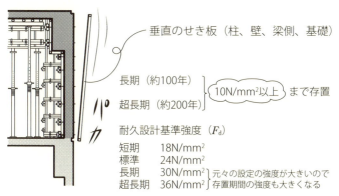

垂直のせき板（柱、壁、梁側、基礎）

長期（約100年）
超長期（約200年） } $10N/mm^2$ 以上 まで存置

耐久設計基準強度（F_d）

短期　　$18N/mm^2$
標準　　$24N/mm^2$
長期　　$30N/mm^2$) 元々の設定の強度が大きいので
超長期　$36N/mm^2$ ∫ 存置期間の強度も大きくなる

―― スーパー記憶術 ――

コンコンせきをする
5 N 5 N せき板
（短）（標）存置
└─＋─┘
　　↓
10N（長）、（超長）

長びくわね

5N＋5Nで10Nと連想する

R139 せき板の存置期間 その5

Q 柱、壁、梁側（はりがわ）、基礎のせき板の存置期間は、高強度コンクリートでは圧縮強度が何 N/mm^2 以上？

A $10N/mm^2$ 以上です。

高強度コンクリートとは、JASS5に仕様が規定されており、設計基準強度 F_c が $36N/mm^2$ を超えるとされています。

高強度コンクリート…$36 N/mm^2$ 超　【猿 は 強い】
　　　　　　　　　　36N超　　　　　　　　36N超 高強度

計画供用期間が超長期の耐久設計基準強度 F_d は $36N/mm^2$ とされているので、高強度コンクリートは超長期（200年）の級に相当します。垂直のせき板存置期間は、長期、超長期と同じ $10N/mm^2$ 以上です。

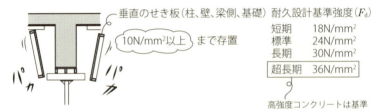

耐久設計基準強度（F_d）

短期	$18N/mm^2$
標準	$24N/mm^2$
長期	$30N/mm^2$
超長期	$36N/mm^2$

高強度コンクリートは基準の強度が $36 N/mm^2$ を超えるので、計画供用期間の級は超長期に相当する

【　】内スーパー記憶術

スーパー記憶術

コンコンせきをする
5N　5N　せき板
(短)　(標)　存置
　└─⊕─┘
10N(長)、(超長)、(高強度)

5N＋5Nで10Nと連想する

猿
36N超

せき板の存置期間　その6

Q 湿潤養生しない場合、柱、壁、梁側（はりがわ）、基礎のせき板の存置期間は、コンクリートの圧縮強度が何 N/mm^2 以上？（計画供用期間が短期、標準）

A 湿潤養生すると $5N/mm^2$ ですが、湿潤養生しないと $10N/mm^2$ 以上です。

せき板の存置期間は、短期、標準で $5N/mm^2$ 以上、長期、超長期で $10N/mm^2$ 以上です。ただしそれは、せき板を取りはずした後に湿潤養生するとした場合です。湿潤養生しない場合は、それぞれ $10N/mm^2$ 以上、$15N/mm^2$ 以上となります。

せき板をはずすと、コンクリート表面が乾燥し、強度が出にくくなります。そこで散水したり、水を含んだむしろをかけたり、シートでおおったりします。コンクリートを湿潤に保って養生するので、湿潤養生といいます。スラブ上はせき板がないので、生コン打込み後から湿潤養生します。湿潤養生期間は、短期、標準で5日以上、長期、超長期で7日以上と決められています（R313参照）。

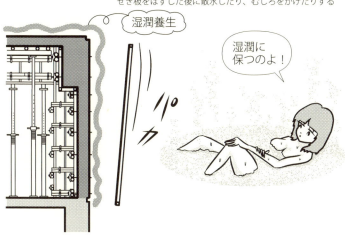

★ R140 (つづき) せき板の存置期間 その6

下のグラフはあるコンクリートの強度を、養生別に比較したものです。絶えず湿潤養生した場合が最も強度が出やすく、絶えず空中に放置すると強度は半分以下になってしまいます。生コンを打ってから数日が急速に固まる時期ですが、3日後にせき板をはずして空中に放置しても、強度が上がらなくなるので注意が必要です。せき板を早期にはずす場合は必ず湿潤養生するか、空中放置する場合はある程度の強度に達してからはずします。

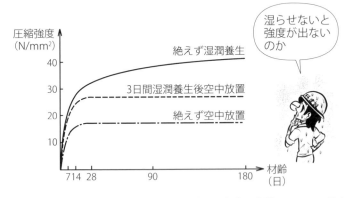

せき板をはずした後に湿潤養生しない場合は、短期、標準で$10N/mm^2$以上、長期、超長期で$15N/mm^2$以上と$5N/mm^2$増やす必要があります（JASS5）。

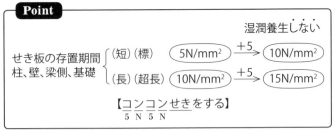

【 】内スーパー記憶術

★ **R141** せき板の存置期間 その7

Q コンクリートの打込み後5日間が経過し、その間の平均気温が20℃以上であった。梁の側面のせき板については、圧縮強度試験を行わずに取りはずせる？（計画供用期間が短期、標準）

A はずせます。

垂直のせき板は、1週間程度ではずせますが、少しでも早くはずすには、以下のJASS5の表に従います。20℃以上で4日以上で取りはずすことができます。

基礎・梁側・柱および壁のせき板の存置期間を定めるためのコンクリートの材齢

セメントの種類 平均気温	早強ポルトランドセメント	普通ポルトランドセメント 高炉セメントA種 シリカセメントA種 フライアッシュセメントA種	高炉セメントB種 シリカセメントB種 フライアッシュセメントB種
20℃以上	2	④	5
20℃未満 10℃以上	3	6	8

(JASS5)　　　ここを覚える　　　計画供用期間の級：短期、標準

― スーパー記憶術 ―

コンコンせきをする、シロい顔
5N　5N　せき板　　4日　6日
(短) (標)

10N
(長)、(超長)、(高強)

成人
20℃が境

165

R142 せき板の存置期間 その8

Q 気温が10℃以上20℃未満の場合、柱、壁、梁側（はりがわ）、基礎のせき板の存置期間は、コンクリートの材齢が何日以上？（計画供用期間が短期、標準）

A 6日以上です。

コンクリートは気温が高いと早く固まり、低いとゆっくりと固まります。せき板存置のJASS5の表では、20℃を境に材齢が決められています。設問の10℃以上20℃未満では、ゆっくり固まる側になるので、6日はせき板を存置する必要があります。

基礎・梁側・柱および壁のせき板の存置期間を定めるためのコンクリートの材齢

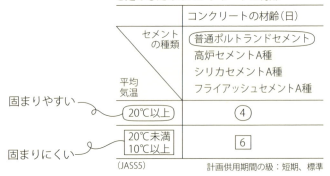

セメントの種類／平均気温	コンクリートの材齢（日） 普通ポルトランドセメント／高炉セメントA種／シリカセメントA種／フライアッシュセメントA種
20℃以上（固まりやすい）	4
20℃未満 10℃以上（固まりにくい）	6

（JASS5）　計画供用期間の級：短期、標準

─ スーパー記憶術 ─

コンコン　せきをする、シロい顔
4日　6日

成人
20℃が境

「20℃が境よ！」

せき板の存置期間　その9

Q 普通ポルトランドセメントを高炉セメントB種に変更すると、せき板の存置期間の材齢は短くなる？

A 固まるスピードが遅くなるので、存置期間の材齢は長くなります。

セメントに製鉄所や火力発電所から出るくずや灰を混合することで、水和熱やアルカリ骨材反応を抑えるなどの効果があります。このようなセメントは混合セメントと呼ばれます。混合セメントにおける混合量はA種＜B種＜C種となります。セメントはその分減ることになり、固まるスピードは混合する量が増えるほど遅くなります。設問のように普通セメントから高炉セメントB種にすると、存置期間は長くなります。

基礎・梁側・柱および壁のせき板の存置期間を定めるためのコンクリートの材齢

セメントの種類 平均気温	コンクリートの材齢（日）		
	早強ポルトランドセメント	普通ポルトランドセメント 高炉セメント A種 シリカセメント A種 フライアッシュセメント A種	高炉セメント B種 シリカセメント B種 フライアッシュセメント B種
20℃以上	2	4	5
20℃未満 10℃以上	3	6	8

（JASS5）　　　　　　　　　　　　　　　　　　計画供用期間の級：短期、標準

固まりにくい
（普通、混合A）＜混合B

高炉セメント…製鉄所の溶鉱炉から出るくず、高炉スラグを混ぜたセメント（slag：くず）

シリカセメント…シリカフュームという天然のシリカ質を混ぜたセメント

フライアッシュセメント…火力発電所から出るくず、フライアッシュを混ぜたセメント（ash：灰）

―― スーパー記憶術 ――

　　　　棍 棒 は 長い！
　　　混合 B　　普通やAより長い

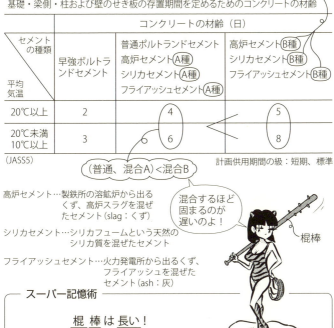

混合するほど固まるのが遅いのよ！

棍棒

型枠・支保工にかかる荷重

R144 せき板の存置期間 その10

Q 梁下、スラブ下の水平のせき板は、設計基準強度 F_c の何%以上ではずせる?

A F_c の 50% 以上で、水平のせき板ははずせます。

設計基準強度 F_c の 50% あれば、スラブ下、梁下の水平なせき板をはずせるとされています(国交告)。JASS5 では、水平せき板は支保工をはずした後にはずすのが原則とされています。

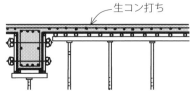

5N(10N)ではずせる

F_c の 50%
水平せき板をはずせる

せき板と一緒にパイプサポートなどの支保工もはずすと、梁やスラブが下がってしまいます。F_c の 100%、85% になるまでは支保工ははずせません。

原則は支保工をはずした後にはずす

梁下の支保工は F_c の 100% ではずせる

スラブ下の支保工は F_c の 85% ではずせる

スーパー記憶術

<u>水兵</u> <u>高齢</u> <u>せきをする</u>
水平　50%　せき板

高齢

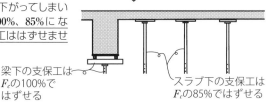

R145　支保工の存置期間　その1

Q 梁下の支保工は、設計基準強度 F_c の何％ではずせる？

A F_c の100%まで、梁下の支保工ははずせません。梁下の支保工は、最後まで残します。

梁下の支保工（支柱）は、設計基準強度 F_c の100%になるまではずせません。
水平のせき板は、F_c の50%ではずせます。パイプサポートを支柱とした場合、ネジを回して高さを一旦下げて、上部のせき板や根太、大引をはずします。そしてスラブ下に受け板をはさんでパイプサポートを再度上げます。この作業を支柱の盛替えといいます。せき板を上階の工事に転用し、解体作業を少しでも進めたい場合に、支柱の盛替えを行います。

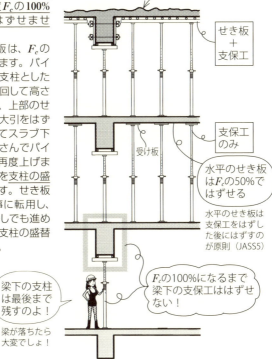

F_c のF：Force、c：compression（圧縮）
盛替え：仮設物を取りはずして移設すること

★ **R146** 支保工の存置期間 その2

Q スラブ下の支保工は、設計基準強度 F_c の何%以上ではずせる？

A F_c の85%以上で、スラブ下の支保工ははずせます。

梁は重みを最も多く受ける重要部分なので、設計基準強度 F_c の100%ないと、支保工ははずせません。一方、床スラブ下の支保工は、85%以上ではずせます（建告、共仕）。
圧縮強度では、両者ともに、12N/mm² 必要とされています（JASS5）。

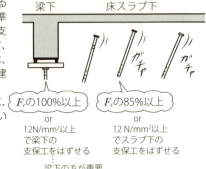

― スーパー記憶術 ―

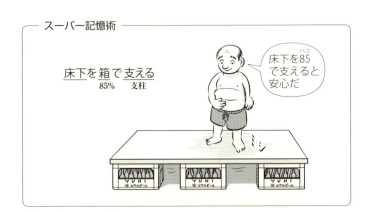

床下を箱で支える
　　　85%　支柱

床下を85(ハコ)で支えると安心だ

R147 支保工の存置期間 その3

Q 梁下、スラブ下の支保工は、何 N/mm^2 以上ではずせる？

A $12N/mm^2$ 以上で、梁下、スラブ下の支保工ははずせます。（構造計算による安全確認が必要）

梁下、床スラブ下支保工の存置期間は、F_c の100%、85%のほかに、両者とも $12N/mm^2$ 以上という基準もあります（JASS5）。
この場合は構造計算により、安全を確認する必要があります。

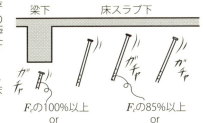

F_c の100%以上 or $12N/mm^2$ 以上で梁下の支保工をはずせる

F_c の85%以上 or $12N/mm^2$ 以上でスラブ下の支保工をはずせる

計算すれば $12N/mm^2$ でもはずせるのよ！

$12 N/mm^2$ は F_c の約半分

― スーパー記憶術 ―

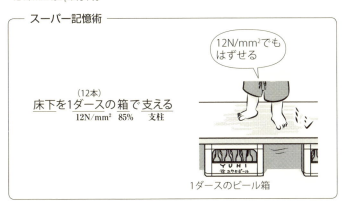

$12N/mm^2$ でもはずせる

（12本）
<u>床下を1ダースの箱で支える</u>
　　　$12N/mm^2$　85%　支柱

1ダースのビール箱

9 型枠・支保工にかかる荷重

支保工の存置期間 その4

Q 片持ち梁、片持ちスラブの支保工は、設計基準強度 F_c の何%以上ではずせる?

A F_c の100%まで、片持ち梁、片持ちスラブの支保工ははずせません。

片持ち梁、片持ちスラブは、最もたわみやすい部分です。支保工の存置期間も F_c の<u>100%</u>までとされています。

庇は片持ちスラブの一種なので、F_c の100%まで、支保工ははずせません。

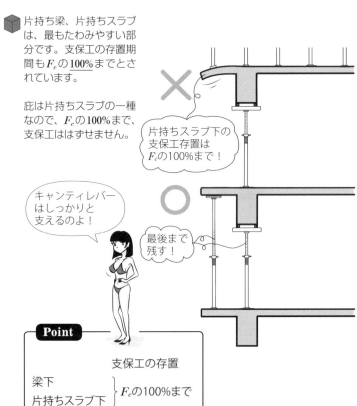

片持ちスラブ下の支保工存置は F_c の100%まで!

最後まで残す!

キャンティレバーはしっかりと支えるのよ!

Point

支保工の存置

梁下
片持ちスラブ下 } F_c の100%まで

支保工の存置期間 その5

Q スラブ下、大梁下において、支柱の盛替えは可能?

A 支柱の盛替えは、スラブ下は可、大梁下は不可です。

水平のせき板の存置期間は F_c の50%まで、スラブ下支保工の存置期間は85%までで、支保工の方がせき板より長く存置する必要があります。少しでも早くせき板だけはずして、上階に転用したいなどの場合、支柱を一旦下げて、せき板、根太、大引だけはずします。その後に、支柱を再び伸ばして、受け板を付けてスラブを支え直します。この作業を支柱の盛替えといいます。大梁では支柱の盛替えは行ってはならないとされています。大きな荷重を受ける大梁では危険だからです。

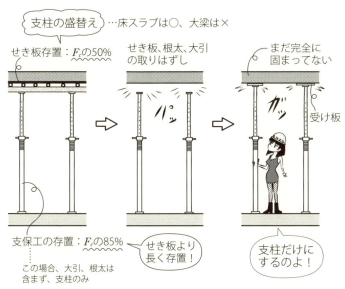

盛替え:仮設物を取りはずして移設すること

支保工の存置期間　その6

Q 上下階での支柱の位置はどうする？

A 重さがきれいに伝わるように、なるべく同一位置とします。

支柱の位置がずれると、重さがきれいに下へ伝わらず、スラブが変形するおそれがあります。上下階の支柱は、平面上、同一位置に垂直に立てます。

- 重さがきれいに伝わるように支柱は平面上同一の位置に
- 盛替え　上に移動する
- スラブ下支柱はF_cの85%まで残す
- F_cの85%を超えても念のため少し支柱を残す
- 大梁下支柱はF_cの100%まで残す

支柱の位置はそろえるのよ！

R151 供試体の養生

Q せき板と支保工の存置期間を圧縮強度とした場合、供試体の養生はどうする?

A 構造体のコンクリートに条件の近い、現場水中養生か現場封かん養生とします。

コンクリート供試体（試験に供する物体、テストピース）の養生方法（一定の環境下で保護すること）には、次の3つがあります。

> 標準養生…………20±3℃の一定温度に保たれた水中に置く
> 現場水中養生……現場気温で水中に置く
> 現場封かん養生…現場気温でビニールなどに包んで置く

若齢の建物本体の強度は、現場気温で養生した供試体の強度と最も近いため、存置期間の強度は、現場水中養生か現場封かん養生とします。

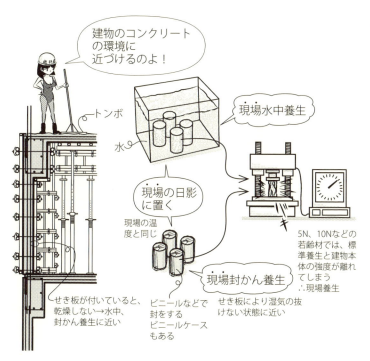

下図のように、鉄筋を切らないようにしてコア抜きすると、正確な構造体強度（コア強度）が測れます。

各強度をグラフにすると、下のようになります。コア強度は構造体強度そのものですが、それに近いのが現場封かん養生、現場水中養生です。標準養生は試験期間中、約20℃に安定させた水につけるので、強度は大きめになります。

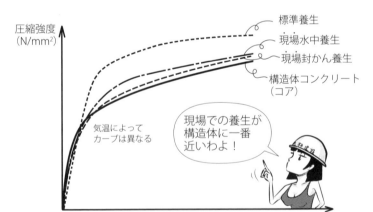

存置期間 まとめ

型枠の存置期間には、せき板の存置期間と支保工（支柱）の存置期間があります。そのそれぞれに、圧縮強度によるものと、日数によるものがあり、ややこしいところです。ここで代表的な存置期間を整理して、記憶しておきましょう。

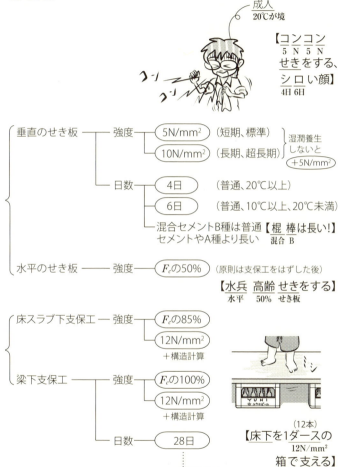

- 垂直のせき板
  - 強度
    - $5N/mm^2$（短期、標準）
    - $10N/mm^2$（長期、超長期）
    - 湿潤養生しないと $+5N/mm^2$
  - 日数
    - 4日（普通、20℃以上）
    - 6日（普通、10℃以上、20℃未満）
  - 混合セメントB種は普通セメントやA種より長い 【棍棒は長い！】 混合 B

- 水平のせき板
  - 強度
    - F_cの50%（原則は支保工をはずした後）

  【水兵 高齢 せきをする】
  水平　50%　せき板

- 床スラブ下支保工
  - 強度
    - F_cの85%
    - $12N/mm^2$ ＋構造計算

- 梁下支保工
  - 強度
    - F_cの100%
    - $12N/mm^2$ ＋構造計算
  - 日数
    - 28日
    - 28日（4週）強度はF_cと同じ

【床下を1ダースの箱で支える】
　　　　(12本)
　　　　$12N/mm^2$
　　　85%　支柱

【　】内スーパー記憶術

★ R153 プレキャスト脱型時の所要強度

Q プレキャストコンクリートは、何 N/mm² で脱型する？

A 平らなベッドで12N/mm²程度、70〜80°傾けたベッドで8〜10N/mm²程度です。

型枠の脱型時強度や日数を覚えたついでに、プレキャストコンクリート（precast concrete：事前に打つコンクリート）脱型時の強度も覚えておきましょう。ベッド（コンクリートが固まるまで寝かせる型枠）を平らなままで脱型する場合は、12N/mm²程度、70〜80°傾けて脱型する場合は8〜10N/mm²程度必要となります（JASS10）。

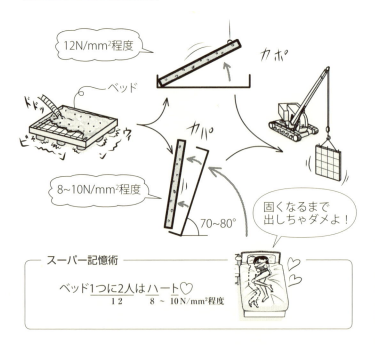

―― スーパー記憶術 ――

ベッド<u>1</u>つに<u>2</u>人は<u>ハート</u>♡
　　　1　2　　　　8 〜 10N/mm²程度

プレキャスト供試体の養生

Q プレキャストコンクリート脱型のための供試体は標準養生？ 加熱湿潤養生？

▼

プレキャストコンクリートの条件に近い、蒸気などでの加熱湿潤養生とします。

プレキャストコンクリートは、蒸気などで<u>加熱湿潤養生</u>して、強度を早く出します。供試体（テストピース）も同様の条件で加熱湿潤養生します。<u>標準養生</u>とは、20±3℃の水中で養生することです。

― スーパー記憶術 ―

ベッドで 熱愛
　　　　加熱湿潤養生

セメントの原料

Q ポルトランドセメントの主な原料は？

A 石灰石、粘土、けい石、鉄、石こうなどです。

ポルトランドセメントとは、イギリスのポートランド島の石灰石がセメントの色に似ていることから、特許をとったイギリスのレンガ職人ジョセフ・アスプディンが命名したものです。ごく一般的なセメントが、ポルトランドセメントです。

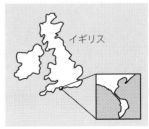

ポートランド島
Isle of Portland

石灰石、粘土（シリカ源、アルミナ源）、けい石（シリカ源）、鉄原料などをロータリーキルン（回転窯）の中で1500℃前後で焼いてクリンカーと呼ばれる魂をつくります。クリンカーを粉砕して最後に石こうを加えた粉末がセメントです。石こうを加えるのは、固まる時間をゆっくりにするためです。

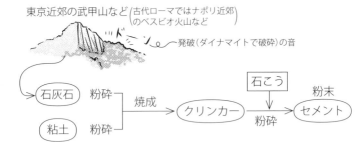

ロータリー rotary：回転する
キルン kiln：窯
クリンカー clinker：セメント原料を窯で焼いてできた塊

R156 セメント粒子の比表面積

Q セメントの粒子が細かいと、比表面積はどうなる？

A 大きくなります。

比表面積とは、表面積÷質量のことで、質量に比べた表面積、1gなどの単位質量当たりの表面積（cm²など）です。

右図のように、同じ質量でも形によって2500cm²/g、4000cm²/gと、比表面積が異なります。

表面がデコボコしているほど、粒子が細かいほど、比表面積は大きくなります。比表面積は、粉末度ともいいます。

セメントの粒子は、細かいほど比表面積が大きくなります。セメントと水の接する表面積が大きくなると、水とセメントが反応して固まる水和反応が盛んになります。セメントはなるべく細かく粉砕して粉末にしますが、それは水和反応を起こしやすくするためです。セメント製造が粉砕産業といわれるのもそのためです。

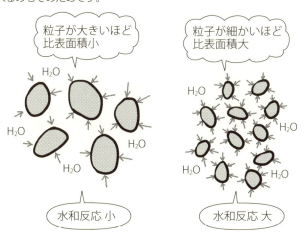

★ R157 早期強度と水和熱 その1

Q 早強ポルトランドセメントは、普通ポルトランドセメントに比べて、早期強度、水和熱はどうなる？

A 早期強度は大きく、水和熱も大きくなります。

早強ポルトランドセメントは、セメント粒子を普通ポルトランドセメントよりも小さくして、さらに水和速度の大きいケイ酸三カルシウム（エーライト）を多くしたセメントです。そのため水和反応が活発となり、早期強度、水和熱ともに大きくなります。一般に、早期強度の大きいセメントは水和熱も大きく、早期強度の小さいセメントは水和熱も小さくなります。

粒子が細かいほど比表面積 大

H_2O

水和反応が活発
∴ { 早期強度大
　　水和熱　大 }

早期強度が大きいと、水和熱も大きい

- 早期強度（大）／水和熱（大）軸上：
  - 超早強ポルトランドセメント
  - 早強ポルトランドセメント
  - 普通！　普通ポルトランドセメント
  - 中庸熱ポルトランドセメント
  - 低熱ポルトランドセメント

- セメントは、水との水和反応によって固まります。乾燥することによって固まるわけではありません。水は水和結晶の中に取り込まれます。水和反応に使われなかった水は水和結晶の空げきの中にたまり、それが乾燥すると、乾燥収縮ひび割れの原因となります。

 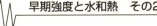

Q 低熱ポルトランドセメントは、普通ポルトランドセメントに比べて、早期強度、水和熱はどうなる?

▼

A 早期強度は低く、水和熱は小さくなります。

普通ポルトランドセメントの普通とは、超早強、早強、中庸熱、低熱などではないということです。ポルトランドセメントと記された場合は、普通ポルトランドセメントを指します。

セメントは水と反応して固まる(水和反応)際に、熱を出します(水和熱)。大きな断面のコンクリート(マスコンクリート)では、水和熱の冷えるスピードが内部と表面付近で差があり、それによってひび割れ(温度ひび割れ)ができてしまいます。温度ひび割れを避けるために、低熱や中庸熱ポルトランドセメントが開発されています。これらは水和熱を下げ、水和反応のスピードを抑えるため、早期強度は小さくなります。

水和熱が小さいってことは早期強度も小さいってことよ!

Point

水和反応 小 ⇨ 早期強度小
　　　　　　　水和熱　小

- 低熱ポルトランドセメントは、早期強度は小さいですが、長期ではほかのセメントより強度は大きくなります。ゆっくりと強くなるセメントです。

★ R159 早期強度と水和熱　その3

Q 高炉セメントは、普通ポルトランドセメントに比べて、早期強度、水和熱はどうなる？

A 早期強度は低く、水和熱は小さくなります。

高炉セメントとは、製鉄所から出たスラグ（くず）を混ぜたセメントです。発電所の灰（ash）を混ぜたフライアッシュセメントとともに、混合セメントと呼ばれます。両者ともに、混合量はA種＜B種＜C種となります。混合セメントは、セメントを減らしてくずや灰を入れてあるので、水和熱は小さくなります。

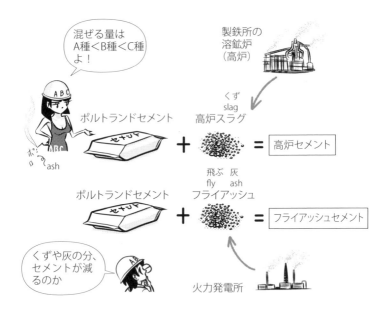

- 高炉スラグ、フライアッシュ、シリカフュームなどは、セメントと同様に硬化します。強度、水密性、化学抵抗性を高める役割を果たします。

セメントの容積と保管

Q コンクリート中のセメントの絶対容積比は？

A 約10%です。

コンクリート中のセメントの容積は、約10%です。セメント+水がセメントペースト（セメントのり）で、セメントペーストで細骨材（砂）と粗骨材（砂利）をくっつけたものがコンクリートです。大まかな容積割合は、覚えておくと便利です。絶対容積とは、すき間、空げきを除いた真の容積のことです。

すき間を除いた容積……コンクリート中の絶対容積比

空気 約5%	セメント 約10%	水 約15%	細骨材（砂） 約30%	粗骨材（砂利） 約40%

セメントペースト（のろ）paste：のり 約30%

骨材 約70%

コンクリートは生コン工場から運ぶことが多いですが、凹凸を均す、タイルを貼るなどのために、現場でセメントを保管することもあります。セメントは湿気を吸うとブツブツと固まってくるので、通風のない倉庫に床を上げて積んで保管します。下の方のセメントが圧力で硬くならないように、積み重ねは<u>10袋以下</u>とされています。容積比10%と一緒に、10袋も覚えておきましょう。

── スーパー記憶術 ──

セメント─
　　　　10 ── 容積 約10%
　　　　　　└ 10袋以下に重ねる

10 セメント・骨材

★ **R161** 骨材の量 その1

Q コンクリート中の骨材の絶対容積比は？

A 約70%です。

コンクリートの骨となる骨材は、容積で約70%を占めます。うち細骨材（砂）は約30%、粗骨材（砂利）は約40%です。骨材をセメントペーストでのり付けしたものがコンクリートです。

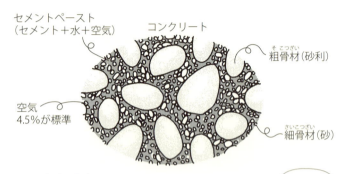

コンクリート中の絶対容積比

空気約5%	セメント約10%	水約15%	細骨材（砂）約30%	粗骨材（砂利）約40%

セメントペースト（のろ）約30% ／ 骨材 約70%

骨材は約7割よ！

――― スーパー記憶術 ―――
<u>再三粗品</u>を贈る
細30 粗40
骨％ 骨％
材　 材

絶対容積：すき間を除いた真の容積

★ R162　骨材の量　その2

Q 骨材量を多くすると、コンクリートの乾燥収縮量はどうなる？

A 小さくなります。

水セメント比（水÷セメントの質量比）約65%のうち、水和反応に使われる水は約25%、残り40%の水はコンクリートの中に残ります。その40%の水がなければ生コン全体に水が行き渡らず、また生コンは型枠の中に流れません。すなわち施工上必要な、余分な水です。その余分な水が施工後数時間から数10年にわたって蒸発により乾燥収縮し、ひび割れを発生させます。砂利、砂といった骨材自体は、あまり吸水せず、セメントペーストに比べて収縮量も微々たるものです。収縮しない骨材を多くすると、乾燥収縮を抑えることになります。逆に骨材を減らしてセメントペーストを増やすと、その分水が増え、乾燥収縮量が増加します。

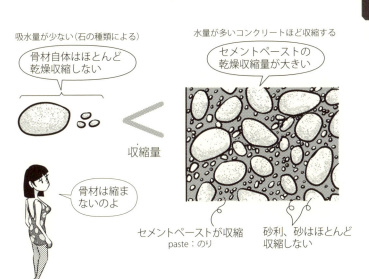

10　セメント・骨材

R163 骨材の性質 その1

Q コンクリートに約70%の骨材を入れることによる効果は？

A ①水和熱を抑える、②乾燥収縮を抑える、③コストを抑えるの3点です。

なぜコンクリートに7割も骨材を入れるか、その理由として、①水和熱を抑える、②乾燥収縮を抑える、③コストを抑えるの3点が主にあげられます。セメントの水和反応は熱をともなうので、セメントの量は少ないほど熱が発生しません。吸水量は骨材よりもセメントの方が多く、水和に必要な水以外にも、多くの水がセメント中に残り、それが蒸発することによって収縮します。セメントは少ない方が乾燥収縮は少なくなります。また砂や砂利をつくるには手間はさほどかかりませんが、セメントをつくるには石灰石を粉砕、焼成、さらに粉砕、湿気を吸わないように保管と手間がかかって、コストが高くなります。セメント量を抑えることは、コストを下げることにもなります。

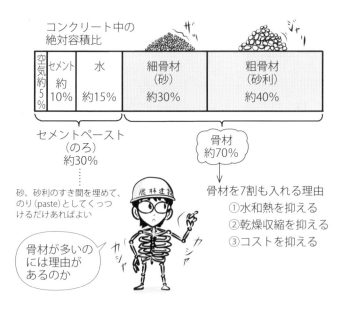

骨材の性質　その2

Q 水とセメントの比が同じ場合、セメントペースト、モルタル、コンクリートの強度の順は？

A セメントペースト＞モルタル＞コンクリートの順です。

コンクリートを圧縮して破壊すると、下図のように、骨材の境界面で壊れます。一般に骨材自体は、セメントペーストよりも強いので、骨材が割れて壊れる前に、境界面のセメントペーストとの接合面がはずれて壊れます。境界面が粗骨材（砂利）の周囲に多く存在するので、コンクリートが一番壊れやすく、一番強度が小さくなります。次に弱いのが細骨材（砂）との境界面で壊れるモルタル。一番強いのが、異種材料との境界のないセメントペースト（セメントのり）となります。

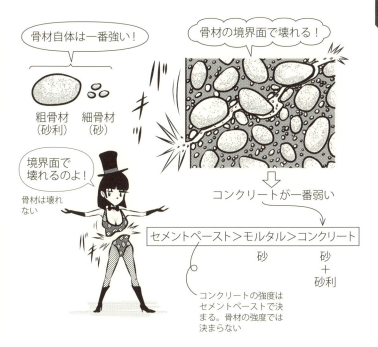

- コンクリートにハンマードリル（打撃を加えるドリル）で孔をあける際、セメントペースト部分はすぐに孔があけられますが、砂利に刃が当たると、なかなか進まずに苦労します。

細骨材率

Q 下の調合表における細骨材率は？

コンクリート調合表

単位水量 (kg/m³)	絶対容積 (ℓ/m³)			質量 (kg/m³)		
	セメント	細骨材	粗骨材	セメント	細骨材	粗骨材
160	92	265	438	291	684	1161

質量における細骨材、粗骨材は、表面乾燥飽水状態とする。

A $265/(265+438)=0.377=38\%$ です。

表面乾燥飽水（表乾）状態とは、骨材表面は乾燥、内部は水が飽和している状態です。骨材が水分を吸収して生コンの水が足りなくなり硬化不良を起こさないように、骨材は表乾状態で使用し、表乾状態で測ります。

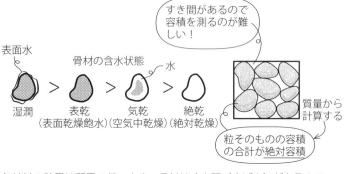

各材料の計量は質量で行います。骨材はすき間（空げき）があるので、容積（体積）は簡単に測れません。そこで質量を測ってから、密度（質量/容積）で換算して容積を出します。その場合の容積は、粒と粒のすき間を除いた、粒そのものの容積の合計で、絶対容積といいます。骨材のうち細骨材が絶対容積で何％あるかが細骨材率です。全骨材中での細骨材（砂）、粗骨材（砂利）の比率を考える場合、重さ（比重）が砂と砂利で違うので、コンクリート内に占める絶対容積で考える方が便利だからです。

設問の細骨材率は、以下のように計算されます。

$$細骨材率 = \frac{細骨材の絶対容積}{骨材の絶対容積}$$
$$= \frac{265}{265+438} \times 100 ≒ 37.7\%$$
（ℓ/m³）

― スーパー記憶術 ―

骨　つぼ
骨材　容積比

★ R166　普通コンクリート

Q 普通コンクリートとは、普通ポルトランドセメントを用いたコンクリートのこと?

A いいえ。セメントの種類ではなく、軽量や重量骨材ではない、普通骨材を使ったコンクリートのことです。

普通コンクリートとは、主として普通骨材を使用したコンクリートのことです。人工軽量骨材を使うのは軽量コンクリート、重量骨材を使うのが重量コンクリートです。ポルトランドセメントとはいわゆるセメントのこと（R155参照）で、その中でもっとも一般的で汎用性の高い種類が普通ポルトランドセメントです。ケイ酸三カルシウムなどの化合物の割合が、JISで決められています。

骨材による分類なのか

普通コンクリート　軽量コンクリート

カシャ　カシャ

セメントペースト
（セメントのり）
- セメント
- 水
- 空気

paste：のり

細骨材（砂）　粗骨材（砂利）

気泡の多い軽い砂利
軽量骨材 ｛ 天然軽量骨材 / 人工軽量骨材

軽量、重量に対して普通よ！

JASS5の定義では人工骨材のみ。岩石を細かく砕いて、人工的に焼成、発泡させて内部に空げきを多くつくった骨材。天然の軽石は吸水するので骨材には不適なものが多い

11　コンクリートの性質

★ / R167 / フレッシュコンクリート、レディーミクストコンクリート

Q フレッシュコンクリート、レディーミクストコンクリートとは？

A フレッシュコンクリートはまだ固まらないコンクリート、レディーミクストコンクリートは工場で事前に混ぜられたコンクリート、いわゆる生コンです。

フレッシュコンクリートとは、まだ固まらない、混ぜたばかりの、新鮮な (fresh) コンクリートのことです。一方レディーミクストコンクリートは、工場で前もって (ready) 混ぜられて (mixed) 運搬されてきたコンクリートで、生コンはその俗称です。レディーミクストコンクリートは、フレッシュコンクリートに含まれます。

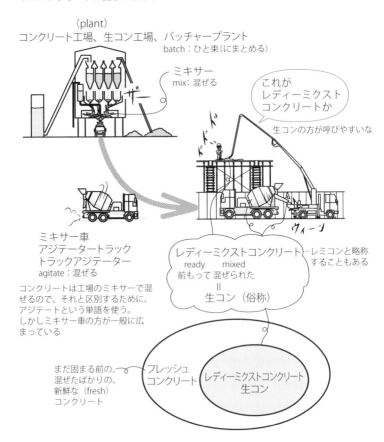

温度と強度

Q 外気温が高いと、フレッシュコンクリートの凝結は早くなる？ 遅くなる？

A 早くなります。

外気温が高いと、フレッシュコンクリートの温度も高くなります。コンクリートの温度が高いと、水和反応は促進され、凝結は早く進みます。温度が高いということは粒子の熱運動が活発ということで、粒子どうしの衝突も多く、一般に化学反応も活発となります。セメント粒子と水の水和反応も化学反応であり、温度が高い方が反応が進みやすく、コンクリートも固まりやすくなります。

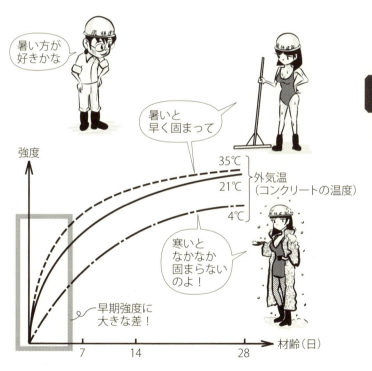

★ R169　　寒中・暑中コンクリート　その1

Q 寒中コンクリートとは？

A 打込み後の養生期間に、コンクリートが凍結するおそれのあるコンクリートです。

打込み後の養生期間に凍結するおそれのある時期に施工されるのが、<u>寒中コンクリート</u>です。逆に気温が高く、スランプの低下や水分の急激な蒸発などのおそれのある時期に施工されるのが<u>暑中コンクリート</u>です。

寒いときに打つのが寒中コンクリート

生コンがしっかりと固まるまで守り育てること

| 寒中コンクリート | …養生期間に凍結のおそれ |

| 暑中コンクリート | …スランプ低下や水分蒸発のおそれ

スランプコーン(円錐型のバケツ)を引き上げて測る生コンの軟らかさ

暑いときに打つのが暑中コンクリート

- 日平均気温の平均値が、寒中コンクリートは<u>気温4℃以下</u>、暑中コンクリートは<u>気温25℃超え</u>とされています（JASS5）。

194

★ R170　寒中・暑中コンクリート　その2

Q 寒中コンクリート、暑中コンクリートに適したセメントは？

A 寒中コンクリートには早強ポルトランドセメント、暑中コンクリートには低熱ポルトランドセメントが適しています。

寒いときは、セメントの水和反応が遅くなり、強度がなかなか出ません。そこで強度発現の早い早強ポルトランドセメントを使うと効果的です。暑いときは逆に、セメントの水和反応が早く進みすぎてしまいます。強度発現がゆっくりの低熱ポルトランドセメントを使うと、強度発現のスピードを抑えられます。また反応熱も抑えられるので、断面が大きくて水和熱によるひび割れが懸念されるマスコンクリート、セメント量が多くてやはり水和熱が出やすい高強度コンクリートにも、低熱ポルトランドセメントは有効です。

早強ポルトランドセメント　→　寒中コンクリート……寒いと水和反応が遅い

低熱ポルトランドセメント　→
- 暑中コンクリート……暑いと水和反応が早い
- マスコンクリート……断面が大きいと水和熱がたまりやすい
- 高強度コンクリート…セメントが多いと水和熱がたまりやすい

（寒いと反応が遅いから）
（早く固まるセメントを使うのか）

スーパー記憶術

　<u>早朝</u>は<u>寒い</u>
　早強　　　寒中コンクリート
　セメント

11　コンクリートの性質

コンクリートの種類 まとめ

コンクリートの分類には、下図のように、使用骨材による分類、施工条件による分類、要求性能による分類があります。代表的な名称は、ここで覚えておきましょう。

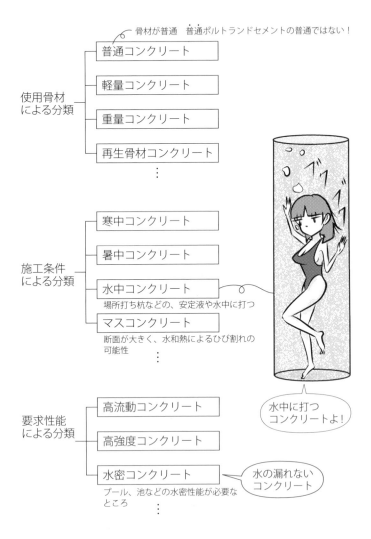

使用骨材による分類
- 普通コンクリート ― 骨材が普通　普通ポルトランドセメントの普通ではない！
- 軽量コンクリート
- 重量コンクリート
- 再生骨材コンクリート
  ⋮

施工条件による分類
- 寒中コンクリート
- 暑中コンクリート
- 水中コンクリート
  場所打ち杭などの、安定液や水中に打つ
- マスコンクリート
  断面が大きく、水和熱によるひび割れの可能性
  ⋮

要求性能による分類
- 高流動コンクリート
- 高強度コンクリート
- 水密コンクリート
  プール、池などの水密性能が必要なところ
  ⋮

（水中に打つコンクリートよ！）

（水の漏れないコンクリート）

R172 コンクリートのヤング係数

Q コンクリートのヤング係数 E は、圧縮強度が大きくなるとどうなる？

A ヤング係数 E は大きくなります。

応力度 σ とひずみ度 ε の比例式 $\sigma = E\varepsilon$ での比例定数 E が、ヤング係数です。鋼は弾性範囲（2倍の力で2倍伸びて力を除くと元に戻る範囲）では、σ と ε の関係は直線となります。一方コンクリートは下図右のように、曲線状となるので、原点に近いあたりの傾きを E としています。

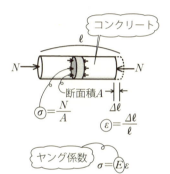
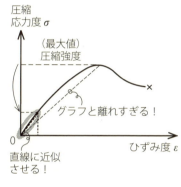

【 シロクマ は いー 腕っ 節 】
　シグマ σ ＝ E × イプシロン ε

コンクリートのヤング係数 E を求める下記の計算式（$F_c \leq 36\text{N/mm}^2$ 以下の場合）によると、強度、重量が大きくなると E は大きくなることがわかります。E が大きいほど、同じ変形をさせるにはより大きな力が必要になり、同じ力では変形が小さくなります。E が大きいと、変形しにくいということです。

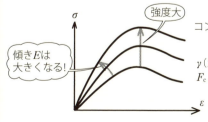

コンクリートの E
$= 3.35 \times 10^4 \times \left(\dfrac{\gamma}{24}\right)^2 \times \left(\dfrac{F_c}{60}\right)^{\frac{1}{3}}$ (N/m^3)

γ（ガンマ）：気乾単位容積重量 (kN/m^3)
F_c ：設計基準強度 (N/mm^2)

- $\dfrac{1}{3}$ 乗とは3乗根のこと。$27^{\frac{1}{3}} = \sqrt[3]{27} = 3$
- 気乾とは、空気中乾燥状態の略で、骨材の表面と内部の一部が乾燥している状態のこと。

【 】内スーパー記憶術

★ **R173** 鋼のヤング係数

Q 鋼のヤング係数 E は、強度が大きくなるとどうなる？

A 強度と無関係に一定で、$2.05 \times 10^5 \mathrm{N/mm^2}$ です。

鋼材では最大強度、$\sigma-\varepsilon$ グラフの山の高さが変わっても、最初の直線の傾き E は同じです。下図で強度（圧縮も引張りも同じ）が $490\mathrm{N/mm^2}$ の SN490と、強度 $400\mathrm{N/mm^2}$ の SN400 は、直線部分（弾性範囲）での傾き、すなわちヤング係数 E は同じです。

【<u>新人の SM 嬢は</u>
　　　SN
<u>ロープの引張り加減を知らない</u>】
　　　　引張り強度の下限値

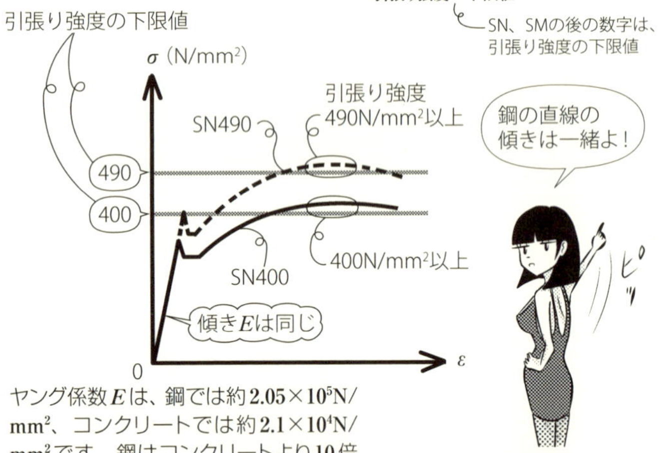

SN、SM の後の数字は、引張り強度の下限値

引張り強度の下限値

σ (N/mm²)

SN490
引張り強度
490N/mm² 以上

490
400

SN400
400N/mm² 以上

傾き E は同じ

鋼の直線の傾きは一緒よ！

0　　　　　　　　　ε

ヤング係数 E は、鋼では約 $2.05 \times 10^5 \mathrm{N/mm^2}$、コンクリートでは約 $2.1 \times 10^4 \mathrm{N/mm^2}$ です。鋼はコンクリートより10倍硬い、変形しにくいわけです。コンクリートの E は、前項で述べたように、重量や強度によって変化します。

――― スーパー記憶術 ―――
　　　<u>鋼</u>　　<u>R C</u>
　　　5乗　　4乗
　2.05×10^5　2.1×10^4

- <u>SN</u>（Steel New structure）は<u>建築構造用圧延（あつえん）鋼材</u>のことで、400、490 の数字は<u>引張り強度の下限値</u>を指します。製品の強度には誤差はあっても、その数字以上は保証されているということです。<u>SM</u>（Steel&Marine）は溶接構造用圧延鋼材で、造船用に開発された溶接しやすい鋼です。
- ヤング係数 E の単位は、ε が（伸縮した長さ）／（元の長さ）で（長さ）／（長さ）となり単位がないので、σ と同じ $\mathrm{N/mm^2}$ となります。

【　】内スーパー記憶術

★ R174 線膨張係数

Q コンクリートと鋼の線膨張係数は、$1×10$の何乗/℃?

A $1×10$のマイナス5乗/℃です。

線膨張係数とは、1℃当たりの伸縮長さ$±\Delta \ell$を元の長さℓで割った比$\Delta \ell / \ell$です。1℃上がると(下がると)、元の長さに対してどれくらい伸びるか(縮むか)の比率です。体積比ではなく長さ比なので、線膨張と線が頭に付きます。

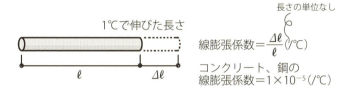

コンクリートと鋼の線膨張係数は、ともに$1×10^{-5}$/℃です。熱に対する伸びが、コンクリートと鋼でたまたま同じなので、鉄筋コンクリートが可能となりました。違っていたら、熱で伸びる長さが異なり、鋼とコンクリートが一体化しません。
アルミの線膨張係数は約$2.3×10^{-5}$/℃で、鋼の約2倍、ガラスはコンクリート、鋼とほぼ同じ$1×10^{-5}$/℃です。

熱による伸びは
コンクリート=鋼
で10^{-5}/℃どすえ

― スーパー記憶術 ―

<ruby>羨望<rt>せんぼう</rt></ruby>の<ruby>舞子嬢<rt>まいこじょう</rt></ruby>
線膨張　マイナス5乗

ガラスは合コンを熱望する
ガラス　鋼　コンクリート　熱膨張同じ

- 10^{-5}とは$1/10^5$のことです。

★ **R175** フェノールフタレイン液

Q コンクリートにフェノールフタレイン液を噴霧した場合、赤紫は何性？ 無色は何性？

A 赤紫はアルカリ性で正常、無色は中性で鉄筋がさびる危険があります。

セメント中の酸化カルシウム CaO は水と反応（水和反応）して水酸化カルシウム $Ca(OH)_2$ となり、その OH が水に溶けるとアルカリ性（塩基性）を示します。

― スーパー記憶術 ―
<u>根 気</u> <u>よく</u> <u>歩く</u> 　（<u>南</u>　<u>大</u> 門まで）
コンクリート　アルカリ性　　　　pH7より大
　　　　　　　　　　　　　　　　ペーハー

$Ca(OH)_2$ は二酸化炭素 CO_2 と反応して炭酸カルシウム $CaCO_3$ となって、中性化します。鉄はアルカリ性ではさびませんが、中性化するとさびます。鉄筋のかぶり厚さは、さびを防ぐ意味でも重要です。コンクリートの中性化を調べるのに、フェノールフタレイン液がよく使われます。赤紫になったらアルカリ性で健全、無色だと中性化していることになります。

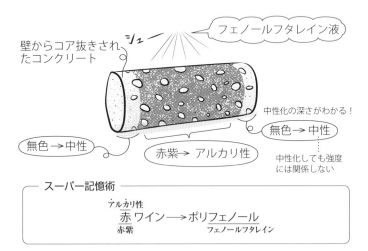

― スーパー記憶術 ―
　　　　　アルカリ性
　　　　<u>赤</u> ワイン ⟶ <u>ポリフェノール</u>
　　　　赤紫　　　　　　　フェノールフタレイン

- 多数（ポリ）のフェノールが複合したものがポリフェノール。ほとんどの植物に含有される、色素と苦味の成分です。フェノールフタレインは、フェノールとほかの化合物を加熱して合成した白色粉末。それをエタノールに溶かしたのがフェノールフタレイン液です。

★ R176　　スランプ　その1

Q 調合管理強度が33N/mm²未満のコンクリートでは、受入れ時のスランプは何cm以下で、許容差は？

A スランプは18cm以下で、許容差は±2.5cmです。

スランプとは下図のように、スランプコーンという円錐形のバケツに入れた生コンがどれくらい下に崩れるかを測った数値です。

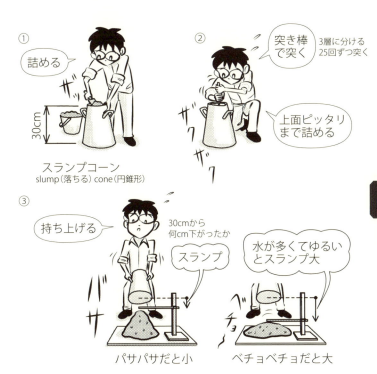

水が多くてゆるい生コンだと、沈みは大きく、スランプ値は大きくなります。

スランプ その1

スランプは、特記がない場合は18cm以下とします。受入れ時の許容差は、8cm以上18cm以下の場合、±2.5cmとされています（JASS5、JIS）。18±2.5＝15.5〜20.5cmで合格です。

フロー（スランプフロー）とは下図のように、スランプ試験を行った後に、横の広がりを測って、最大幅とその直交する幅の平均値です。高流動コンクリートでは、スランプでは軟らかさを正確に表せないので、フローを測定します。

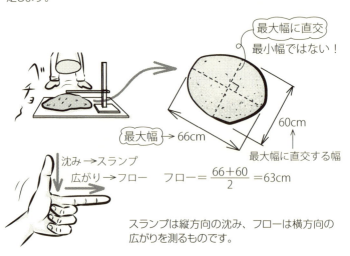

最大幅に直交 最小幅ではない！
最大幅 → 66cm
60cm
最大幅に直交する幅

沈み→スランプ
広がり→フロー　フロー＝$\frac{66+60}{2}$＝63cm

スランプは縦方向の沈み、フローは横方向の広がりを測るものです。

― スーパー記憶術 ―

スランプはいや（18cm以下）　でもニコニコで（±2.5cm）

- スランプは18±2.5cm、AE剤を使う場合の空気量は4.5±1.5%（R186参照）。

★ R177　スランプ　その2

Q 調合管理強度 F_m が21N/mm²のコンクリートでは、受入れ時のスランプは？

A 調合管理強度 F_m が33N/mm²未満なので、スランプは $18±2.5=15.5〜20.5$ cmです。

スランプは18cm以下を基準とし、受入れ時では±2.5cmで合格とします。ただし調合管理強度が33N/mm²以上の場合は、工事管理者の承認を得て21cm以下とすることができます（JASS5）。設問の場合は33N/mm²未満なので、18cm以下とします。
調合管理強度 F_m とは、調合する際の強度で、設計基準強度 F_c、耐久設計基準強度 F_d などに補正値を加えて求める強度（R236参照）です。

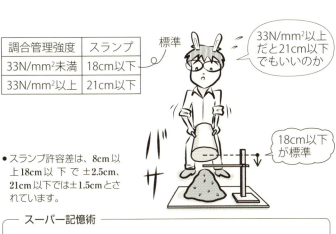

調合管理強度	スランプ
33N/mm²未満	18cm以下
33N/mm²以上	21cm以下

- スランプ許容差は、8cm以上18cm以下で±2.5cm、21cm以下では±1.5cmとされています。

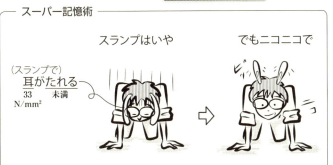

スーパー記憶術：スランプはいや　でもニコニコで
（スランプで）耳がたれる　33N/mm² 未満

★ **R178** スランプ その3

Q 設計基準強度 F_c が $45\text{N}/\text{mm}^2$ 以上 $60\text{N}/\text{mm}^2$ 以下の高強度コンクリートでは、スランプフローは?

A スランプフローは $60±10\text{cm}$ 以下です。

高強度コンクリートとは、設計基準強度 F_c が $36\text{N}/\text{mm}^2$ を超えるコンクリートです(JASS5)。

― スーパー記憶術 ―

猿 は 強い!
36　　高強度
N/mm^2
超える

サルのルを6に置き換え

F_c が $45\text{N}/\text{mm}^2$ 以上 $60\text{N}/\text{mm}^2$ 以下の場合、スランプ 23cm 以下またはフロー 60cm 以下とします。高強度コンクリートの場合、水セメント比が小さくセメントペーストは粘性が大きくなるので、高性能AE減水剤(R191参照)を使います。高性能AE減水剤によって軟らかく流動性が高くなった生コンは、スランプよりもフローの方が測りやすくなります。

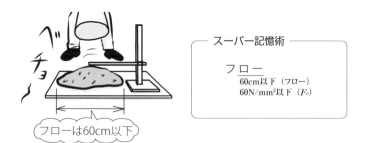

フローは60cm以下

― スーパー記憶術 ―

フ ロ ー
60cm以下(フロー)
$60\text{N}/\text{mm}^2$ 以下(F_c)

● スランプフローの許容差は、60cm以下では±10cmとされています。

★ R179 スランプ　その4

Q 空気量を少なくすると、スランプはどうなる？

A 小さくなります。

空気量が多いと、骨材とセメントペーストの間に気泡が多く入り、ボールベアリングのように動きやすく、粘りがなく、軟らかくなります。よってスランプは大きくなります。逆に空気量が少ないと、硬く、流れにくくなり、スランプは小さくなります。AE剤は、生コン内部に小さな気泡を多くつくり、流れやすくします。しかし空気量が多すぎると、コンクリートがスカスカになって、強度が下がってしまいます。空気量は4.5±1.5%などと、決められています。

AE：Air Entraining
　　空気 混ぜ合わせた

12　スランプとフロー

★ R180　　　スランプ　その5

Q コンクリートの温度が高いと、時間の経過にともなうスランプの低下はどうなる？

A 早く固まるので、スランプの低下は大きくなります。

気温が高く、生コン濃度も高くなると、セメントの水和反応が早く進みます（R168）。そのため生コンは粘り強くなり、スランプは低下します。

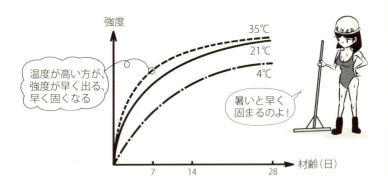

強度、粘りが出て硬くなると、スランプは小さくなります。よって生コンの温度が高いと、スランプの低下は大きくなります。

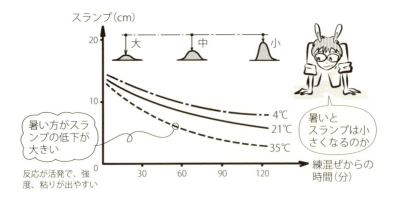

★ R181 コンシステンシー

Q コンシステンシーとは？ 何で評価する？

A 変形、流動性に対する抵抗の程度のことで、スランプで評価します

コンシステンシーとは、粘稠（ねんちゅう）性、粘度とも訳され、変形、流動性に対する抵抗の程度を表し、スランプで評価します。コンシステンシーが大きいとは、スランプが小さく、硬練りで、変形、流動への抵抗は大きく、材料分離やブリーディングが起こりにくいということです。

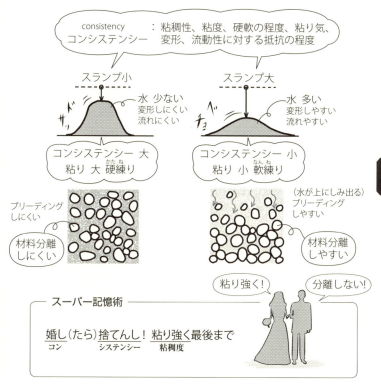

- consistencyは、一般には、「一貫性、矛盾がないこと」の意味で使われます。
- コンシステンシーの定義は、過去には逆だったこともあり、わかりにくいものです。コンクリートはあらゆる現場で、多くの人が扱うものです。聞いてすぐにわかるような用語をつくって普及すべきと、筆者は思います。

★ R182 プラスティシティー

Q プラスティシティーとは？

A 可塑性や変形に対する柔軟性のことで、分離せずにどんな形にもなる性質です。

プラスティシティーとは、可朔性、変形に対する柔軟性のことで、色々な形に材料分離せずに変形できる性質のことです。容易に型枠に詰められ、型枠をはずしても崩れたりせずに、もちのようにゆっくり変形することです。

- plastic:可塑性の、とかプラスチックという意味です。合成樹脂のプラスチックは、合成樹脂が色々な形に変形することから命名されたもの。

★ R183　フィニッシャビリティー

Q フィニッシャビリティーとは？

A 仕上げ作業の容易さのことです。

仕上げ作業（finish）能力（ability）、仕上げ作業の容易さの程度を表すのがフィニッシャビリティーです。骨材の大きさ、細骨材率（砂の全骨材に対する割合）、コンシステンシーなどが関係します。

★ / R184 / ワーカビリティー

Q ワーカビリティーとは？

A 練混ぜ、運搬、打込み、締固め、仕上げまでのトータルな施工性のことです。

施工性、施工の容易さを、ワーカビリティーといいます。流動性、材料分離のなさ、コンシステンシー、プラスティシティー、フィニッシャビリティーなど、多くの要素がからみ、また建物や施工部分によっても変わり、定量的表示はできません。施工がしやすいことを、ワーカビリティーが良いなどと表現します。コンシステンシーなどに比べて、より広い意味で使われます。

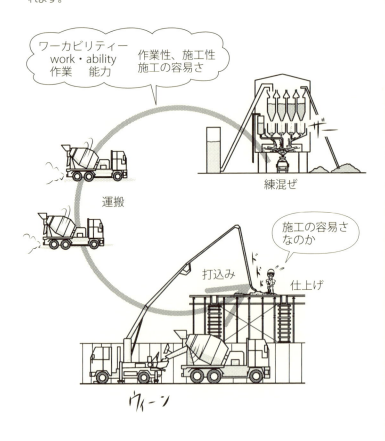

★ R185 フレッシュコンクリートの性質 まとめ

| cnsistency コンシステンシー | 粘稠性、粘度、硬軟の程度、粘り気 変形、流動性に対する抵抗の程度 |

【婚し(たら)捨てんし!
　コン　　　　　シンステンシー
粘り強く最後まで】

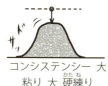
コンシステンシー 大
粘り 大 硬練り

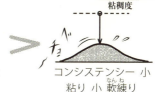
粘稠度
コンシステンシー 小
粘り 小 軟練り

| plasticity プラスティシティー | 可塑性、変形に対する柔軟性 もちのように柔軟に変形し、すぐに崩れない |

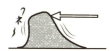
プラスティシティー 大（良い）
可塑性 大

プラスティシティー 小（悪い）
可塑性 小

| finishability フィニッシャビリティー | 仕上げ作業の容易さ |

フィニッシャビリティー大（良い）

フィニッシャビリティー小（悪い）

| workability ワーカビリティー | 施工性、施工の容易さ |

ワーカビリティー 大（良い）

ワーカビリティー 小（悪い）

【 】内スーパー記憶術

★ R186 空気量　その1

Q AE剤を使うコンクリートの空気量は？

A 4.5±1.5%です。

AE剤 のAEはAir Entraining の略で、空気に載せて運ぶ（Entrain）が原義です。セメント粒子のまわりに小さな気泡をいっぱい付けて、そのボールベアリング効果によって生コンを流れやすくします。マイナスイオンを付けてその反発によって流れやすくする減水剤、気泡とマイナスイオンの両者を付けるAE減水剤などがあります。

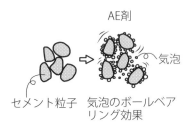

AE剤、AE減水剤、高性能AE減水剤を用いるコンクリートは、空気量を4.5%、その許容差は±1.5%とされています（JASS5、JIS）。

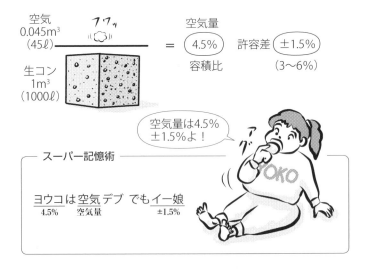

― スーパー記憶術 ―

ヨウコは空気デブ でもイー娘
4.5%　　空気量　　　±1.5%

● スランプは18±2.5cm、空気量は4.5±1.5%、この数値は覚えましょう。

R187 空気量 その2

Q AE剤を使う寒中コンクリートにおいて、空気量は？

A 凍害防止のために、空気量は少し多めの**4.5〜5.5%**とします。

寒中コンクリートとは、養生期間に凍結のおそれのあるコンクリートです。コンクリート中の水分が凍結して膨張すると（①）、コンクリートにひび割れが入るおそれがあります。空気量を多めにすると、空気が膨張の圧力を吸収してくれます（②）。また空気自体の断熱効果も期待できます。

下図のように寒中コンクリートの空気量は標準の4.5%より右側、<u>4.5〜5.5%</u>とされています（JASS5）。

【ヨウコは 空気デブ でもイー娘】
　4.5%　　空気量　　　　±1.5%

- AEコンクリートの空気量：標準4.5±1.5%
- AE剤などを使う寒中コンクリートの空気量：4.5〜5.5%（標準〜標準+1%）

標準より多めよ

【 】内スーパー記憶術

空気量　その3

Q 凍害によるひび割れ、スケーリング、ポップアウトを防ぐために、AE剤を使うのはなぜ？

A 空気の弾力が凍結による膨張圧を弱め、また気泡が断熱効果ももつためです。

生コン中の水が凍ると膨張し、下図のような、皮をはいだようなスケーリングや玉が出るようなポップアウトが起こります。AE剤で細かい気泡を生コン中に入れることで、空気が弾力をもって膨張する力を弱め、また断熱の効果もあって、そのような凍害を防ぎます。なおスケーリングに似た用語にスクリーニングがありますが、砂利が詰まってスクリーンとなり、生コンが流れなくなることです。

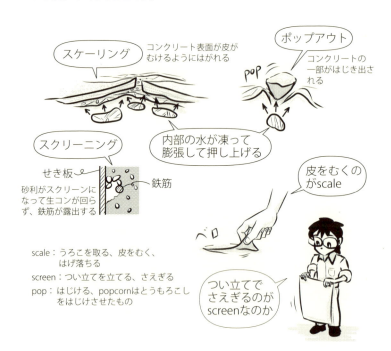

scale：うろこを取る、皮をむく、はげ落ちる
screen：つい立てを立てる、さえぎる
pop：はじける、popcornはとうもろこしをはじけさせたもの

★ R189 空気量 その4

Q エントラップトエア（entrapped air）とエントレインドエア（entrained air）の違いは？

A エントラップトエアは自然に巻き込まれた空気で、エントレインドエアはAE剤などにより計画的に入れられた微細な気泡です。

エントラップトエアは、trap（わな）にかけられた空気で、混合時、打込み時に自然と巻き込まれた空気です。気泡は大きく、不定形なため、耐凍害性やワーカビリティーの改善は期待できません。

エントレインドエアは、train（列車）に載せるように、AE剤によって計画的に搭載された空気です。きわめて微細な気泡で生コン中に均質に配されているため、耐凍害性やワーカビリティー向上に効果があります。

スーパー記憶術

entrapped air ⇨ trap（わな）にかかった巻き込まれた空気

entrained air ⇨ train（列車）に載せるように、計画的に分散して入れられた空気

---

13 空気量と塩化物

空気量 その5

Q 空気量が1%増加すると、圧縮強度はどうなる？

A 圧縮強度は、約5%減少します。

コンクリートは、空気量が1%増加することによって圧縮強度は4〜6%減少します。空気が多いと多孔質（ポーラス）となって、壊れやすくなります。水が多くても多孔質となります。AE剤などによるエントレインドエアと、練混ぜによるエントラップエアを合わせて、4.5±1.5%に抑えます。

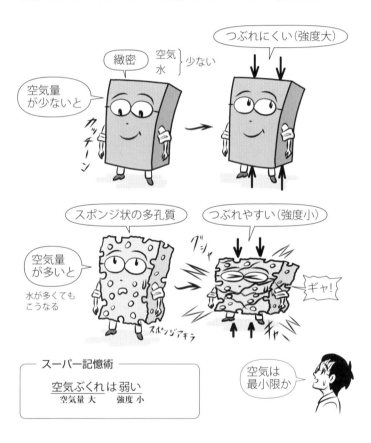

― スーパー記憶術 ―

空気ぶくれは弱い
空気量 大　　強度 小

空気は最小限か

216

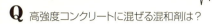

高性能AE減水剤

Q 高強度コンクリートに混ぜる混和剤は？

A 高性能AE減水剤です。

高強度コンクリートとは、圧縮強度が36N/mm²を超えるコンクリートです。【猿は強い】（R178参照）
強度を上げるにはセメントに対する水の比（水セメント比）を小さくする、すなわち水を少なくしなければならず、それでも生コンが流れるようにするために、高性能AE減水剤を入れます。高性能AE減水剤＞AE減水剤＞AE剤＞減水剤の順に、水を減らすことができます。

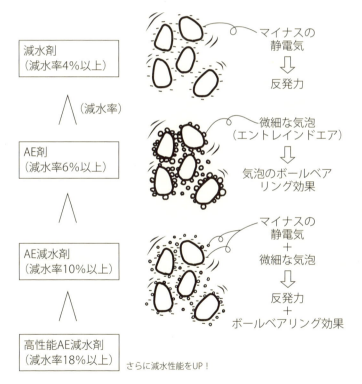

【 】内スーパー記憶術

R192 塩化物イオン量 その1

Q コンクリートに含まれる塩化物イオン量は、何 kg/m³以下？

A 0.3kg/m³以下です。

塩（塩化ナトリウム、NaCl）は水に溶けると、塩化物イオン（旧称：塩素イオン）Cl^-となります。塩が多いと鉄筋がさびやすいので、コンクリート中の塩化物イオン量は、<u>0.3kg/m³以下</u>とされています（JASS5）。1m³当たり300gまでです。<u>防錆措置</u>をすれば、0.6kg/m³までは可とされています。

スーパー記憶術

演歌ぶつ　オッサンの体重
塩化物イオン量　0.3　　　kg/m³以下

- 体重は正確には質量(kg)ではなく、重さ(Nまたはkgf)です。塩化物イオン量は、質量で測ります。

★ R193　塩化物イオン量　その2

Q 海砂を用いたコンクリートにおいては、中性化していなくても鉄筋はさびるのはなぜ？

A 塩化物イオンが酸化鉄の保護被膜を破壊するからです。

コンクリートはアルカリ性【根気よく歩く】(R175参照) なので、鉄をさびから守る効果があります。空気中の二酸化炭素 CO_2 がアルカリ性を中和して中性化すると、さびを防ぐ効果がなくなります。

海砂を使ったり、海の近くに建物があって潮風を受けるなどすると、鉄はさびやすくなります。海水に含まれる塩（塩化ナトリウム NaCl）の塩化物イオン Cl^- が、酸化鉄の保護被膜（不動態被膜という）を破壊して、鉄をさびさせる（腐食させる）ためです。コンクリート中の塩分が鉄筋を腐食させることもあるので、塩化物イオン（Cl^-）量は $0.3kg/m^3$ 以下とされています【演歌ぶつ　オッサンの　体重】(R192参照)。塩による害なので、塩害とも呼ばれます。

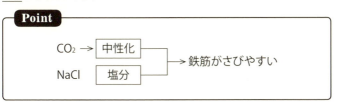

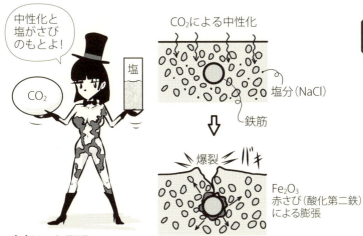

【　】内スーパー記憶術

- 寒冷地で道路にまかれる凍結防止剤には塩化ナトリウムが入っていて、コンクリートの塩害の原因となっています。

★ R194 温度測定

Q コンクリートの温度測定は、スランプ試験を行った試料でできる？

A できません。規定の容器か一輪車に採取した、別の試料を使います。

生コンの温度測定は、基準を満たした容器か一輪車のような大きい容器に採取し、規定の深さに温度計を挿入して測ります。スランプ試験後の試料は、棒で突いたりした後なので温度測定には使えません（JIS）。

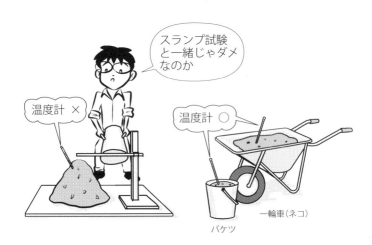

R195 検査項目 まとめ

代表的な検査項目5+1種を、図のように手を使って覚えましょう。左手で、①スランプ、②フロー、③空気量、④塩化物イオン量、⑤温度。右手のグーで⑥強度です。

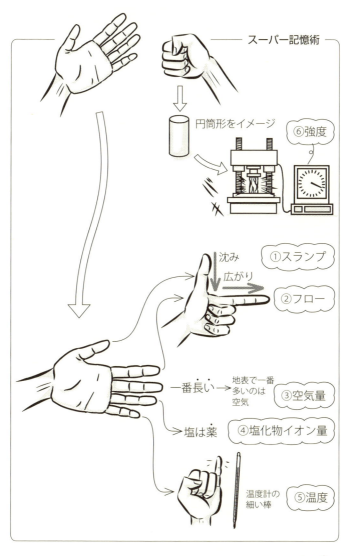

スーパー記憶術
- 円筒形をイメージ → ⑥強度
- 沈み／広がり → ①スランプ、②フロー
- 一番長い → 地表で一番多いのは空気 → ③空気量
- 塩は薬 → ④塩化物イオン量
- 温度計の細い棒 → ⑤温度

検査項目 まとめ

代表的な検査項目6種が言えるようになったら、次にそれにともなう管理数字もスラスラと出てくるようにしておきましょう。

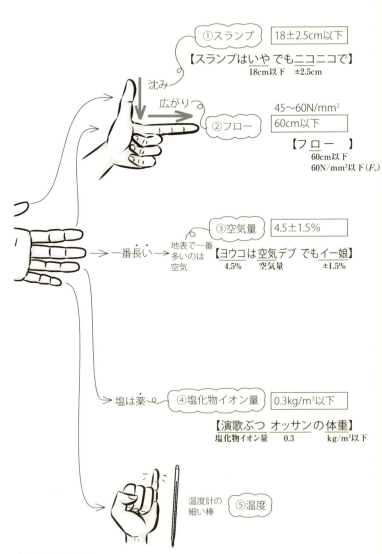

①スランプ　18±2.5cm以下
【スランプはいや でもニコニコで】
　　　　　　18cm以下　　±2.5cm

②フロー　45〜60N/mm²　60cm以下
【フロー　】
60cm以下
60N/mm²以下(F_c)

③空気量　4.5±1.5%
【ヨウコは空気デブ でもイー娘】
　4.5%　　空気量　　　±1.5%

④塩化物イオン量　0.3kg/m³以下
【演歌ぶつ オッサンの体重】
塩化物イオン量　0.3　　kg/m³以下

⑤温度　温度計の細い棒

【　】内スーパー記憶術

★ R196 検査不合格の対処

Q コンクリート受入れ検査のうち、1回に限り新たな試料による再試験が可能な項目は？

A ①スランプ、②フロー、③空気量は、1回に限り再試験が可能です。

スランプまたはフロー、および空気量の一方または両方が許容の範囲をはずれた場合には、新しく試料を採取して、<u>1回に限り再試験</u>を行い、それぞれが適合すれば合格とすることができます（JIS）。①スランプ、②フロー、③空気量をセットにして、いずれかがダメなら再試。再試は1回だけということです。

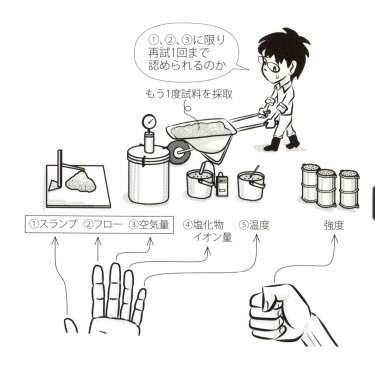

水セメント比と強度　その1

Q 水セメント比が大きいと、コンクリートの圧縮強度はどうなる?

A 圧縮強度は小さくなります。

水セメント比とは、言葉の順の通りに水÷セメントで、水の質量÷セメントの質量という比です。水セメント比が大きいと、コンクリートはスポンジ状の多孔質（porous：ポーラス）となって、壊れやすくなります。すなわち強度が小さくなります。

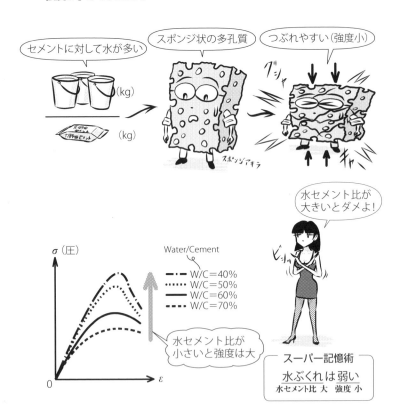

スーパー記憶術
水ぶくれは弱い
水セメント比 大　強度 小

★ R198 水セメント比と強度 その2

Q 縦軸をコンクリートの圧縮強度、横軸を水セメント比とすると、グラフはどのような形になる？

A 右下がりの曲線になります。

水セメント比が大きいと強度は弱くなるので、グラフは右下がりになります。セメント水比を横軸にすると、グラフは右上がりの直線となります。セメントや骨材によって、その傾きや縦軸との交点が決まり、それは実験で求まります。セメントが硬化しても骨材の方が硬いので、コンクリートの強度はセメント水比を計算式から出し、その逆数から水セメント比を出します。

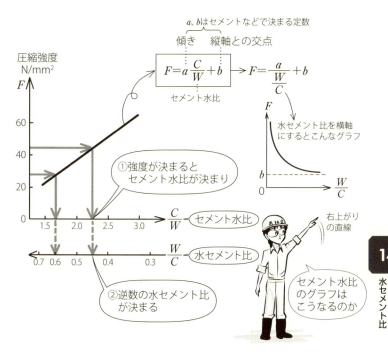

R199 水セメント比の計算 その1

Q 下記の調合表で、水セメント比を表すと？

絶対容積(ℓ/m^3)				質量(kg/m^3)			
水	セメント	細骨材	粗骨材	水	セメント	細骨材	粗骨材
V_w	V_c	V_s	V_g	W	C	S	G

A 水セメント比は質量比なので、$W/C \times 100\%$ です。

水セメント比は質量比なので、設問の表では $W/C \times 100(\%)$ となります。たとえば下の計算例のように、単位水量が $165kg/m^3$、単位セメント量が $300kg/m^3$ ならば、水セメント比は水÷セメントで $165 \div 300 = 0.55$。この比を100倍するとパーセントになるので、55% となります。

単位水量　　　$165kg/m^3$
単位セメント量 $300kg/m^3$ → 水セメント比 $\dfrac{165}{300} \times 100 = 55(\%)$

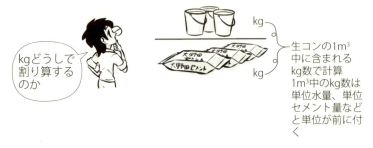

kgどうしで割り算するのか

生コンの $1m^3$ 中に含まれるkg数で計算 $1m^3$ 中のkg数は単位水量、単位セメント量などと単位が前に付く

空気量、細骨材率は容積比です。細骨材率は、骨材全体に対する細骨材（砂）の比で、細骨材の絶対容積／骨材全体の容積×100(%) です。絶対容量とは、空げきを除いた真の容積のことです。骨材の空げきはコンクリート中では、セメントペーストに満たされてなくなるので、絶対容積で考えた方が便利だからです。

水セメント比 ──→ 質量比

空気量、細骨材率 ──→ 容積比

― スーパー記憶術 ―
空っぽ　な　骨　つぼ
空気量　　骨材　容積比

表の、V_w、V_c、V_s、V_g と V に付いている小さい文字はそれぞれ
w：water(水) 　c：cement(セメント) 　s：sand(砂) 　g：gravel(砂利) を表します。
VはVolume（容積）です。

★ R200 水セメント比の計算 その2

Q 水セメント比が55%、単位水量が165kg/m³の場合、単位セメント量は？

A $165/C = 0.55$　よって $C = 165/0.55 = 300 \text{kg/m}^3$（$C$：単位セメント量）

水セメント比とは、質量における水÷セメントという比です。単位セメント量を$C \text{kg/m}^3$とすると

$$\text{水セメント比} = \frac{\text{水の質量}}{\text{セメントの質量}} = \frac{165(\text{kg/m}^3)}{C(\text{kg/m}^3)} = 0.55$$

分母分子で単位は消える
55%を比にしたもの

$$165 = 0.55x$$
$$\therefore C = \frac{165}{0.55} = \underline{300 \text{kg/m}^3}$$

コンクリートの調合は、強度、耐久性、ワーカビリティー（施工性）などを考えながら、水、セメント、細骨材（砂）、粗骨材（砂利）、空気の分量を決めていきます。下図は大まかな容積による図ですが、水、セメントを扱うときは質量（**kg**）で行います。

コンクリートの調合（配合）

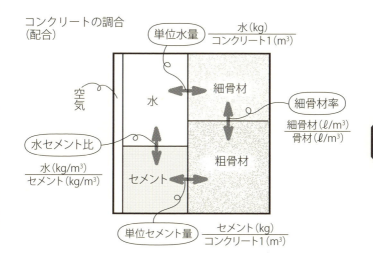

- 建築では調合、土木では配合といいます。

Q コンクリートの中性化速度は、圧縮強度が高いとどうなる？

A 圧縮強度が高いと組織が緻密となり、中性化速度は遅くなります。

コンクリートの圧縮強度は、セメントの水和結晶の組織が緻密なほど高くなります。組織がスカスカのコンクリートは、強度が低く、すぐに壊れてしまいます。また二酸化炭素 CO_2 も入りやすくなり、中性化速度も速くなります。逆に圧縮強度が高く、組織が緻密ならば、二酸化炭素は入りにくく、中性化速度は遅くなります。

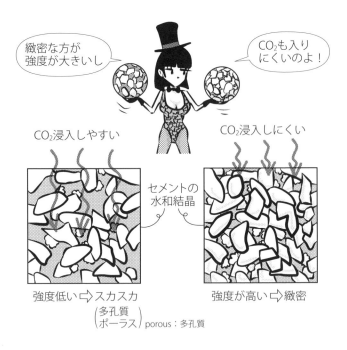

中性、アルカリ性は強度には関係しませんが、鉄のさびに大いに関係します。pH10以上では鉄の表面に不動態被膜という保護被膜ができて、さびが出ません。中性化するとその保護被膜が破壊されて、鉄はさびやすくなります。

中性化速度と圧縮強度

水がセメントに対して多いと、コンクリートは多孔質（ポーラス）となって壊れやすくなります。また二酸化炭素や塩分が入りやすくなり、中性化して鉄筋がさびやすくなります。中性化しても強度に影響しませんが、鉄筋のさびによる膨張で、コンクリートを破壊してしまいます。

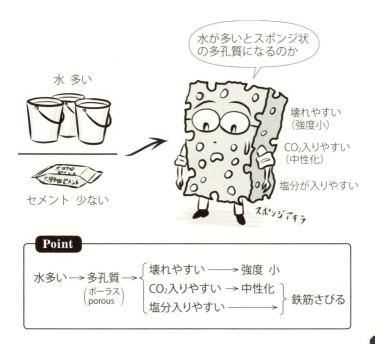

- セメントを構成する主要化合物は、以下の4つです。
 ケイ酸三カルシウム（$3CaO \cdot SiO_2$、略記 C_3S、別名エーライト）
 ケイ酸二カルシウム（$2CaO \cdot SiO_2$、略記 C_2S、別名ビーライト）
 アルミン酸四カルシウム（$3CaO \cdot Al_2O_3$、略記 C_3A、別名アルミネート）
 鉄アルミン酸四カルシウム（$4CaO \cdot Al_2O_3 \cdot Fe_2O_3$、略記 C_4AF、別名フェライト）
 エーライト、ビーライトで、全体の約8割を占めます。各々が水と反応（水和反応）し、硬化して水和結晶となります。主な化学反応が$CaO + H_2O \rightarrow Ca(OH)_2$です。中性化は$Ca(OH)_2 + CO_2 \rightarrow CaCO_3 + H_2O$という反応です。石灰石を焼成し$CO_2$を空気中へ放出して$CaO$を主とするセメントとしたものが、時間とともに空気中のCO_2を取り戻して$CaCO_3$に先祖返りしているともいえます。

R202 セメントの化学式

セメントの化学式の変化を、その主成分の生石灰 CaO のみに注目してまとめてみます。実際のセメントは、$3CaO \cdot SiO_2$（エーライト）などの複雑な組成をしています。

石灰石を焼成、粉砕し、CaO を生成、空気中に CO_2 を放出します。

① セメントの製造

石灰石　焼成粉砕　生石灰　　　　空気中へ
$$CaCO_3 \xrightarrow{\text{焼成粉砕}} CaO + CO_2$$
炭酸カルシウム　　酸化カルシウム　二酸化炭素

【顔は生きている】
 CaO　生石灰

セメント製造工場

CaO は水和反応で $Ca(OH)_2$ となり、強いアルカリ性（塩基性）をもちます。

② セメントの水和反応

　　生石灰　　　　　　　消石灰
$$CaO + H_2O \longrightarrow Ca(OH)_2$$
酸化カルシウム　水　　水酸化カルシウム
　　　　　　　　　　生石灰の白色は、
　　　　　　　　　　水に溶けると消える

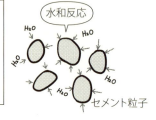
水和反応／セメント粒子

$Ca(OH)_2$ は空気中の CO_2 を取り戻し、中性化します。

③ セメントの水和結晶の中性化

　　　空気中から
$$Ca(OH)_2 + CO_2 \longrightarrow CaCO_3 + H_2O$$
水酸化カルシウム　二酸化炭素　炭酸カルシウム　水

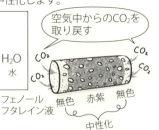
空気中からの CO_2 を取り戻す

フェノールフタレイン液　無色　赤紫　無色
中性化

【　】内スーパー記憶術

★ R203　塩化物イオンの浸透

Q 水セメント比を小さくすると、塩化物イオンの浸透はどうなる？

A 水セメント比が小さいと緻密で圧縮強度が高いコンクリートとなり、塩化物イオンも浸透しにくくなります。

水セメント比とは水÷セメントで、セメントの質量に対して水の質量がどれくらいあるかの比です。固まる範囲内で、水は少ない方がよいとされています。水が少ないと、セメントの水和結晶が緻密になります。緻密になれば、圧縮されても壊れにくくなる、すなわち圧縮強度が大きくなります。また二酸化炭素や塩（$NaCl \rightarrow Na^+ + Cl^-$ の Cl^- が塩化物イオン）がコンクリート中に浸入しにくくなります。二酸化炭素が浸入しにくいと中性化しにくくなり、塩が浸入しにくいと鉄筋がさびにくくなります。

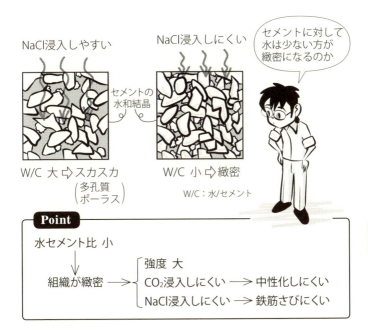

Point

水セメント比 小
↓
組織が緻密 ─→ ┌ 強度 大
　　　　　　　├ CO_2浸入しにくい ─→ 中性化しにくい
　　　　　　　└ NaCl浸入しにくい ─→ 鉄筋さびにくい

- スポンジのように多孔質のことを、ポーラス（porous）といいます。コンクリートは、水セメント比が大きいと多孔質（ポーラス）になります。

ブリーディング

Q 水セメント比を大きくすると、ブリーディングと骨材分離はどうなる?

A 水セメント比を大きくすると、セメントペーストの粘性が低くなり、ブリーディングが多く発生し、骨材分離が起こりやすくなります。

ブリーディングとは、砂利が重さで沈んで水が上昇して骨材が分離してしまう現象のことです。水セメント比が大きいと、セメントペーストの粘性が低くなり、ブリーディング水は多くなります。逆に水セメント比が小さいと、粘りのあるセメントペーストになって、ブリーディングは抑えられます。

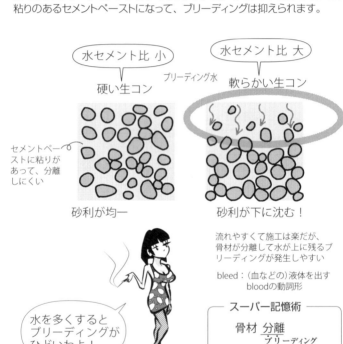

R205 普通ポルトランドセメント

Q 普通ポルトランドセメントを用いたコンクリートの水セメント比は何%以下？（計画供用期間が標準）

A 水セメント比は**65%**以下です。

普通ポルトランドセメントで「短期」「標準」「長期」の場合は、水セメント比は**65%以下**、「超長期」の場合は**55%以下**です（JASS5）。水セメント比を下げると、コンクリートの組織が緻密になって、強度が大きくなり、耐久性も上がります。水セメント比が65%以下とは、セメント100kgに対して水が65kg以下ということです。

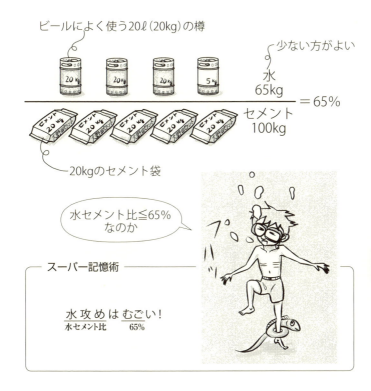

- スーパー記憶術 -

水攻めはむごい！
水セメント比　65%

R206 混合セメント

Q 高炉セメントB種やフライアッシュセメントB種を使ったコンクリートでは、水セメント比は何％以下？（計画供用期間が短期、標準、長期）

A 混合セメントB種の水セメント比は、60％以下です。

高炉スラグやフライアッシュを混ぜるとセメントの量を減らせるので、水和熱は抑えられ、化学抵抗性は高まりますが、初期強度は小さくなります。このような混合セメントの場合、「短期」「標準」「長期」において、水セメント比はA種では65％以下、B種では60％以下とされています（JASS5）。混合量がA種＜B種＜C種の順に多くなり、セメントはその順に少なく、水も少なくてすみます。

- 普通ポルトランドセメント
- 混合セメントA種（高炉セメントA種／フライアッシュセメントA種）
- 混合セメントB種（高炉セメントB種／フライアッシュセメントB種） 混合量：A種＜B種
- 水セメント比：65％ ＞ 60％
- C種や「超長期」の規定はJASS5には書かれていない

混合セメントB種の水セメント比は60％以下よ！ — 棍棒

― スーパー記憶術 ―

棍棒 は 無礼！
混合 B種　　60％

水セメント比

★ R207　水密コンクリート　その1

Q 水密コンクリートの水セメント比は何%以下？（普通ポルトランドセメント）

A 緻密な組織とするために、水セメント比は50%以下です。

水密コンクリートとは、プールや水槽など、水を漏らさないようにするコンクリートのことです。組織を緻密にするために、水セメント比は50%以下とされています（JASS5）。水中コンクリートは場所打ちコンクリート杭のように、水中に打つときに使うコンクリートで、水セメント比は場所打ちコンクリート杭で60%以下とされています。

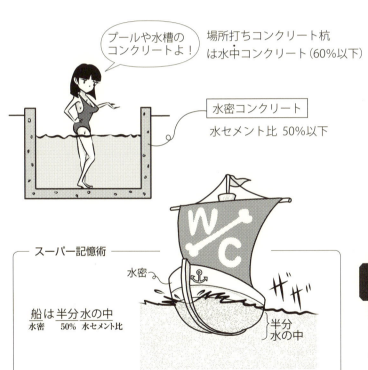

プールや水槽のコンクリートよ！

場所打ちコンクリート杭は水中コンクリート（60%以下）

水密コンクリート　水セメント比 50%以下

――― スーパー記憶術 ―――

水密　 50%　 水セメント比
船は　半分　水の中

水密

半分水の中

★ R208 水密コンクリート その2

Q 水密コンクリートでは、単位粗骨材量はどうする？

A セメントペースト部分を少なくするため、単位粗骨材量はなるべく大きくします。

多孔質では水がしみるので、水密コンクリートでは、水セメント比、単位水量ともに小さくします。セメントペーストは乾燥収縮でひび割れを起こし、水がしみる原因となります。そこで砂利（粗骨材）を多めにし、骨材のすき間を充てんする程度のセメントペーストとします。すなわち<u>単位粗骨材量をなるべく大きく</u>します（JASS5）。

水セメント比大 単位水量大

多孔質だと水がしみるのか

セメントペーストが多いと収縮も大きくなるので、すき間を充てんするのに十分な量の範囲で、なるべく少なくする。その分砂利を増やす

なるべく砂利で体をつくるのか

セメントを多くするとひび割れする。砂利は収縮しない

水密コンクリート ─┬─ 水を減らして多孔質になるのを防ぐ → 水セメント比 小(50%以下)　単位水量 小

【船は半分水の中】
　水密　50%　水セメント比

　　　　　　　└─ 砂利を増やして、乾燥収縮を防ぐ → 単位粗骨材量 大

【 】内スーパー記憶術

R209 水セメント比 まとめ

水セメント比をここでまとめておきます。

水セメント比 大　多孔質(ポーラス)　　　緻密　水セメント比 小

CO_2 入りやすい
NaCl 入りやすい

CO_2 入りにくい
NaCl 入りにくい

｛強度 小
中性化 早い
塩害 大
乾燥収縮 大
ブリーディング 多

｛強度 大
中性化 遅い
塩害 小
乾燥収縮 小
ブリーディング 少

普通ポルトランドセメント
混合セメントA種
65%以下

場所打ちコンクリート杭
(水中コンクリート)
混合セメントB種
60%以下

水密コンクリート
50%以下

$65\%以下 > 60\%以下 > 50\%以下$

スーパー記憶術

<u>水攻め</u>は むごい！　　<u>棍棒</u>は 無礼！　　船は <u>半分水の中</u>
水セメント比　65%　　　混合 B種　60%　　　水密　50%　水セメント比

（杭に似てる）

むごい！　　棍棒　水　　半分水の中

単位水量

Q コンクリートの単位水量は？

A 185kg/m³以下です。

単位水量とはコンクリート1m³という単位体積当たりに、何kgの水が入っているかの水量です。185kg/m³以下で、所定の品質が得られる範囲でできるだけ小さくします（JASS5）。生コンが固まる範囲で、水は少ない方がよいわけです。

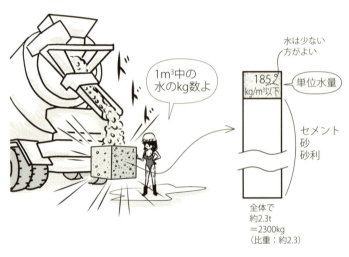

― スーパー記憶術 ―

$\underset{1}{1 \text{m}^3 \text{の箱の}} \quad \underset{\text{単位水量}}{\underline{\text{水量}}\ 85\ \text{kg/m}^3}$

★ R211 受入れ時の単位水量

Q 単位水量を180kg/m³と指定した場合、受入れ時の確認はどうする?

A 運搬車ごとに工場の製造管理記録により、単位水量が180kg/m³であることを確認します。

運搬車ごとに、レディーミクストコンクリート(レミコン、生コン)は受入れ検査して指定通りかどうかを確認します。単位水量に関しては、書類で指定通りか、また185kg/m³以下【1m³の箱の水量】(R210参照)かどうかを確認します。書類で確認するのは、水和反応が進みつつある生コンの水量を受入れ時に検査するのは難しいからです。

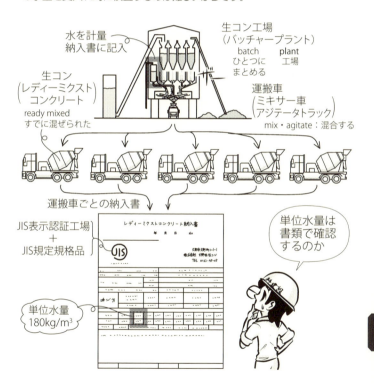

【 】内スーパー記憶術

- 建築会社は生コン商社を通して生コン協同組合に依頼し、生コン協同組合が生コン工場を指定する商習慣となっています。建設会社が直接生コン工場の設定をしにくい仕組みです。

★ R212

Q 高強度コンクリートの単位水量は?（計画供用期間が標準）

A 単位水量は175kg/m³以下ですが、高性能AE減水剤を使っても流れにくい場合は、185kg/m³以下とします。

計画供用期間の級が「標準」とは、およそ65年はもつということです。
計画供用期間によって、強度、水量などを定めています。

構造体の計画供用期間

計画供用期間	計画供用期間の級
およそ30年	短期供用級
およそ65年	標準供用級
およそ100年	長期供用級
およそ200年	超長期供用級

（65歳は標準）
（100歳は長寿！）

【65歳まで働くのが標準】
　65年　　供用期間　　標準供用級

高強度コンクリートとは、設計基準強度F_cが36N/mm²を超えるコンクリートのことです。

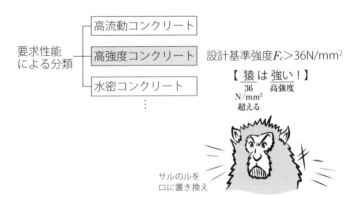

要求性能による分類
― 高流動コンクリート
― 高強度コンクリート　設計基準強度F_c>36N/mm²
― 水密コンクリート
　　　：

【 猿 は 強い！】
　36　　高強度
　N/mm²
　超える

サルのルを
ロに置き換え

【 】内スーパー記憶術

高強度コンクリート

コンクリートは水が多いとスポンジ状多孔質になって強度が小さくなり、水が少ないと組織が緻密となって強度が大きくなります。

コンクリートの単位水量は185kg/m³以下とされていますが、高強度コンクリートでは175kg/m³以下とされています。水が少ないと強度は上がりますが、流れにくくなり、施工性（ワーカビリティー）が低下します。そこで高性能AE減水剤という水を減らしても流れやすくする剤を入れて、175kg/m³以下とします。高性能AE減水剤を使っても流れにくい場合は、185kg/m³以下としても可とされています（JASS5解説）。

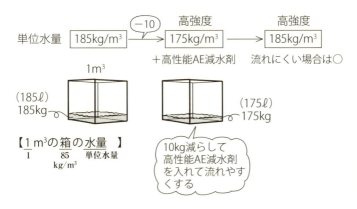

超長期供用級における高強度コンクリートでは、185kg/m³以下では不可で、175kg/m³以下とします。

★ / R213　　　　　　　　　　　　　　　乾燥収縮ひび割れ　その1

Q ひび割れの発生を防止するため、単位水量はどうする？

A 単位水量はできるだけ小さくします。

コンクリート中には、毛細管や超微細な空げき、層状のすき間が多くあり、そこに水が入っています。セメントの水和反応で水が消費されるほかに、多くの水がコンクリート中に残ります。水が出る際に毛細管に表面張力が発生する、水和結晶が縮むなど、乾燥によって縮もうとする力が発生します。①表面付近は乾燥が早く、収縮して引張り力が働きます。②中央付近は乾燥が遅く、収縮せずに変形の動きを拘束します。③表面が引っ張られ、中央が拘束されるので、表面だけ動いて乾燥収縮ひび割れが発生します。水の乾燥によるひび割れなので、水量を抑えることで防止できます。水セメント比、単位水量を抑えることは、緻密で強いコンクリートをつくるばかりでなく、乾燥収縮ひび割れ防止にも有効です。

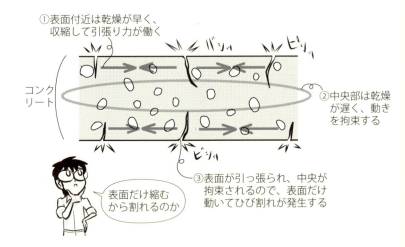

R214 乾燥収縮ひび割れ　その2

Q スランプを小さくすると、乾燥収縮ひび割れは？

A 水が少なくてすみ、乾燥収縮ひび割れは少なくなります。

単位水量が大きいと、生コンが軟らかくなり、スランプが大きくなります。目標スランプに向けて、単位水量を決定します。単位水量とスランプには、大まかには、右グラフのように直線的な関係があります。
単位水量が大きいと、右下グラフのように、乾燥収縮ひずみが大きくなります。乾燥収縮ひび割れ防止には、単位水量とスランプを小さくします。水セメント比が小さいと強度も大きくなり、引張りに対する抵抗も強く、引張りでのひび割れも少なくなります。

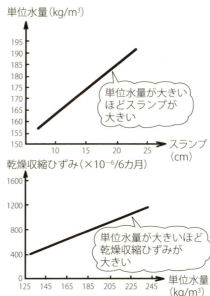

スランプ小 ⇨ 水が少なくて緻密 ⇨
(単位水量　　小)
(水セメント比 小)
- 乾燥収縮 小 → 収縮によるひび割れ少
- 強度 大 → 引張りによるひび割れ少

スランプ大 ⇨ 水が多くて多孔質 ⇨
(単位水量　　大)
(水セメント比 大)
- 乾燥収縮 大 → 収縮によるひび割れ多
- 強度 小 → 引張りによるひび割れ多

15 単位水量

Q 部材の体積表面積比（体積／表面積）が大きいと、乾燥収縮のひずみ度はどうなる？

A 体積に対して表面積が小さくなり、乾燥しにくくなり、乾燥収縮ひずみ度は小さくなります。

ひずみ度とはひずみ／元の長さのことで、ε（イプシロン）の記号がよく使われます。1mmのひずみでも、元の長さが10cmならばひずみ度は0.01ですが、1mならば0.001となり、意味がまったく違ってしまいます。ひずみ、変形は、元の長さを基準としてどれくらいかとした方が、一般化、普遍化できます。部材内部に伝わる力、応力（内力）を考える際に、断面積で割った応力度（σ：シグマ）を考えるのに似ています。

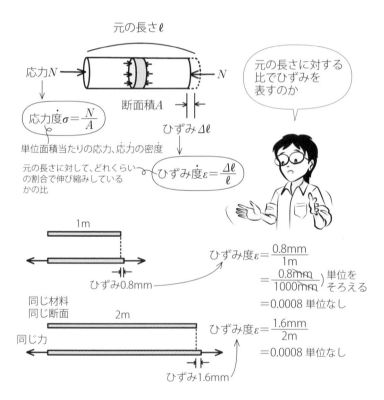

乾燥収縮ひび割れ その3

体積表面積比とはその順に体積÷表面積、体積／表面積で、表面積に対してどれくらいの割合で体積があるかの比です。似たような用語に、水セメント比、幅厚比もあるので、一緒に覚えておきましょう。

> **Point**
>
> 体積表面積比 → その順に 体積÷表面積　　$\dfrac{体積}{表面積}$　$\dfrac{m^3}{m^2}$
>
> 水セメント比 → その順に 水÷セメント　　$\dfrac{水}{セメント}$　$\dfrac{kg}{kg}$
>
> 幅厚比　　　 → その順に 幅÷厚　　　　　$\dfrac{幅}{厚}$　$\dfrac{m}{m}$

体積表面積比が大きいほど、同じ表面積に対して体積が大きく、同じ体積に対して表面積が小さくなります。表面積が小さいと、コンクリートの小さな空げきの中の水が蒸発しにくくなり、乾燥収縮は少なく、ひずみ度は小さくなります。

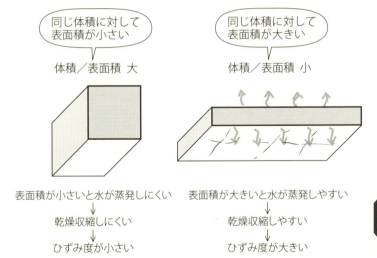

- 幅厚比が大きいほど薄くて幅広い板となり、局部座屈（部分的に折れ曲がること）しやすくなります。
- 比表面積といった場合、表面積／体積（表面積体積比）のことです。

★ **R216** 乾燥収縮ひび割れ　その4

Q 単位粗骨材量を大きくすると、乾燥収縮ひび割れはどうなる？

A 粗骨材はあまり収縮しないので、粗骨材が増えると乾燥収縮ひび割れは少なくなります。

単位粗骨材量とは、コンクリート1m³中の粗骨材のkg数です。

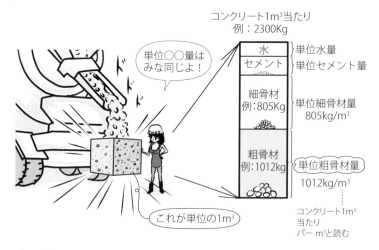

粗骨材は、セメントペーストほど乾燥収縮しません。よって単位粗骨材量を大きくすると、乾燥収縮のひずみを抑えられ、ひび割れは少なくなります。ただしあまり粗骨材を増やすと材料が分離しやすくなり、ワーカビリティーは低下します。

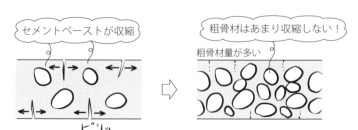

- 骨材の質量は完全に乾燥した絶対乾燥状態（絶乾状態）か、内部が水で飽和し、表面は乾燥した表面乾燥飽水状態（表乾状態）で測ります。

R217 乾燥収縮ひび割れ その5

Q 粗骨材を安山岩砕石から石灰岩砕石とすると、乾燥収縮ひび割れはどうなる?

A 安山岩よりも石灰岩の方が吸水率が小さいので、乾燥収縮ひずみは小さくなります。

単位水量のほかに骨材の種類も、乾燥収縮ひび割れに関係します。岩の吸水率は、産地によって大小がありますが、大まかに下図のような順になります。石灰岩砕石を骨材とすると、吸水率は小さく、骨材自体の乾燥収縮が小さくなり、コンクリートの乾燥収縮ひずみは小さくなります。

【安産には 水 が必要】
安山岩　　吸水率 大

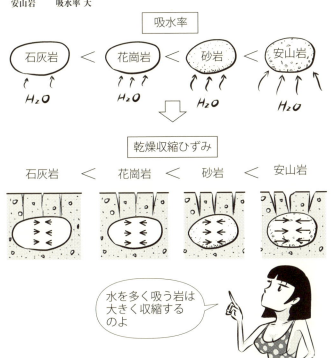

水を多く吸う岩は
大きく収縮する
のよ

【 】内スーパー記憶術

15 単位水量

骨材 その1

Q 砕石の形状が角張っている場合、丸みのある川砂利と比べて、同一スランプのコンクリートをつくるのに必要な単位水量はどうなる？

A 角張っていると流れにくくなるので、単位水量は多く必要となります。

川砂利は水で流されている間に角がとれて、丸っこくなります。一方砕石は大きな岩を砕いてつくったものなので、表面がギザギザと角張っていて、表面積も大きくなります。そのため同じような軟らかさ、流れやすさ、すなわち同一スランプとするためには、砕石の方が多くの水が必要となります。砂利についても同様です。砕石、砕砂を使っても単位水量を185kg/m³以下に抑えたい場合は、高性能AE減水剤を使います。

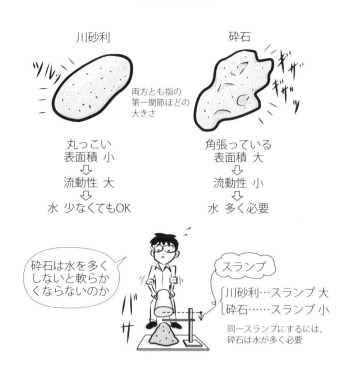

- AE減水剤、混和剤、混和材などの剤と材の違いは、剤は容積にほとんど影響がなく、材は容積に影響があるという違いです。

★ R219　骨材 その2

Q 球形に近い骨材と、扁平な骨材ではどちらがワーカビリティーが良い？

A 球形に近い骨材の方が流れやすく、ワーカビリティー（施工性）が良くなります。

粗骨材（砂利）や細骨材（砂）が角ばっておらず、球形に近い方が生コンは流れやすく、いろんな形に変形しやすくなり、ワーカビリティー（施工性）は上がります。

偏平やギザギザの骨材　　球形に近い骨材　　玉の方がスムーズに流れるのよ！

流れにくい　ワーカビリティー 良くない　　流れやすい　ワーカビリティー 良い

15　単位水量

- workability：直訳するとwork（作業、施工）＋ability（能力）＝作業能力、施工能力。作業性、施工性、作業容易性、施工容易性などと訳されます。

骨材 その3

Q 細骨材率を大きくすると、所定のスランプを得るためには、単位水量、単位セメント量はどうする？

A 粘性が高まって、単位水量を増やす必要が生じ、水セメント比が一定だと単位セメント量も同時に増やさなければなりません。

細骨材（砂）を粗骨材（砂利）に対して増やすと（細骨材率を上げると）、生コンの粘性が高まり、流れにくくなります。そこで単位水量を増やす必要性が生じます。水セメント比は強度から決められる一定の数値なので、単位水量を増やすと単位セメント量も増やすことになります。

$$細骨材率 = \frac{細骨材の絶対容積(ℓ/m^3)}{骨材の絶対容積(ℓ/m^3)}$$

【空っぽな 骨 つぼ】
空気量　骨材 容積比

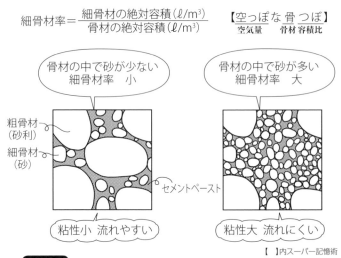

【　】内スーパー記憶術

Point

砂多い　⇒　粘性 大／流れにくい　⇒　水を多くする　⇒　セメントを多くする
（細骨材率 大）　　　　　　　　　　　　　（単位水量 大）　　（単位セメント量 大）

∵水／セメントは強度から決まっている

- 細骨材率は、42％前後とされるのが一般的です。

骨材　その4

Q 細骨材率を上げると、スランプはどうなる？

A 粘性が高まって、スランプは下がります。

骨材の中で細骨材率が高いと、すなわち砂が多いと、粘性が大きくなり、スランプは下がります。スランプがあまり下がると、流れにくく、施工しにくくなるので、細骨材率を低くして、スランプを調整します。単位水量を増やしてスランプを上げると、収縮ひび割れが起きやすくなります。逆に細骨材率を小さくしようとして、砂を減らしすぎると、粘性がなくなって材料分離が起きやすくなります。

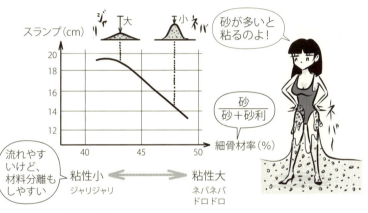

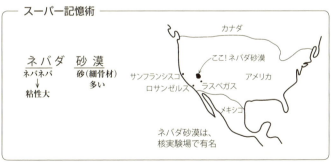

― スーパー記憶術 ―

ネバダ　砂　漠
ネバネバ　　砂（細骨材）
↓　　　　　多い
粘性大

ネバダ砂漠は、核実験場で有名

15　単位水量

★ **R222** 骨材 その5

Q 粗骨材の最大寸法が大きくなると、所定のスランプを得るためには、単位水量はどうする？

A 流れやすくなるので、単位水量を減らすことができます。

粗骨材（砂利）が大きいと、流れやすく軟らかくなり、単位水量が少なくてもスランプが大きく、ワーカビリティー（施工性、施工容易性）は良くなります。粗骨材が小さいと、細骨材（砂）が多いときと同様に、流れにくく、スランプは小さく、ワーカビリティーは悪くなります。

粗骨材 小
砂利小さい
砂多い
⇒ 流れにくい

流れにくい
ワーカビリティー 良くない
スランプ 小（硬い）

粗骨材 大
大きすぎると鉄筋、型枠に詰まりやすい

流れやすい
ワーカビリティー 良い
スランプ 大（軟らかい）

水が少ないと硬い

水が少なくても軟らかくなる

★ R223 スラッジ水

Q スラッジ水とは？ スラッジ水をコンクリートの練混ぜ水に使える？

A コンクリートの洗浄排水から、骨材を取り除いて回収した懸濁水（けんだくすい）です。計画供用期間が短期、標準のコンクリートにのみ、練混ぜ水として使えます。

スラッジ水とは、コンクリートの洗浄排水から、粗骨材、細骨材を取り除いて回収した懸濁水です。骨材を取り除く前の洗浄排水は、回収水と呼ばれます。スラッジ水を再利用しても問題ないことが確かめられていますが、「長期」「超長期」には使えません。

洗浄水から骨材を取ったのがスラッジ水か

生コン工場やミキサー車の洗浄排水

回収水

ブレードの裏側にも付いているので、洗浄時は要注意

→ 粗骨材、細骨材を取り除く

スラッジ水

回収水から粗骨材、細骨材を取り除いた懸濁水

「長期」「超長期」×

そのほかは練混ぜ水に使える

似たような単語
- スラッジ sludge …泥、懸濁水
- スラグ slag ……金属精錬で出るかす
- アッシュ ash ……灰

15 単位水量

普通コンクリート

Q 普通コンクリートの単位セメント量は何 kg/m³？

A 単位セメント量は、270kg/m³ 以上です。

単位セメント量とは、生コン 1m³ 中に何 kg のセメントが入っているかの数値です。普通骨材を用いた普通コンクリートの単位セメント量は、**270kg/m³ 以上**とされています（JASS5）。セメントを減らすと、セメント＋水＝セメントペースト（セメントのり、のろ）も減り、ガサついて流れにくい生コンとなります。ジャンカ（豆板）やす空洞（す）、水密性や耐久性の低下などを招きやすくなります。そこで強度を確保する条件である水セメント比とは別に、単位セメント量を定めています。

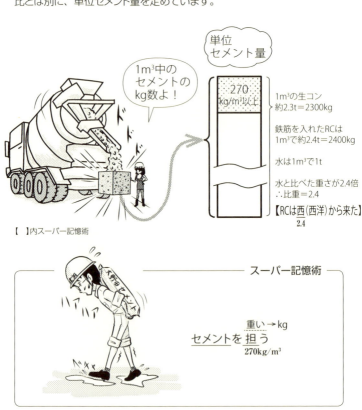

【 】内スーパー記憶術

― スーパー記憶術 ―

セメントを 担う
　　　　　重い→kg
　　　　　270kg/m³

水和熱　その1

Q 水和熱は、単位セメント量が少なくなるとどうなる？

A 小さくなります。

セメントと水が反応して固まって水和物となる（<u>水和反応</u>）際に出る熱が、水和熱です。セメント＋水の状態よりも水和反応後の水和物の状態の方がエネルギーが低く、その差が水和熱となって表れます。

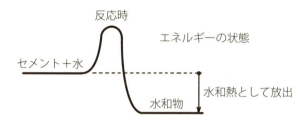

セメントの量を減らせば、水和熱は減ります。
水和熱が大きいと、膨張した後に外周面だけ冷えて収縮し、冷えていない中央部が拘束してひび割れの原因となります。下図はそのモデルで、拘束がない場合は、左図のように、全体がただ縮むだけです。右図のように両側を拘束されると、収縮によって引張り力が働き、割れたりちぎれたりしてしまいます。<u>乾燥収縮や水和熱が冷える際の収縮は両者とも、拘束されることによってひび割れが発生するのです</u>。その場合、拘束するのは部材奥の部分で、水が蒸発しにくいところ、熱が冷えにくいところです。

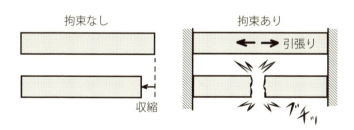

★ R226 水和熱 その2

Q マスコンクリートの温度ひび割れを防止するためには、セメントは何を使うのがよい?

A 中庸熱ポルトランドセメント、低熱ポルトランドセメントを使うと、水和熱を抑えられます。

マスコンクリートとは、基礎梁のような大断面で水和熱による温度上昇でひび割れの入るおそれのあるコンクリートです。体積が大きいと、セメントの水和反応による熱がたまり、全体が膨張します。周辺面から冷えて収縮しますが、中央部には熱が残り、収縮がなかなか進みません。中央部が収縮の動きを拘束し、周辺部だけ縮むので、周辺部にひびが入ることになります。これが温度ひび割れです。

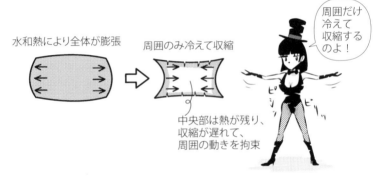

低熱ポルトランドセメント、中庸熱ポルトランドセメントは、ゆっくりと強度が増し、その分、水和熱も少なくなります。マスコンクリートの温度ひび割れ対策に有効です。

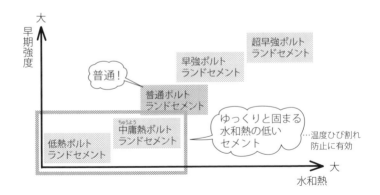

★ R227　　　　　　　　　　　　　　　　　　　　水和熱　その3

Q マスコンクリートの打込み後、冷却を目的に散水してもよい？

A 表面だけ冷やして収縮させ、ひび割れを発生させてしまうので、よくありません。

マスコンクリートへの散水は表面のみ冷やし、表面は収縮、内部は膨張したままとなって、ひび割れを発生させてしまいます。ゆっくりと全体が冷えるように、表面は<u>保温養生</u>します。むしろやシート、断熱マットなどでおおいます。

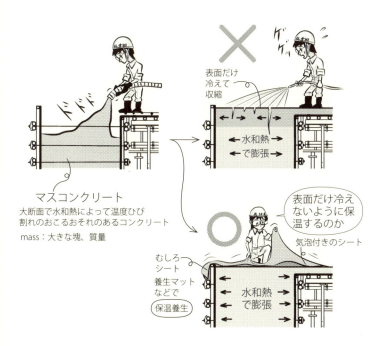

マスコンクリート
大断面で水和熱によって温度ひび割れのおこるおそれのあるコンクリート
mass：大きな塊、質量

過小の場合

Q 単位セメント量が過小の場合はどうなる？

A セメントペーストが少なくなり、粘りがなく、骨材分離しやすくなります。

セメントを減らすと、セメントペーストの粘りがなくなり、骨材が分離しやすくなります。セメントペーストの粘り、すなわちのりが骨材にくっついて、変形に対応して柔軟に形を変える性質を可塑性、プラスティシティーといいます。セメントが少ないとプラスティシティーが低下し、骨材が分離しやすくなり、施工性（ワーカビリティー）も低下します。

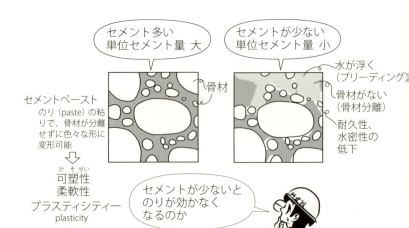

Point

セメント少ない ⇒ セメントペースト ⇒ 変形に骨材 ⇒ 耐久性
（単位セメント量 小）　の粘りがない　がついてこれ　水密性 ⎫ 低下
　　　　　　　　　（プラスティシティー低下）ずに分離　施工性 ⎭
　　　　　　　　　　　　　　　　　　　　　　　（ワーカビリティー）

★ R229 自己収縮

Q 自己収縮とは？ 高強度コンクリートの自己収縮を抑制するには、単位セメント量をどうする？

A 自己収縮とは、水和反応でセメントの組織が収縮することです。自己収縮を抑制するには、水セメント比を一定にしたままで、単位セメント量を減らします。

コンクリートの収縮は、水が蒸発する際に起こる乾燥収縮によるほかに、セメント自体が水和反応で硬化する際に起こる自己収縮も関係します。乾燥収縮ほど大きくはありませんが、硬化（凝結）がはじまると、すぐに発生します。

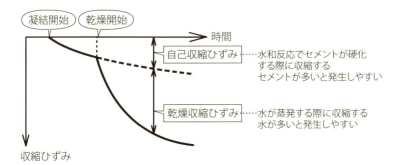

$36N/mm^2$ を超える高強度コンクリート【猿は強い！】（R178参照）は、強度を出すために水に対してセメントを多くします。そのため自己収縮が発生しやすくなるので、水セメント比を一定にしたままで、単位セメント量をなるべく減らします。

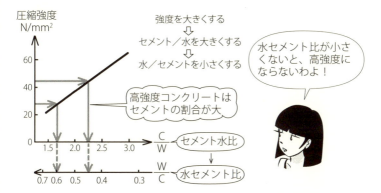

R230 高性能AE減水剤

Q 高性能AE減水剤を用いる普通コンクリートでは、単位セメント量は何kg/m³以上？

A 単位セメント量は290kg/m³以上です。

高性能AE減水剤とは、静電気の反発力などを利用して少ない水量でも生コンを流れやすくする混和剤です。セメント量を少なくすると粘性がなくなり、砂利の分離やブリーディング（砂利が沈み水が浮かび上がる現象）も生じやすくなるので、単位セメント量は290kg/m³以上とされています（JASS5解説）。

R231 水中コンクリート

Q 場所打ちコンクリート杭で安定液中に打ち込むコンクリートでは、単位セメント量は何 kg/m^3？

A 単位セメント量は $330kg/m^3$ 以上です。

場所打ちコンクリート杭工事は、水中に打つ水中コンクリートの一種です。水や安定液と完全に置き換えるには粘性と密度を高くし、また水や安定液が混入して圧縮強度が低くならないようにするため、セメント量を一般仕様よりも増やす必要があります。そのため単位セメント量は $330kg/m^3$ 以上とされています（JASS5）。

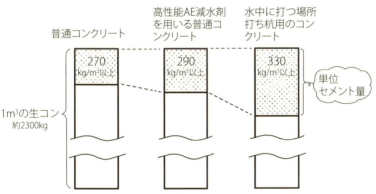

- 地中壁における水中コンクリートでは、単位セメント量は $360kg/m^3$ 以上とされています。

R232 設計基準強度 F_c

Q コンクリートの設計基準強度 F_c とは？

A F_c とは、構造計算時に基準とする圧縮強度のことです。

設計基準強度 F_c とは、構造設計で基準とする強度です。F_c から長期、短期の許容応力度を求め、各部の応力度がそれ以下で安全であることを確かめます（R130参照）。F_c は構造設計者が求め、そこから調合強度を求めます。鋼材は工場から出荷した時点で強度は保証されているので、基準強度 F といって「設計」が付きません。鋼は圧縮、引張りともに同じ強度ですが、コンクリートは引張りはほとんど効かず、コンクリートの強度といえば圧縮強度のことです。

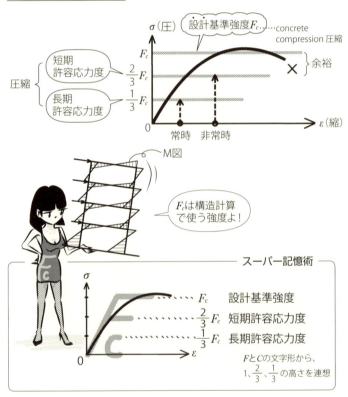

R233 耐久設計基準強度 F_d

Q 耐久設計基準強度 F_d は、計画供用期間が標準の場合、何 N/mm^2？

A 標準では F_d は $24N/mm^2$ です。

コンクリートは、水和結晶後の組織が緻密な方が強度が高く、二酸化炭素 CO_2 や水、塩分が浸入しにくく、耐久性も上がります。すなわち、耐久性を上げるためには強度を上げて、組織を緻密にします。JASS5では耐久性能から決まる強度を耐久設計基準強度 F_d とし、「標準」では $24N/mm^2$、「長期」では $30N/mm^2$ などとしています。

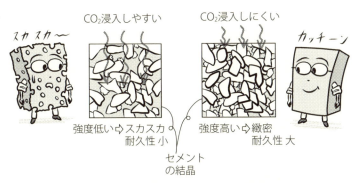

耐久設計基準強度 F_d　　d：durability 耐久性

計画供用期間	計画供用期間の級	耐久設計基準強度 $F_d(N/mm^2)$
およそ30年	短期供用級	18
およそ65年	標準供用級	24
およそ100年	長期供用級	30
およそ200年	超長期供用級	36

65歳は標準

【 65歳まで 働くのが 標準 】
　　65年　　供用期間　　標準供用級

「標準」の $F_d=24N/mm^2$

【 RCは西から来た 】
　　24kN/m³
　　比重は2.4（水の2.4倍）

【 】内スーパー記憶術

★ R234　シリカフューム

Q シリカフュームはどんな性質があって、何に使う？

A セメント粒子間に入って硬化する性質があり、高強度コンクリートの混和材として使われます。

煙の粒子ほど小さくて、球形の超微粒子であるシリカフュームは、下図のようにセメント粒子のすき間に詰まり、組織を緻密にします（マイクロフィラー効果）。またセメントの水酸化カルシウムとシリカフュームの二酸化ケイ素が反応し（ポゾラン反応）、硬化します。このような性質から、高強度コンクリートの混合材として使われます。混和剤ではなく混和材とするのは、体積に影響するほど混和するからです。

> 煙の粒子ほど小さいのよ！

セメントの結晶

セメントの水和結晶

silica：二酸化ケイ素（SiO_2）またはその化合物
fume：煙、霧
micro：微小の
filler：充てん材
pozzolana：ポゾラン、火山灰などのケイ酸化合物

> シリカフュームの球形の微粒子が、セメント粒子のすき間に充てんされ、緻密で高強度のコンクリートとなる

R235 品質基準強度 F_q

Q コンクリートの品質基準強度 F_q はどのように決める？

A 設計基準強度 F_c と、耐久設計基準強度 F_d のうち大きい方の値を F_q とします。

品質基準強度 F_q とは、F_c と F_d の両方を満足するために必要な、コンクリート品質の基準値として定められる強度です（JASS5）。要するに、構造計算の基準とする強度 F_c と、計画供用期間の級で定まる F_d のうち、大きい方の値を F_q とします。たとえば F_c が 24N/mm^2 で「長期」（$F_d = 30\text{N/mm}^2$）の場合、F_q は大きい方の 30N/mm^2 とします。

c : concrete
d : durability
q : quality

―― スーパー記憶術 ――

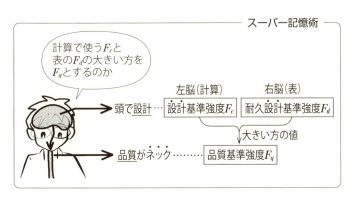

調合管理強度 F_m

R236

Q 調合管理強度 F_m はどのように決める？

A F_q に構造体強度補正値 S を加えた値を F_m とします。

調合管理強度 F_m とは、調合を管理するための基準となる強度です。建物本体の構造体コンクリートは、品質基準強度 F_q を満足すべきですが、試験は強度が強めに出る標準養生された供試体で行います。そのため F_m は F_q よりも大きめにする必要があり、補正値 S を加えます（JASS5）。品質基準強度 F_q が30N/mm²、補正値 S が3N/mm²の場合、調合管理強度 F_m は、$F_q + S = 30 + 3 = 33$N/mm²となります。

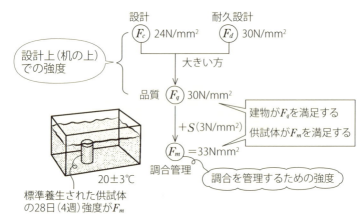

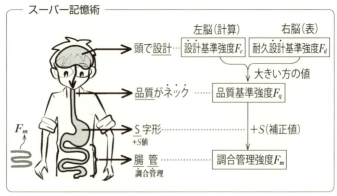

c : concrete d : durability q : quality S : subjunction m : management F : Force

R237 構造体強度補正値S その1

Q 構造体強度補正値Sは、どのように決める？

A セメントの種類、予想平均気温θに応じて、$3N/mm^2$か$6N/mm^2$とします。

打込みから28日までの予想平均気温θが8℃以上では、補正値Sは$3N/mm^2$、0℃以上8℃未満では$6N/mm^2$とされています（普通ポルトランドセメントの場合、JASS5）。また25℃を超える暑中期間でも、Sは$6N/mm^2$とされています。

$3N/mm^2$ or $6N/mm^2$

補正値Sを加えるのよ！

構造体強度補正値Sの標準値　(JASS5)

セメントの種類	コンクリートの打込みから28日までの期間の予想平均気温θの範囲(℃)	
早強ポルトランドセメント	5≦θ	0≦θ<5
普通ポルトランドセメント	8≦θ	0≦θ<8
高炉セメントB種	13≦θ	0≦θ<13
構造体強度補正値S(N/mm^2)	3	6

注：暑中期間における構造体強度補正値Sは$6N/mm^2$とする。

― スーパー記憶術 ―

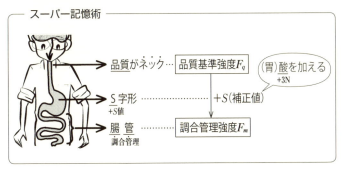

- 品質がネック……品質基準強度F_q　（胃)酸を加える +3N
- S字形……+S(補正値)　+S値
- 腸管……調合管理強度F_m　調合管理

17　コンクリートの強度

R238 構造体強度補正値S その2

Q 普通ポルトランドセメントを使ったコンクリートで、予想平均気温θが$8\leq\theta$のときや$0\leq\theta<8$のとき、構造体強度補正値Sは何 N/mm²？

A $8\leq\theta$のときは3N/mm²、$0\leq\theta<8$のときは6N/mm²です。

構造体強度補正値Sは、8℃以上だと3N/mm²ですが、0℃以上8℃未満だと6N/mm²となります。そのほかに25℃を超える暑中期間でも、Sは6N/mm²とします。8℃で構造体強度補正値Sの値が変わりますので、8℃を覚えておきましょう。

構造体強度補正値Sの標準値 (JASS5)

セメントの種類	コンクリートの打込みから28日までの期間の予想平均気温θの範囲(℃)	
早強ポルトランドセメント	$5\leq\theta$	$0\leq\theta<5$
普通ポルトランドセメント	$8\leq\theta$	$0\leq\theta<8$
高炉セメントB種	$13\leq\theta$	$0\leq\theta<13$
構造体強度補正値S(N/mm²)	3	6

注：暑中期間における構造体強度補正値Sは6N/mm²とする。

寒いときと暑いときは +6N/mm²

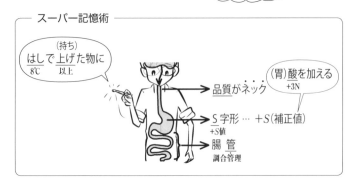

― スーパー記憶術 ―

はしで(持ち)上げた物に … 8℃ 以上
品質がネック
S字形 … +S(補正値) +S値
腸管 … 調合管理
(胃)酸を加える +3N

R239 構造体強度補正値 S その3

Q 構造体強度補正値 $_{28}S_{91}$ とは？

A 標準養生した供試体の材齢28日における圧縮強度と、材齢91日の構造体コンクリートの圧縮強度の差を意味する構造体強度補正値です。

構造体強度補正値 S は、正確には $_mS_n$ と書かれます。特記のない場合は $_{28}S_{91}$ として、数値は $3N/mm^2$、$6N/mm^2$ とされています（R237、238参照）。建物本体の構造体コンクリート強度は、試験場で一定水温で水中養生された標準養生供試体よりも強度は小さくなります。両者の差を補正するのが補正値 S ですが、標準養生供試体の材齢 m 日と構造体コンクリートの材齢 n 日を付けて、$_mS_n$ と表記しています。特記がない場合、n は28（4週）、m は91（13週）とされています（JASS5）。

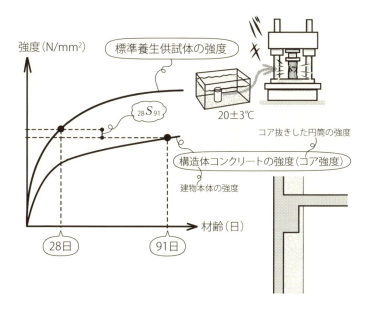

R240 構造体コンクリート強度 その1

Q 普通コンクリートにおける構造体コンクリートの圧縮強度の検査において、1回の試験に用いる供試体の採取はどうする?

A 適切な間隔をあけた3台の運搬車から各1個ずつ、合計3個採取します。

構造体とは実際の建物の構造部分で、その強度を供試体でテストして、調合管理強度 F_m 以上かを確認します。供試体は3個で1セット、その平均値が F_m 以上かを見ます。3個の供試体は、適切な間隔をあけた3台の運搬車(ミキサー車、アジテータートラック)から各1個ずつ採取します(JASS5)。28日間標準養生した供試体3個の平均強度が F_m 以上を確認できれば、構造体コンクリート強度(コア強度)が F_q 以上と推定できます。

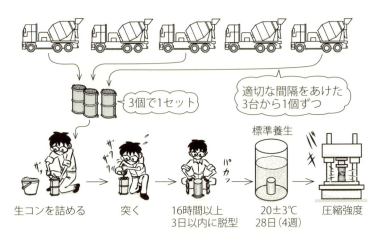

生コンを詰める → 突く → 16時間以上3日以内に脱型 → 標準養生 20±3℃ 28日(4週) → 圧縮強度

28日 標準養生供試体強度 ≧ 調合管理強度 F_m を確認

or

91日 コア強度 ≧ 品質基準強度 F_q を確認

コア抜きを大量にすると建物を傷めるうえ、補修も大変なので、やりにくい

★ R241 構造体コンクリート強度 その2

Q 普通コンクリートにおける構造体コンクリートの圧縮強度の検査において、1回の試験を行う単位（ロット）はどのように決める？

A 打込み日ごと、打込み工区ごと、かつ150m³またはその端数ごとを1単位（1ロット）として、1回の検査を行います（JASS5）。

各検査は、1回につき3個の供試体を使い、適切な間隔をあけた3台の運搬車から1個ずつ採取します。検査の対象となる1群の製品、製品のひと山をロット（lot）といいます。

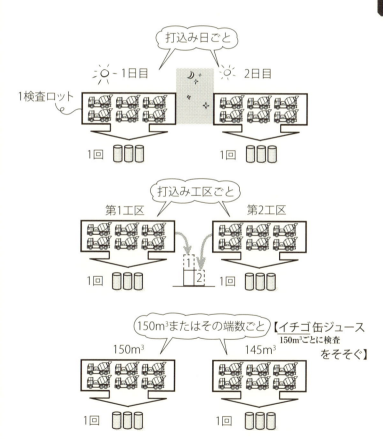

【 】内スーパー記憶術：同じ語呂で3つのことを覚えます（R281 参照）

R242 構造体コンクリート強度 その3

Q 構造体コンクリート強度の検査において、どうなったら合格とする？

A 標準養生、材齢28日の供試体3個の圧縮強度の平均≧調合管理強度 F_m となったら合格です。

材齢91日の建物本体の構造体コンクリート強度が、品質基準強度 F_q 以上を満たすための規定として、28日標準養生供試体3個の平均が調合管理強度以上で合格としています（JASS5）。

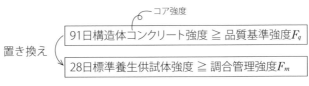

置き換え

コア強度
91日構造体コンクリート強度 ≧ 品質基準強度 F_q

28日標準養生供試体強度 ≧ 調合管理強度 F_m

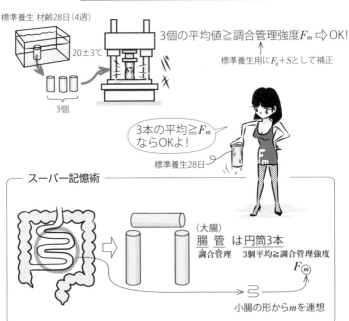

標準養生 材齢28日（4週）
20±3℃
3個

3個の平均値≧調合管理強度 F_m ⇒ OK！

標準養生用に $F_q + S$ として補正

3本の平均≧F_m ならOKよ！

標準養生28日

― スーパー記憶術 ―

（大腸）
腸管 は 円筒3本
調合管理　3個平均≧調合管理強度
$F_{(m)}$

小腸の形からmを連想

R243 構造体コンクリート強度 その4

Q 構造体コンクリート強度の検査が不合格になった場合はどうする?

A 監理者の承諾を受けて、構造体からコアを採取して強度試験を行うなどをしなければなりません。それでも不合格の場合は、構造体に補強を講じます。

供試体(テストピース)を3本壊して、その平均が調合監理強度 F_m を下回ってしまったら、コアを採取して強度試験を行うか、そのほかの適切な試験をしなければなりません。強度の検査は強度推定試験ともいいますが、強度推定試験と推定が入っているのは、供試体が構造体そのものではないためで、コア強度は構造体強度そのものです。

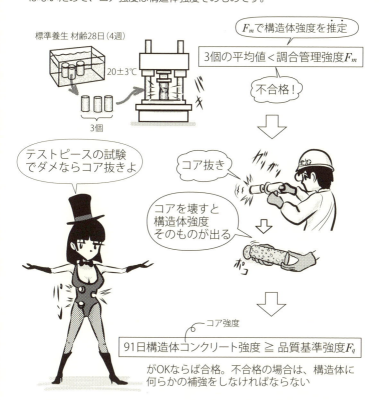

- 試験結果が出るのは打込みから28日後であり、その時点で不合格となっても壊してすべてやり直すのは困難です。補強で対応するしかありません。不合格とならないようにすることに力を注ぐことになります。

★ R244 構造体コンクリート強度 その5

Q 高強度コンクリートにおける構造体コンクリートの圧縮強度の検査において、1回の試験を行う単位（ロット）はどのように決める？

A 打込み日ごと、かつ300m³ごとを1単位（ロット）として、3回の試験を行います。

高強度コンクリートの場合、打込み日かつ300m³ごとに、3回の試験を行います（JASS5）。
1回の試験で3個の供試体を使うのは、普通コンクリートと一緒です。ロットが普通コンクリートが150m³、高強度コンクリートが300m³です。1ロットに対する試験回数が、各々1回と3回です。

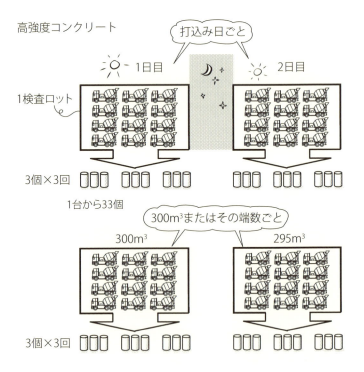

- lotは山、群、区画という意味で、よく使うa lot of ~（多くの~）は、「ひと山の~」から来ています。

生コン会社は、自社の製品が発注された品質以上であることを、荷卸し時（ミキサー車のシュートからポンプ車に移る瞬間）に検査します。後から構造体強度が出ていない責任が、生コン会社にないと言えるためです。一方施工側は、構造体強度、型枠をはずす際の強度が、何日経過した時点で何 N/mm^2 であるかを把握するために、受入れ時のサンプルで検査します。そのほかのスランプ、フロー、空気量、塩化物イオン量、温度の検査も、責任を明確にするために、別々に行うのが原則です。

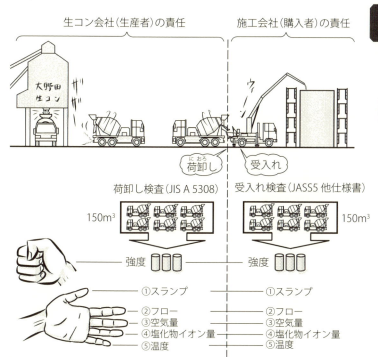

- 建築士、施工管理技士試験に出るのは、施工側の受入れ検査です。
- 建て前上は、両者が別々に検査すべきなのですが、実際は施工側が依頼した検査機関にやってもらうのが一般的です。調合管理強度未満であるとわかるのは28日後なので、不合格にならないように調合しないと、工事が止まってしまいます。

供試体の養生 その1

Q 場所打ちコンクリート杭のコンクリートでは、供試体の養生はどうする？

A 地中温度は地表とは違うので現場養生は不可で、標準養生とします。

場所打ちコンクリート杭では、地中の温度は地上と違うので、現場養生は不可です。また水を含む土に囲まれているので、水中養生に近くなります。よって場所打ちコンクリート杭の強度管理は、標準養生で行います（公仕）。また、マスコンクリートでは、水和熱によって現場とは温度が異なるので、やはり標準養生で強度管理します（公仕）。現場養生とするのは、<u>条件の近いせき板存置期間、支保工存置期間における強度管理のみ</u>です。

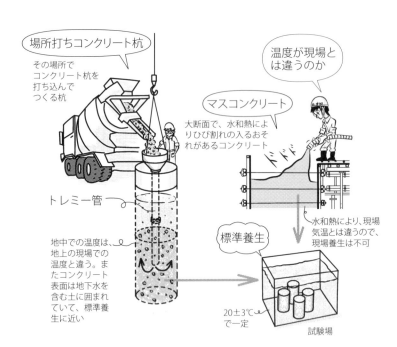

★ **R247** 供試体の養生 その2

Q プレキャスト部材脱型時の圧縮強度検査では、供試体の養生はどうする？

A プレキャストコンクリートと同様に、加熱湿潤養生とします。

プレキャストコンクリートは、蒸気などで加熱湿潤養生します。その脱型時の強度を推定するには、供試体も同一の加熱湿潤養生をする必要があります（R154参照）。標準養生は$20±3℃$の水での水中養生なので、強度が違ってしまいます。平らなベッドから持ち上げる場合は、$12N/mm^2$程度、$70°〜80°$傾ける場合は$8〜10N/mm^3$程度が必要とされています（JASS10、R153参照）。

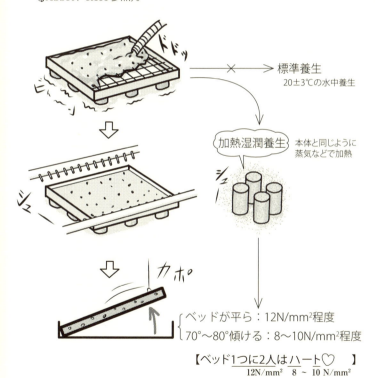

【ベッド1つに2人はハート♡】
　　　$12N/mm^2$　$8〜10 N/mm^2$

【　】内スーパー記憶術

供試体の養生は、標準養生が基本です。せき板の取りはずしなどの施工上必要な強度は、1週間程度の若齢なので温度の影響が大きいため、現場養生です。プレキャストコンクリートでは、製造法と同様に加熱湿潤養生です。

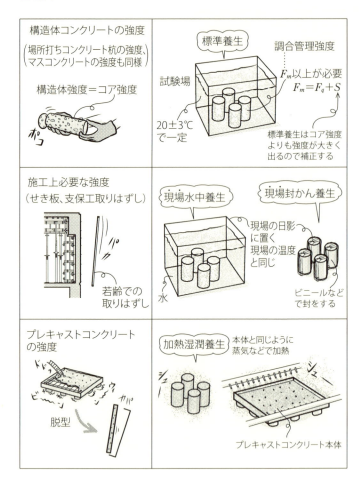

★ R249　呼び強度

Q レディーミクストコンクリートを発注する際の呼び強度は、調合管理強度 F_m と同じ？

A はい。呼び強度は調合管理強度 F_m と同じです。

呼び強度とは、生コン工場に発注する際の強度です。呼び名としての強度で、JIS規格の中から選ばれるのが普通です。品質基準強度 F_q を満たすように補正値 S を加えた調合管理強度 F_m を呼び強度とします。

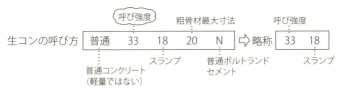

― スーパー記憶術 ―

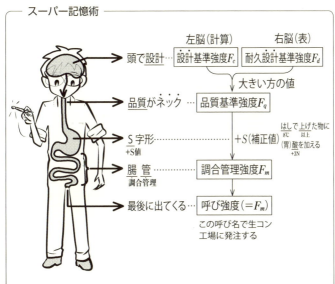

右脳、左脳で考えた値の大きい方が、首、胃のS字カーブ、腸管を通って下から出ることをイメージして覚える。

c：concrete　d：durability　q：quality　S：subjunction　m：management　F：Force

調合強度

Q 調合強度 F は、調合管理強度 F_m に何を加えたもの？

A 調合強度 F は、調合管理強度 F_m にばらつきを考慮した割増しを加えた値です。

実際の調合では強度にばらつきがあるので、調合管理強度 F_m にばらつきを考慮した割増しを加えて調合強度 F とします。ばらつきの度合を表す標準偏差 σ を使って、2つの式が用意されています（JASS5）。構造体強度補正値 S は供試体と構造体との差、温度の差を、σ による割増しは工場の調合によるばらつきを考慮しています。

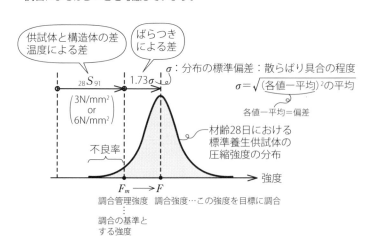

― スーパー記憶術 ―

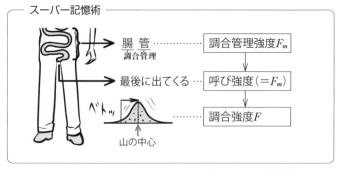

m：management　F：Force

コンクリートの強度 まとめ

強度の名称は6種、補正、調整は2回あって、まことにややこしいものです。
下図のように自分の体を上からたどって、一気に覚えてしまいましょう。

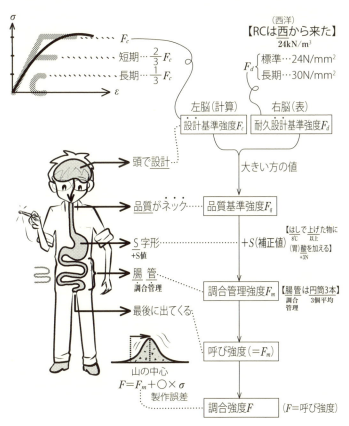

c：concrete　d：durability　S：subjunction　m：management　F：Force

【　】内スーパー記憶術

★ R252　調合の定め方の手順

大まかな調合決定の手順を、ここで掲げておきます。

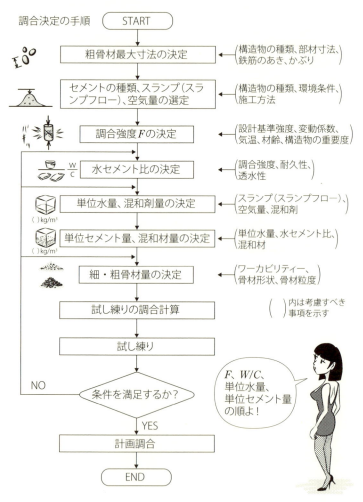

注：上記フローチャートは、コンクリート技士試験（平22）より作成。

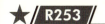

調合の要点

コンクリート調合の各係数の大ざっぱな大小、多少の目標をまとめておきます。

スランプ　→　できるだけ小さく

水の少ない、スランプの小さい　　18cm以下
硬練りの生コンをていねいに打つ

あまり小さいと流れにくい

水セメント比 → できるだけ小さく

水セメント比小→強度大　　　　　65%以下
強度から決める

あまり小さいと流れにくい

単位水量　→　できるだけ少なく

水が多いとスカスカで、　　　　　185kg/m³以下
強度小、密度小、収縮大

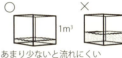

あまり少ないと流れにくい

単位セメント量 →できるだけ多く

セメントペーストが少ないと流れ　270kg/m³以上
にくく、水密性、耐久性が低下する

あまり多いと、水和熱が
大きく、自己収縮も大き
くなる

骨材量　→　できるだけ多く

骨材は強度が大きく、収縮が少なく、安い

あまり多いと材料分離しやすい

粗骨材最大寸法 →できるだけ大きく

骨材が大きいと、流れやすく、強度も出やすい

あまり大きいと、鉄筋に
引っ掛かって詰まる
（スクリーニング）

細骨材率　→　できるだけ小さく

砂が少ないと流れやすい

★ / R254 / リバウンドハンマー

Q リバウンドハンマー（シュミットハンマー）とは？

A コンクリート表面を打撃して、その反発により圧縮強度を推定する装置です。

リバウンドハンマー（シュミットハンマー）とは、コンクリートをたたいた反動（リバウンド）から、強度を推定する装置です。既存の建物にも使うことができますが、コア抜きによる検査ほど正確な結果は得られません。

R255 標準偏差と正規分布 その1

コンクリートの調合強度などで、標準偏差、正規分布という統計の基本事項が出てきます。ここでまとめておきます。

平均を表す、よく使う記号は下のようになります。

> 平均の記号 → m（平均を表すmeanから）　$\bar{x}_i$（変数の上に横バー）
> μ（ミュー、ギリシャ文字のm）　$E(x)$（xは変数。平均を表すevenから）

一般に平均は、値を足して個数で割った算術平均（相加平均）を指します。算術平均のほかに、値をかけ合わせて個数乗根で開いた幾何平均（相乗平均）もあります。

次に簡単な例、②、②、③、⑤、⑧の散らばり具合を考えてみます。

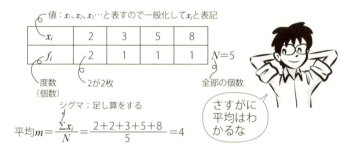

散らばり具合を考える際、まず平均mと各値との差、偏差を計算します。各値が平均からどれくらい離れているか、個別の散らばり具合がこれでわかります。

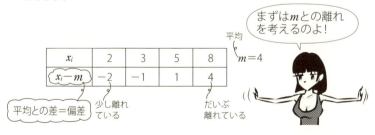

偏差はそれぞれの値の平均からの離れがわかりますが、全体の散らばり具合はわかりません。そこで偏差の平均をとってみます。

偏差 $x_i - m$ の平均は、$\dfrac{\Sigma(x_i - m)}{N}$ を計算してみます。

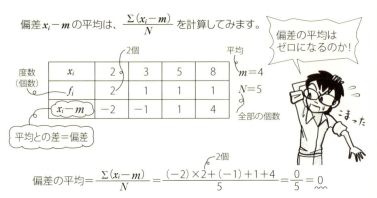

$$\text{偏差の平均} = \frac{\Sigma(x_i - m)}{N} = \frac{(-2) \times 2 + (-1) + 1 + 4}{5} = \frac{0}{5} = 0$$

偏差の平均はゼロとなってしまいます。各値は平均に対してプラスマイナスの距離に均等に散らばっているので、どんな場合も偏差の平均はゼロとなります。常にゼロになってしまっては、散らばり具合は計れませんので、偏差を2乗してプラスとしてしまいます。
絶対値をかけるやり方もありますが、$x_i - m \geqq 0$ のとき $|x_i - m| = x_i - m$、$x_i - m < 0$ のとき $|x_i - m| = -(x_i - m)$ と計算に場合分けがあって面倒なので、あまり使われません。

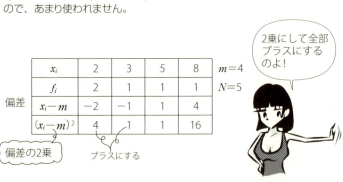

偏差を2乗して全部プラスになったところで、その平均をとります。

$$\boxed{(\text{偏差の2乗})\text{の平均} = \frac{\Sigma(x_i - m)^2}{N}} = \frac{4 \times 2 + 1 + 1 + 16}{5} = \frac{26}{5} = 5.2$$

偏差の2乗の平均は、分散と呼ばれる係数です。偏差を2乗した場合、各値 x_i にたとえば cm などの単位がついていると、偏差の2乗の単位は cm² になってしまいます。そこで偏差の2乗の平均にルートをかけて、単位を元に戻します。

標準偏差と正規分布　その1

$$\sqrt{(偏差の2乗)の平均} = \sqrt{\frac{\Sigma(x_i - m)^2}{N}} = \sqrt{5.2} \fallingdotseq 2.28$$

この偏差の2乗の平均にルートをかけたものが、標準偏差です。各値の平均から散らばり具合、偏差を、標準化したやり方で数値化したものです。

$$\text{記号} \begin{cases} \text{標準偏差} \longrightarrow \sigma \quad D(x) \\ \text{分散} \quad\quad\;\; \longrightarrow \sigma^2 \quad V(x) \end{cases} \quad \text{D: deviation（偏差）} \\ \text{V: variance（分散）}$$

標準偏差の考え方、導き方を下にまとめておきます。理屈を理解すれば、公式を無理に覚えなくてすみます。

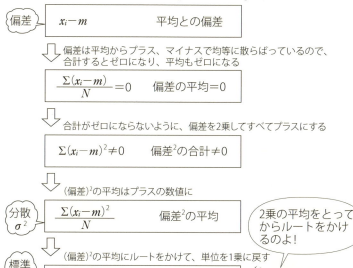

各値が平均からどれくらい離れているかを考える

（偏差）　$x_i - m$　　平均との偏差

偏差は平均からプラス、マイナスで均等に散らばっているので、合計するとゼロになり、平均もゼロになる

$\dfrac{\Sigma(x_i - m)}{N} = 0$　　偏差の平均＝0

合計がゼロにならないように、偏差を2乗してすべてプラスにする

$\Sigma(x_i - m)^2 \neq 0$　　偏差^{2}の合計$\neq 0$

（偏差）^{2}の平均はプラスの数値に

（分散　σ^2）　$\dfrac{\Sigma(x_i - m)^2}{N}$　　偏差^{2}の平均

（標準偏差　σ）　（偏差）^{2}の平均にルートをかけて、単位を1乗に戻す
$\sqrt{\dfrac{\Sigma(x_i - m)^2}{N}}$　　1乗の単位に戻す

2乗の平均をとってからルートをかけるのよ！

- 標準偏差の記号はσ、応力度の記号もσ。意味が違うので注意してください。

テストの偏差値は、どのように計算するのでしょうか。自分の得点から平均点 m を引いて、平均との偏差をまず出します。

$$偏差 = 得点 - m$$

偏差の値だけだと、全体の山のどの辺かわかりません。そこで偏差が標準偏差 σ の何倍になるかを求めます。

$$\frac{偏差}{標準偏差} = \frac{得点 - m}{\sigma} \quad \text{（σ の何倍、平均からずれているか）}$$

これで偏差が σ の 0.5 倍、1 倍、1.5 倍などと出ますが、それを 10 倍して数を大き目にして差が目立つようにします。

$$\frac{得点 - m}{\sigma} \times 10$$

出来の悪いテストでは、得点 $- m$ がマイナスとなります。全体で見ると約半数はマイナスです。そこで 50 が中心になるように、50 を加えます。

$$\frac{得点 - m}{\sigma} \times 10 + 50 \quad \text{（50 を中心に）}$$

これがいわゆる偏差値です。偏差値 55 は平均から 0.5σ だけ上になります。得点 = 80 点、平均 $m = 70$ 点、$\sigma = 10$ 点の場合、偏差値 $= \frac{80-70}{10} \times 10 + 50 = 60$ となります。

全国模試などを集計すると、点数の分布は平均値 m を中心として左右対称の釣り鐘形、山形になるのが一般的です。

そのほかに、日本人の身長、猫の足の長さ、年間降雨量、100cm で切る部品の長さの誤差など、平均から大きくはずれることのないような分布は、正規分布で近似できます。ある目標値（これが平均値）を達成しようとした場合の結果も、正規分布で近似できます。そのため、正規分布の曲線は誤差曲線ともいいます。

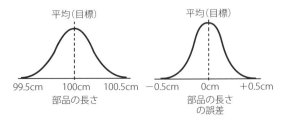

標準偏差と正規分布 その1

正規分布は英語でnormal distribution、直訳すると普通のよくある、ノーマルな分布です。正規という訳が何か正しい、公的なニュアンスを感じますが、要は普通の分布ということです。正規分布の曲線は、確率密度曲線の一種です。

100人の身長の分布を、下の柱状グラフ（ヒストグラム）で表してみます。159～60cmなどで階級に分けて、そこで何人かの度数を高さで示します。

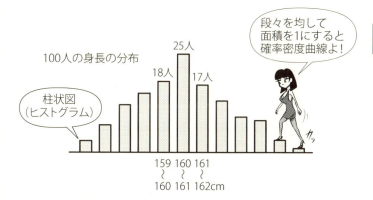

データの数（標本数）を1億人として、階級の幅を細かくすると、下のようななめらかな曲線となります。さらにx軸と囲む面積が1になるようにグラフの高さを調整したものが、確率密度曲線です。

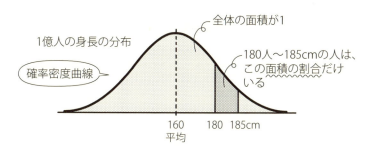

たとえば180から185cmの間の面積が0.1ならば、全体の10%の人がそこに入ることになります。180～185cmの人がいる確率は0.1（10%、1/10）となります。面積を求めるには積分をしなければなりませんが、もしこの曲線が正規分布ならば、数表から簡単に求めることができます。高さではなく面積で、その部分の全体に対する割合、起きる確率がわかるのがミソです。

R255 (つづき)

似たものを集めると正規分布に近い分布となります。19世紀の天才数学者ガウスがつくった分布で、ガウス分布とも呼ばれ、式は
$y = \dfrac{1}{2\pi\sigma} e^{-\frac{(x-m)^2}{2\sigma^2}}$ と複雑ですが、m、σ と形、面積の関係はいたってシンプルです。中心の m から $\pm\sigma$ のところが変曲点で、その区間の面積は 0.68 …で約 70% です。σ が小さいと山は高くなり、σ が大きいと山が低くなります。$m \pm \sigma$ に囲まれた面積は、どれも同じになります。

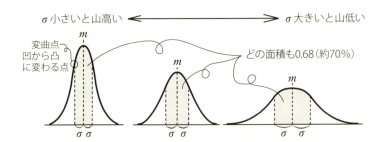

m から $\pm 2\sigma$ の区間では、面積は 0.95…で約 95% になります。$m \pm 2\sigma$ の外側の面積は左右合わせて $1 - 0.95 = 0.05$ で約 5%。m $\pm 2\sigma$ からはずれる確率は約 5% です。

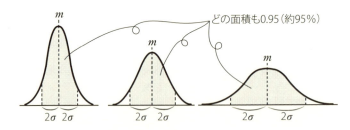

標準偏差と正規分布　その1

ここで、生コン工場で調合されるコンクリートの強度を考えてみます。平均の圧縮強度mが$24N/mm^2$で、標準偏差σが$2N/mm^2$、$2.5N/mm^2$、$3N/mm^2$の3つの分布を考えます。mから右に2σの区間の面積を求めるのに、<u>$m=0$、$\sigma=1$の標準正規分布の面積表を使うと便利です。mから2σまでの面積は、m、σの数値にかかわらず同じだからです。</u>

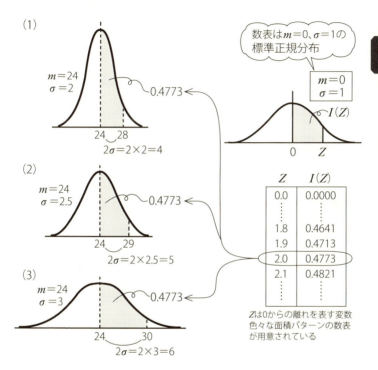

Zは0からの離れを表す変数
色々な面積パターンの数表が用意されている

$24N/mm^2$が目標とする調合強度Fだとすると、σが大きいということは、誤差が大きいということです。$0.4773 \times 2 = 0.9546$（95.46%）ですから、$24 \pm 2\sigma (N/mm^2)$の内側に納まる確率は約95%です。その外側の5%（左側2.5%、右側2.5%）は、$24 \pm 2\sigma$からはずれる確率です。

生コン工場で練られた生コンをつぶすと、ピッタリ$24N/mm^2$にならず、左右に散らばります。その散らばりが小さい方が優秀なわけです。上記では、(1)の生コン工場が、最もレベルの高い工場となります。

★ R255（つづき）

JASS5の数式で、$F \geq F_m + 1.73\sigma$ があります。下図で中心（平均）F から左に 1.73σ のところを考えると、標準正規分布の表から、$F-1.73\sigma$ から F までの面積は0.4582、$F-1.73\sigma$ から左側の面積は $0.5-0.4582=0.0418$ と約4%です。$F-1.73\sigma$ に F_m をもってくれば、F が F_m を下回る確率が約4%となります。不良率を4%に抑えられることを意味します。標準偏差 σ は、生コン工場が今まで生産してきた実績データから導かれた数値を用います。

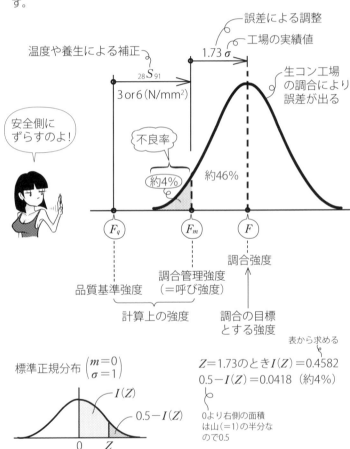

標準偏差と正規分布 その1

JASS5には、$F \geq F_m + 1.73\sigma$ のほかに $F \geq 0.85F_m + 3\sigma$ の式があります。調合強度 F は、両方の式を満たさねばなりません。

$$\text{調合強度}F \begin{cases} F \geq F_m + 1.73\sigma \\ \text{かつ} \\ F \geq 0.85F_m + 3\sigma \end{cases}$$

下図で中心（平均）から-3σ以下になる確率は、ほとんどゼロとなります。すなわち F_m の85%を下回ることがないように、調合強度 F を決めなさいということです。

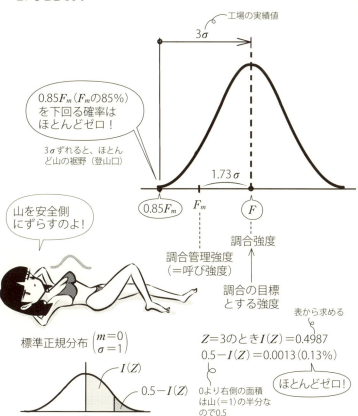

★ R256 標準偏差と正規分布 その2

Q 標準偏差 σ が大きい生コン工場の場合、調合強度 F は大きくする？ 小さくする？

A 同一の不良率とするためには、F を大きくします。

標準偏差が大きいと、ばらつきの大きい、幅が広くて背の低い分布となります。不良率を同じ4%として、調合管理強度 F_m から右へ 1.73σ ずらした位置に調合強度 F を設定する場合、σ が大きい方が調合強度 F が右にずれるので、F を大きくする必要があります。

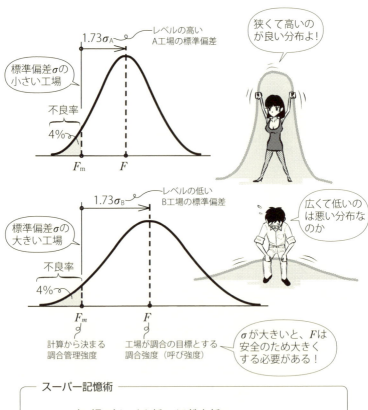

- $1.73\sigma_A$ — レベルの高いA工場の標準偏差
- 標準偏差 σ の小さい工場
- 不良率 4%
- 狭くて高いのが良い分布よ！

- $1.73\sigma_B$ — レベルの低いB工場の標準偏差
- 標準偏差 σ の大きい工場
- 不良率 4%
- 広くて低いのは悪い分布なのか
- F_m 計算から決まる調合管理強度
- F 工場が調合の目標とする調合強度（呼び強度）
- σ が大きいと、F は安全のため大きくする必要がある！

― スーパー記憶術 ―

（工場の）<u>レベル低い</u>ほど<u>山低い</u>
　　　　　　　　　　　正規分布の山低い

R257 標準偏差と正規分布 その3

Q 変動係数とは？

A 標準偏差を平均値で割った値を百分率で示した（$\sigma/m \times 100\%$）係数です。変動、ばらつきが平均に対してどの程度なのかを表しています。

コンクリートの圧縮強度やスランプなどのデータを集めると、正規分布にほぼ従います。目標値（平均値、中心値）のまわりに散らばり、目標値から遠いほど量が少なく、目標値に近いほど量が多い、山形、釣鐘形の分布となります。

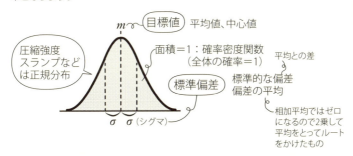

標準偏差σは、ばらつき（偏差）平均のような値、標準的なばらつきの数値です。σが大きいほど目標値からばらつき、広く散らばり、山は低く広くなります。目標値から離れるので、レベルの低い生コン工場ほど正規分布の山は低くなります。

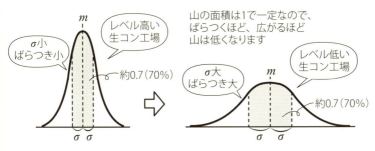

山の面積は1で一定なので、ばらつくほど、広がるほど山は低くなります

【（工場の）レベル低いほど山低い】

R257 (つづき) 標準偏差と正規分布 その3

標準偏差 σ が同じ、すなわち山の形が同じで、平均 m が違う分布を考えます。強度は高くしようとすると、それに応じて散らばりも大きくなりがちですが、その散らばり具合を同一にまとめているので、m が大きいのに σ が同じである右の山の方が優秀となります。

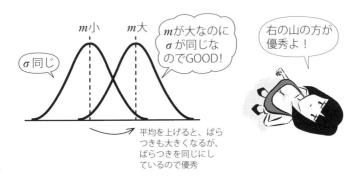

平均を上げると、ばらつきも大きくなるが、ばらつきを同じにしているので優秀

わかりやすい例で、下のような店舗の売上げを考えます。

A店 …月平均売上げ $m=1$ 億円　　$\sigma=200$ 万円　　$\sigma/m=0.02=2\%$
B店 …月平均売上げ $m=400$ 万円　$\sigma=200$ 万円　$\sigma/m=0.5=50\%$

σ は同じで、$m\pm\sigma$ の間に入るのは約70%
A店では、1億円±200万円＝9800万円〜1億200万円が約70%の月で可能
B店では、400万円±200万円＝200万円〜600万円が約70%の月で可能

σ が同じでも m の大きいA店の方がどう見ても優秀で、売上げのばらつき、ブレが相対的に低いと考えられます。売上げに対するブレが、A店の方がずっと小さいからです。
標準偏差 σ が平均 m に対して何%なのかは、ばらつき、ブレを考えるのに重要な指標となります。その σ/m（$\times 100\%$）という比を、変動係数といいます。平均の数値も加味した、ばらつきを相対的に表した係数が変動係数です。

$$\text{変動係数} = \frac{\text{標準偏差 } \sigma}{\text{平均 } m} \times 100\%$$

σ が m に対してどれくらいってことか

★ R258 $\overline{X}$管理図

Q 圧縮強度の$\overline{X}$管理図において、何らかの異常は±何σを超える点？ 管理限界は±何σ？

▼

A ±2σを超えると何らかの異常、±3σのラインは管理限界です。

平均mと$m±σ$、$±2σ$、$±3σ$の横線の引かれたグラフに、データをプロットしたのが管理図です。データXの平均は$\overline{X}$(エックスバー)と書き、各平均値をプロットしたのが$\overline{X}$管理図です。平均から$±3σ$のラインを管理限界とします。$±2σ$を超えた点があると何らかの異常があるとして、原因を調査して対策を講じます。

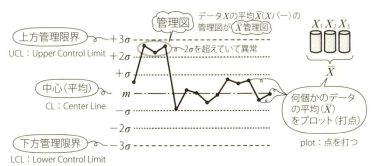

下図のように、データに傾向がある。管理限界を超えたものがある、片側に寄っているなども、要注意となります。

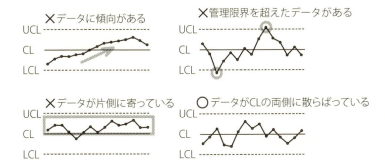

★ R259 $\bar{X}-R$管理図

Q レディーミクストコンクリートの品質管理で一般的に用いる管理図は？

A 各平均をプロットした$\bar{X}$管理図と、試験の複数データの範囲をプロットしたR管理図を合わせた、$\bar{X}-R$管理図です。

$\bar{X}$管理図は、前項で述べたように、データXの平均値$\bar{X}$をプロットした管理図です。R管理図は、各試験でのデータ範囲R（Range）をプロットしたものです。Rはその回の試験での、最大値－最小値で求めます。2つの管理図を合わせたものが、$\bar{X}-R$管理図です。レディーミクストコンクリート（生コン）の圧縮強度などを管理する際に使われます。$\bar{X}$管理図と似たものに、X管理図があります。すべてデータXをプロットするものですが、強度試験は各回ごとに3個の平均をとるので、$\bar{X}$管理図が使われます。

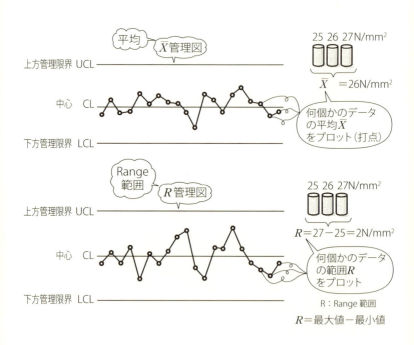

練混ぜから打込み終了まで　その1

Q コンクリートの練混ぜから打込み終了までの時間は何分以内？（外気温が25℃未満の予想）

A 120分以内です。

練混ぜから打込み終了まで、25℃未満で120分以内、25℃以上で90分以内とされています（JASS5）。道路の渋滞や現場での待機も含めて、2時間以内、1時間半以内です。生コンは暑いと固まりやすいので、気温が高い方が短めに設定されています。

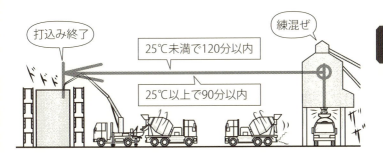

ミキサー車のタイヤの数から12を連想する。ミキサー車の後ろのタイヤは大型は2個、小型は1個

練混ぜから打込み終了まで その2

Q 高強度コンクリートでは、練混ぜから打込み終了までの時間は何分以内？

A 高強度コンクリートでは、外気温にかかわらず120分以内です。

$36N/mm^2$を超える高強度コンクリート【猿は強い！】（R178参照）では、強度を出すために水セメント比は小さくなり、スランプは小さく、流れにくくなります。そこで高性能AE減水剤を用いて、水が少なくともスランプを大きくして流れやすい生コンとします。高性能AE減水剤を使うと固まりにくくなり、運搬中にスランプが下がること（スランプロス）が抑えられます。そのため、練混ぜから打込み終了までの時間は、<u>気温によらず120分以内</u>とされています（JASS5）。

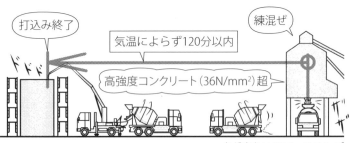

【　】内スーパー記憶術

★ R262　2つの生コン工場

Q 同一打込み工区に、2つの工場で製造されたレディーミクストコンクリートを打ち込んでもよい？

A 品質責任がはっきりしなくなるので、やってはいけません。

2つの生コン工場から運んだ生コンを、同一工区に混ぜて打ち込んでしまうと、品質責任の所在が不明確となってしまいます。完全に区画された別の工区に、別の工場の生コンを打つのは、品質に問題があった際にどちらの工場に責任があるか明確なので、可能となります。

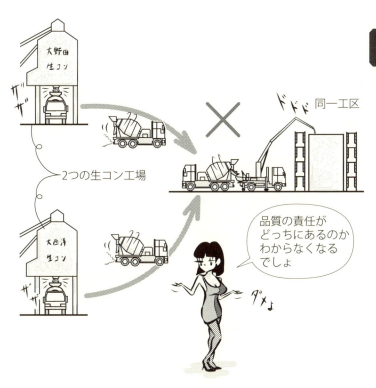

★ R263　ドラムの高速回転

Q レディーミクストコンクリートは、荷卸し直前に運搬車のドラムをどのように動かす？

A 高速回転させてコンクリートを均質に混ぜてから、逆回転させて排出します。

ミキサー車（トラックアジテーター）のドラムには、下図のようなスクリュー状の刃（ブレード）が付いています。生コン工場で混ぜられた生コンが固まったり分離したりしないように、後ろから見て反時計回りに回転させてかくはんさせながら輸送します。

ドラム　drum：太鼓
ブレード　blade：刃
水タンク
（後ろから見て）反時計回り
ホッパー　hopper：じょうご
シュート　chute：射水路
（後ろから見て）時計回り
アルキメデスのスクリュー

排出する前に反時計回りに高速回転させ、十分にかくはんして材料を均質にします。
生コンを排出する際はドラムを時計回りに回し、アルキメデスのスクリューの原理で生コンを上へと送り出します。

- ミキサー車は、11t 車（4.3〜4.5m^3 積み）、4t 車（1.5m^3 積み）などがあります。
- トラックアジテーター（agitator truck）はトラックアジテーターともいい、ミキサー車のことです。生コン工場のミキサーと区別するため、アジテーターという言葉を使っていますが、agitate は mix と同様に、かき混ぜるという意味です。

★ **R264** 寒中コンクリート　その1

Q 寒中コンクリートでは、荷卸し時のコンクリートの温度は何℃以上にする？

A 5℃以上とします。

寒中コンクリートの適用期間とは、打込みから10日間の平均気温が4℃以下の期間です（そのほかに91日間の積算温度の基準もある）。セメントが水と和して固まる水和反応では水和熱が発生します。水和熱によって十分な温度上昇が見込まれ、凍害防止の対策がされ、監理者の承認が得られれば、荷卸し時の生コンの温度の下限値は5℃とすることができます（JASS5）。

― スーパー記憶術 ―

寒い時 は
寒中コンクリート

腰を温める
5℃　　以上

R265 寒中コンクリート その2

Q 寒中コンクリートでは、練混ぜ水や骨材を加熱する場合、温度は何℃以下?

A 練混ぜ水、骨材の温度は、40℃以下です。

セメントを加熱すると、部分的に固まってしまうので、練り混ぜる前の水や骨材を加熱します。加熱しすぎると生コン中のセメントが固まるので、40℃以下とされています（JASS5）。お風呂のお湯は、40℃前後なので、それをイメージして覚えておきましょう。

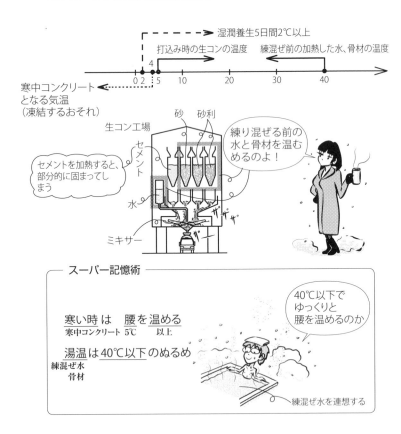

— スーパー記憶術 —

寒い時 は 腰を温める
寒中コンクリート 5℃ 以上

湯温は40℃以下のぬるめ
練混ぜ水
骨材

R266 暑中コンクリート

Q 暑中コンクリートでは、荷卸し時のコンクリートの温度は何℃以下？

A 35℃以下です。

生コンは温度が高いと水和反応が速くなり、固まりやすくなって、流しにくく、均しにくくなります。コールドジョイントも発生しやすくなり、高温から冷える際の体積変化も大きく、乾燥ひび割れも入りやすくなります。JASS5では、日平均気温が25℃を超える場合に暑中コンクリートとし、荷卸し時の生コンの温度は35℃以下とされています。

― スーパー記憶術 ―

日光
25℃超えると暑中コンクリート

サンゴ の国は 暑い
35℃以下　　暑中コンクリート

R267 マスコンクリート

Q マスコンクリートでは、荷卸し時のコンクリートの温度は何℃以下?

A 35℃以下です。

マスコンクリートとは、大断面で水和発熱によってひび割れが生じるおそれのあるコンクリートです。ミキサー車から荷卸しする時点で高温だと、水和熱と加算されて、膨張収縮が大きくなってしまいます。そこで荷卸し時の温度は、暑中コンクリートと同様に **35℃以下** とされています（JASS5）。

― スーパー記憶術 ―

<u>サンゴ</u> の国は <u>暑い</u>
35℃以下　　暑中コンクリート

<u>サンゴ</u> が <u>群生</u>
35℃以下　マス

輸送管 その1

Q コンクリートポンプによる圧送で、粗骨材の最大寸法が25mm以下の場合、輸送管の呼び寸法は？

A 100A 以上です。

コンクリートの輸送管は、粗骨材（砂利）が詰まらないように、下表のように粗骨材の最大寸法によって管径が決められています。粗骨材の最大寸法が25mm以下では、100A以上とされています（JASS5）。100Aとは、鋼管の内法寸法が100mmを示す表記法です。

粗骨材の最大寸法に対する輸送管の呼び寸法　(JASS5)

粗骨材の最大寸法(mm)	輸送管の呼び寸法(mm)
20	100A以上
25	
40	125A以上

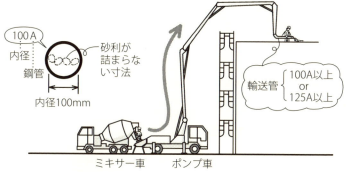

スーパー記憶術

日本国百景 を輸出する
（20mm／25mm／100mm径／輸送管）

★ / R269　　　　　　　輸送管　その2

Q 軽量コンクリートでは、輸送管の呼び寸法は？

A 配管内閉塞が起こりやすいので、125A以上です。

軽量コンクリートに使われる軽量骨材は、人工粗骨材、人工細骨材ともに気泡が多く、表面もザラザラしています。そのため水を吸いやすく、スランプが下がりやすく、硬く、流動性が悪くなりやすくなります。最悪のケースではポンプ圧送中に配管内で閉塞してしまいます。そのため、<u>練り混ぜる前に、吸水させておきます</u>。

軽量コンクリート

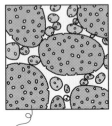

軽量骨材：気泡が多くて吸水しやすい
∴事前に吸水させて、それ以上吸水
　しないようにしておく

<u>水平換算距離</u>とは、下図のように、曲がりや上向きなどのケースごとに、実際の長さに係数をかけ、水平の配管の長さに換算したものです。ポンプの圧力負荷を概算する際に使われます。JASS5では別の式も提示されています。

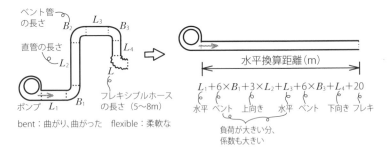

$L_1 + 6 \times B_1 + 3 \times L_2 + L_3 + 6 \times B_3 + L_4 + 20$
　水平　ベント　上向き　水平　ベント　下向き　フレキ

負荷が大きい分、
係数も大きい

bent：曲がり、曲がった　　flexible：柔軟な

<u>軽量コンクリートの圧送や長距離の圧送には、ポンプの負荷が小さく、管内閉塞の可能性の低い125Aの配管を使います。</u>

• 水平換算距離は、空調ダクトや給水管などにも使われています。詳しくは拙著『ゼロからはじめる建築の［設備］演習』を参照してください。

★ R270　　　　　　　　　　　　　　　　　輸送管　その3

Q コンクリート輸送管の水平配管を支持する際に注意することは？

A 型枠、配筋、打ち込んだコンクリートに振動を与えないように、緩衝材や支持台を使って支持します。

ポンプ車には、右図のような<u>ブーム付きポンプ車</u>と下図の<u>配管用ポンプ車</u>があります。ブーム付きは配管の必要がなく、高所でも上からホースを回せるので、中小の現場ではよく使われています。大型の現場では、輸送管を配管します。圧送時には振動が加わるので、支持台や緩衝材を用いた支持で、建物本体に有害な影響がないよう、また配管がはずれないように、しっかりと留めます。

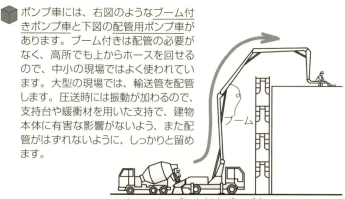

ミキサー車　ブーム付きポンプ車

boom：帆のすそを張る円材が原義で、
　　　　給油用パイプを指す

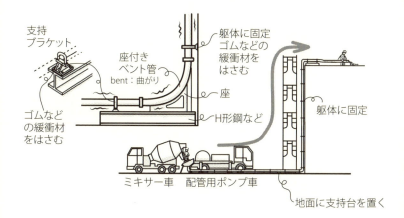

ミキサー車　配管用ポンプ車

★ **R271** 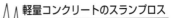 軽量コンクリートのスランプロス

Q 軽量コンクリートのポンプ圧送において、スランプロス（スランプの低下）を抑制するには？

A 人工軽量骨材にあらかじめ十分に吸水させておきます。

軽量骨材は空洞が多く、表面もザラザラしているので、一般の骨材よりも水を吸いやすくなります。運搬中にスランプが低下したり、輸送管の中で詰まらないように、軽量骨材はあらかじめ十分に吸水させておきます。

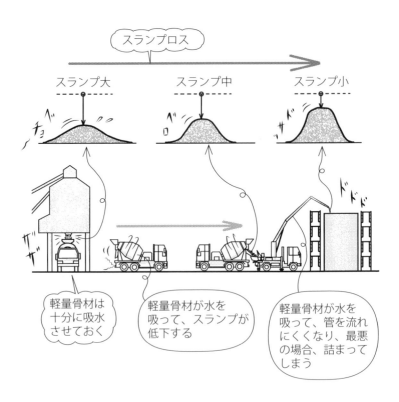

先送りモルタル

Q コンクリート圧送に先行して流すモルタルは富調合と貧調合どちらにする？
また型枠内に打ち込むことはできる？

A 水が多い貧調合だとコンクリートに悪影響が出るので、先送りモルタルはセメントの多い富調合とします。また先送りモルタルは、型枠内に打ち込むことはできません。

輸送管の内側は、コンクリートでザラついています。生コンをそのまま流すと、水を吸ってスランプが低下したり、流れにくくなって砂利が詰まってしまいます。そこでセメントの多いモルタルを先行して流して、水密性と潤滑性を上げておきます。これを先送りモルタルといいます。品質の異なる先送りモルタルは、型枠内には打ち込むことはできません。

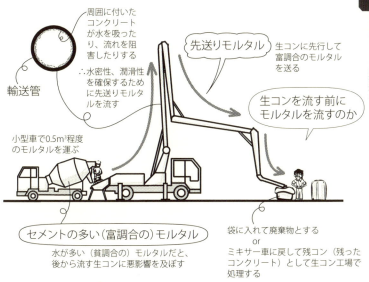

- セメントが多い調合を富調合、少ない調合を貧調合といいます。
- 先送りモルタルに代わる製品も、開発されています。

打込み速度

Q スランプ18cm程度のコンクリート打込み速度は？

A 1時間に20〜30m³程度です。

スランプ18cm程度のコンクリートの打込み速度の目安は、コンクリートポンプ車1台当たり、20〜30m³/hです（JASS5解説）。また、十分な締固めのできる打込み速度とします。

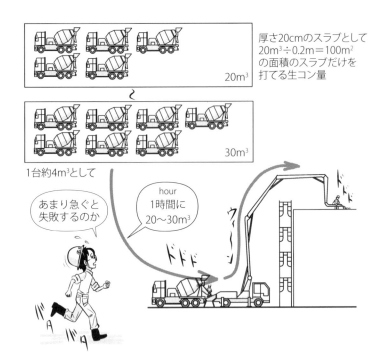

★ R274　縦型シュート

Q コンクリート打設において、高い柱や壁はどうやって打つ?

A 材料分離しない程度の高さなら、自由落下で打ちます。4.5mを超えるような高さなら、縦型シュートやホースを使う、高さの途中に打込み口をつくるなどの工夫をします。

自由落下させる場合、砂利だけ先に落ちるような材料分離が生じない高さであれば、そのまま打ち込みます。4.5～5m以上の高い柱や壁は、縦型シュートを使うか、途中に打込み口をつくります。

hopper：じょうご
chute：射水路

柱梁交差部は、右図のように鉄筋が入り組んでいることが多いので、そのすき間をぬうようにホースなどを挿入します。

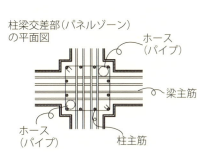

柱梁交差部（パネルゾーン）の平面図
- ホース（パイプ）
- 梁主筋
- ホース（パイプ）
- 柱主筋

壁への打込み

Q 壁への打込みの場合、ホースの位置を変えずにコンクリートを横流しする方法はなぜ悪い？

A 材料分離や沈みひび割れの原因となるので、横流しはいけません。横にホースを移動させながら、締め固めながら打ち込みます。

生コンの横流しは厳禁です。1カ所から一気に流すと、材料分離や沈みひび割れが発生しやすくなります。柱を通過させて横へ流すと、柱の鉄筋で砂利の流れが阻害され、モルタルだけ流れる材料分離が起きやすくなります。打込みは、上から下へ締め固めながら、余分な水や空気を追い出しながら行うのが基本です。

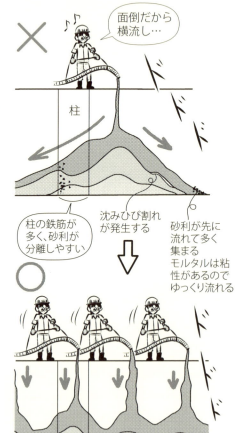

★ R276　梁への打込み

Q 下に柱や壁がある梁にコンクリートを打ち込む際に注意することは？

A 一気に打たずに、柱や壁のコンクリートが十分に沈んでから打ち込みます。

梁を柱や壁と一緒に一気に打つと、生コンが沈む際に空気を巻き込んで（エントラップトエア）、生コン内に空気が残りやすくなります。また柱や梁の生コンが下へ沈み、梁との間に空げきや割れができてしまいます。そこで、まず梁下まで打った後、生コンの沈みが落ち着いてから梁を打つようにします。

片持ちスラブへの打込み

Q 片持ちスラブや片持ち梁にコンクリートを打ち込む際に注意することは？

A 構造的に一体化するように、支持する構造体部分と一緒にコンクリートを打ち込みます。

片持ちのバルコニー、庇、床、梁などは、打継ぎを設けずに、それを支える本体と一緒に打ち込みます。持出し（キャンティレバー）の根元にかかる曲げモーメントは大きく、一体化していないと折れ曲がってしまいます。

★ R278 パラペットへの打込み

Q パラペットにコンクリートを打ち込む際に注意することは？

A パラペットを支持する構造体と、なるべく連続して打ち込みます。無理な場合は、パラペットの途中の高さまで連続して打ち込みます。

パラペットの立上がりは、屋根スラブと一体となるように、連続して打ち込みます。立上がりは鉛直方向の持出し（キャンティレバー）であり、構造的に一体となる必要があります。防水上も一体化が望ましいですが、施工は難しいところです。立上がり内側の型枠が浮いている形（<u>浮き枠</u>）となるので、立上がりが大きい場合は、2段階に分けて打ちます。

★ R279 鉛直打継ぎ部

Q 梁の鉛直打継ぎ部はどこに設ける？

A せん断力がほぼゼロになる、梁中央付近に設けます。

コンクリートは引張りとせん断に弱い性質があります。梁やスラブの途中で打ち継ぐには、<u>せん断力がゼロとなるスパン中央</u>か、曲げモーメントがゼロとなる端から<u>スパンの1/4の位置</u>とします。曲げでは、凸に曲がる側が引っ張られます。

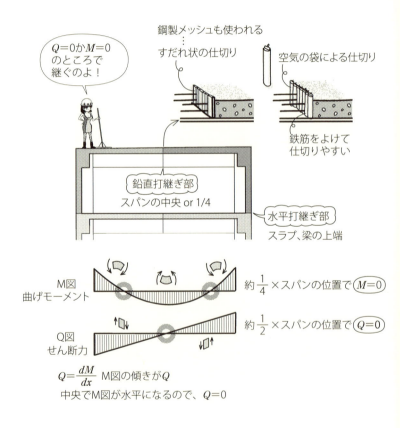

★ **R280** 水平打継ぎ部

Q 柱の水平打継ぎ部はどこに設ける？

A スラブ上端が一般的です。

下図のように、スラブ上で上階を打ち継いでいきます。よって柱や壁の水平打継ぎ位置は、スラブの上端となります。

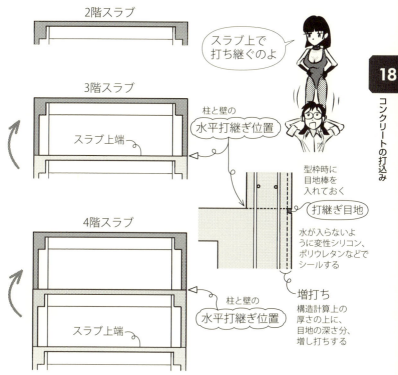

★ R281 打重ね時間

Q コンクリートの打重ね時間は、何分以内?

A 外気温が25℃未満では150分以内、25℃以上では120分以内です。

生コンを打ち重ねる場合、あまり時間をおくと、前に打った生コンが先に固まってしまい、一体化しなくなります。コールドジョイントと呼ばれます。打重ね時間は25℃未満では150分以内、25℃以上では120分以内とされています(JASS5)。
早く固まる暑い時期、昼休みなどの休憩をはさんだとき、高さのある吹抜けの壁を打つときなどに、コールドジョイントは発生しやすくなります。

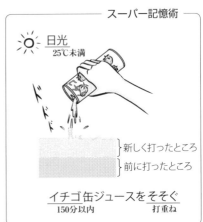

前にそそいだジュースの上に重ねてそそぐことをイメージして、打重ねを連想する。
生コン作業の積載荷重、構造体コンクリートの強度試験でも同じ語呂で覚えられる

【イチゴ缶ジュース をそそぐ】
- 生コン作業の積載荷重 ………… 1.5kN/m²
  (作業荷重+衝撃荷重)
- 構造体コンクリートの強度検査… 150m³ごとに1回
- 打重ね間隔の時間 ………… 150分

【 】内スーパー記憶術

R282　バイブレーター　その1

Q 輸送管ひとつにバイブレーター（棒形振動機）は何台以上？　バイブレーターの挿入間隔は何cm以下？

A 2台以上で、挿入間隔は60cm以下です。

材料分離がないように、型枠のすみずみまで生コンが行き渡るように、バイブレーター（棒形振動機）を挿入して振動を加え、液状化させます。砂質土の液状化と同様に、振動を加えると、全体が液体状になります。紙コップに水を含ませた砂を入れ、まわりからたたくと水が浮いてきて、液状化の様子がよくわかります。スランプの小さい硬練りの生コンも振動で流れやすくなります。輸送管ひとつに、バイブレーターは2台以上配置します（共仕）。

バイブレーター（棒形振動機）
vibrator

バイブレーターの挿入間隔は、60cm以下とされています（JASS5）。

――― スーパー記憶術 ―――

ロック(岩)になる前に振動させる
60cm以下間隔

18　コンクリートの打込み

★ R283 バイブレーター その2

Q バイブレーターの加振時間の目安は？ また、どのように引き抜くのがよい？

A 加振時間は、コンクリート表面にセメントペーストが浮き上がるまで。引抜きは、コンクリートに孔が残らないようにゆっくりと行います。

バイブレーターをかけると、ゴソゴソした生コンが液状化してサラサラ流れるようになります。振動で余分な空気や水を上に出し、骨材が詰まったところにセメントペーストを行き渡らせ、全体として均質で密度の高い状態にします。加振はセメントペーストが表面に浮き上がるまでとします。それ以上加振すると、砂利が下に、水が上に分離してしまいます。引抜きはゆっくりと、生コンに孔が残らないように行います。

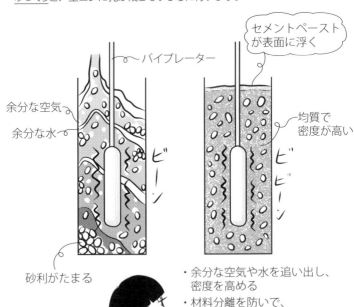

バイブレーター その3

Q バイブレーターの加振時間は、1カ所に何秒程度？

A 1カ所で5～15秒程度です。60秒加振すると、材料分離が起こります。

バイブレーターの加振時間は、1カ所5～15秒とされています（JASS5）。バイブレーターを10秒程度かけると、余分な空気や水を追い出し、材料を均質化して、密度を高めます。さらに加振するとさらなる液状化が進み、砂利が沈み、水が浮いて、材料が逆に進んでしまいます。

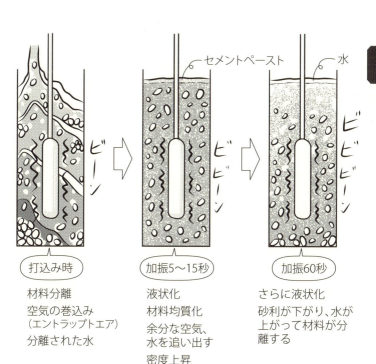

打込み時	加振5～15秒	加振60秒
材料分離 空気の巻込み （エントラップトエア） 分離された水	液状化 材料均質化 余分な空気、 水を追い出す 密度上昇	さらに液状化 砂利が下がり、水が 上がって材料が分 離する

- entrap：わなにかける。捕捉する　エントラップトエアは、trap（わな）にかけられた空気で、打込み時に巻き込まれた空気。エントレインドエアは、train（列車）に載せるように搭載された空気で、AE剤などで最初から計画的に入れられた、小さな気泡の空気です。

★ R285 バイブレーター その4

Q バイブレーターの先端を、先に打ち込まれたコンクリート内にも入れるのはなぜ？

A 先に打ち込まれた層内に挿入して、上層と一体化させるためです。

壁は一気に打たずに、部屋の周囲を回しながら、徐々に高く打っていきます。その際、前に打った上に打ち重ねることになります（回し打ち）。固まりはじめた下層に打ち重ねると、コールドジョイントができやすくなります。そこで前に打った下層にもバイブレーターをかけて、再度液状化させ、上層と一体化させます。このようにしても、型枠をはずすと所々にコールドジョイントを見つけて、がっかりすることがあります。特に高さのある吹抜けの壁は要注意です。

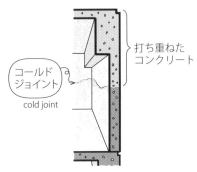

打ち重ねたコンクリート
コールドジョイント
cold joint

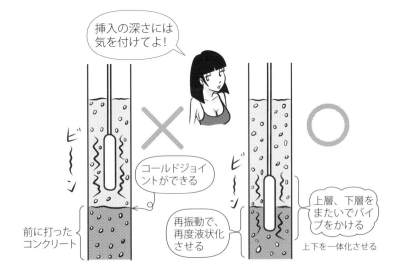

挿入の深さには気を付けてよ！

前に打ったコンクリート
コールドジョイントができる
再振動で、再度液状化させる
上層、下層をまたいでバイブをかける
上下を一体化させる

バイブレーター　その5

Q バイブレーターの再振動可能時間と打重ね時間との関係は？

A 再振動可能時間は、打重ね時間の150分以内（25°C未満）、120分以内（25°C以上）と同じです。

打重ね時間間隔の150分以内、120分以内は、バイブレーターの再振動可能時間で決められています。それ以上時間をおくと、前に打った生コンが固まってきて、バイブレーターが入らなかったり、入っても振動に効果がなくなったりします。

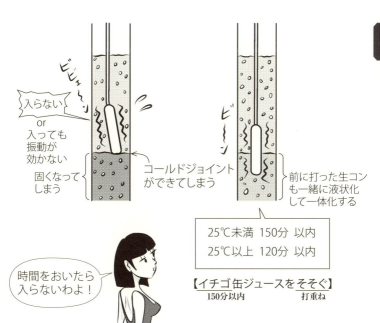

【　】内スーパー記憶術

R287　型枠振動機、突き棒、たたき

Q コンクリート締固めをするものには、バイブレーターのほかに何がある？

A 型枠振動機、突き棒、たたき（木づち）などがあります。

締固めは、余分な空気や水を追い出して密度を上げ、材料分離を防ぎ、型枠の隅々まで生コンを行き渡らせるために行います。棒形振動機（バイブレーター）のほかに、型枠に取り付ける型枠振動機、突き棒、たたき（木づち）などを使います。

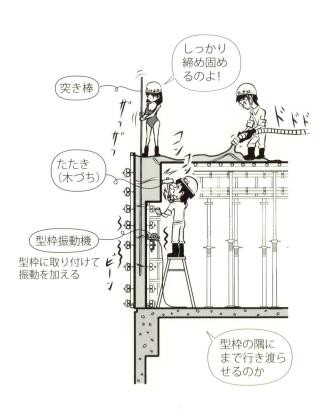

R288 スペーサーの脱落

Q 打込み時にスペーサーが脱落して、かぶり厚さが不足した箇所を発見した場合はどうする?

A 作業を中断して、鉄筋の位置などの修正を行います。

生コンを打ち込む圧力、バイブレーターや作業の振動、バイブレーターが直接当たるなどで、スペーサー、鉄筋、型枠がずれたり、はずれたりするおそれがあります。はずれた場合は、作業を中断して、修正を行います。バイブレーターや突き棒を挿入する際は、スペーサー、鉄筋、型枠に当てないように気をつけます。たたき（木づち）は、生コンの入っていないところをたたかないように、生コンの流れる音をよく聞き、スラブ上の作業員と連絡を取り合う必要があります。

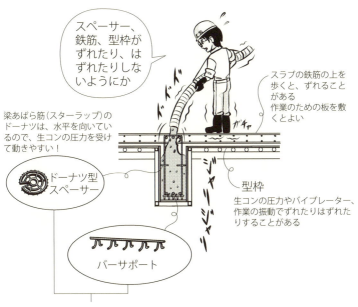

床スラブの打込み　その1

Q 床スラブは打込み後に何をする？　またタンピング（突固め）は凝結の前と後のどちらに行う？

A 打込み後に荒均しを行います。またタンピングは凝結する前に行い、余分な空気や水を追い出します。

生コンを打ち込んだ後に、荒均しをして平らにして、固まりはじめる（凝結する）前に生コン表面を突き固めます（タンピングします）。凝結した後にやると、生コン内部の余分な空気や水を追い出せず、またブリーディング（砂利が沈み水が浮く）による沈下やひび割れを直せなくなります。タンピングは凝結前に行います。

- コンクリートを「打ち込む」と、なぜ「打つ」が付くかというと、この突固めの作業があるからです（R291参照）。実際は「流し込み」に近く、タンピングがあまりされておらず、ひび割れの原因となっています。

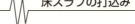

Q 床スラブは打込み後にタンピングを行い、その後どうする？

A 定規や金ゴテで、平滑に均します。

足で踏む、タンパーでたたくなどのタンピング（突固め）の後に、定規や金ゴテできれいに平らに均します。金ゴテで押えた後に直（じか）に長尺塩ビシートなどを貼る「コンクリート金ゴテ直押え」（コンクリート一発押え）は、均しモルタルを省略できるので、よく行われます。

- タンピングをしっかりするか否かで、コンクリートの出来が大きく違ってきます。金ゴテで「均す」だけでなく「押え」て圧力をかけ、密度を上げます。生コン打ちは、朝、壁の下からはじめて、スラブ上は夕方になってしまい、急ぎがちです。夜、投光機の中でコテ押えすることもありますが、手を抜けないところです。

R291 締固め、突固めの重要さ

同じ調合の生コンでも、充てん、締固め、突固めをするかしないかで、天と地ほどの違いがあります。28日後の強度、密度の大小のほかに、何年、何10年にわたってのひび割れや中性化にも影響します。供試体（テストピース）をつくる際、突き棒で突くか否かで、その結果を大げさに表現してみました。明治時代ではコンクリートを「打ち込んで」いたのが、現在では「流し込み」に近く、締固め、突固めが不十分で、ひびが入りやすい例が多くなっています。

- 締固め、突固めのほかに、湿潤養生も強度に大きく関係します。供試体の場合、20±3℃で一定に保たれた水の中で、理想的に養生（標準養生）します。

ひび割れ その1

Q 打込み後に沈下ひび割れが発生した場合、どうする？

A すみやかにタンピングによりひび割れをなくします。

水が上にしみ出て骨材が下へと下がるブリーディングは、打込み後に進行がはじまり、下図のような沈下ひび割れを発生させます。固まりはじめる前、ブリーディングが収まりかけたときに、突き固めて（タンピング）、ひび割れをなくし、鉄筋や砂利の下にたまった水や空気を追い出しておきます。沈下ひび割れは、ブリーディングが大きいほど大きくなるので、水セメント比を小さく、硬練りにするのも効果的です。<u>硬練りの生コンをしっかり充てん、締め固め、突き固めて、十分な湿潤養生をするのが、良いコンクリートをつくるポイントです。</u>

ブリーディングで軽い水が上がり表面にしみ出る

レイタンス あくのような細かい不純物

沈下ひび割れ

鉄筋

鉄筋の下に水や空気

砂利の下に水や空気

ブリーディングで重い砂利が下がる

ひび割れが鉄筋に到達しているので、さびやすい。さびると膨張して割れがさらに進む

下がってくるのか

― スーパー記憶術 ―

骨材 <u>分離</u>
　　　ブリーディング

<u>タンス</u>の上の<u>微細なホコリ</u>
レイタンス　上がってくる小さな不純物

bleed：(血などの)液体を出す。
blood(血)の動詞形で
水がしみ出ることを表す

18 コンクリートの打込み

ひび割れ　その2

Q 打込み後にプラスチック収縮ひび割れが発生した場合、どうする？

A すみやかにタンピングによりひび割れをなくします。

打ち込んですぐの生コンは、まだ軟らかく、どんな形にも変形できる、プラスチックな（plastic：可塑性のある）状態です。打込み後の急激な水分蒸発で収縮してできる、浅くて細かいひびを、プラスチック収縮ひび割れといいます。乾燥収縮ひび割れの一種ですが、何年もかかって大きく割れるのではなく、打ち込んですぐに細かく割れます。固まりはじめる前に、すみやかにタンピングで突き固めて、プラスチック収縮ひび割れを防ぎます。プラスチック収縮ひび割れは、急激に乾燥する暑いときに生じやすくなります。

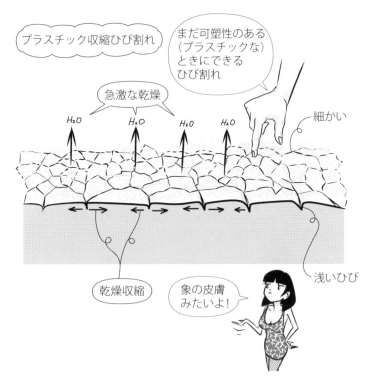

★ R294　ひび割れ　その3

Q 下図のような亀甲状、マップ状のひび割れは、何による？

A アルカリ骨材反応によるひび割れです。

アルカリシリカゲルが吸水してできるアルカリ骨材反応によるひび割れは、設問の図にあるような亀甲状、マップ状の形となります。吸水して膨張する骨材を起点にして四方に放射状に広がるひび割れです。

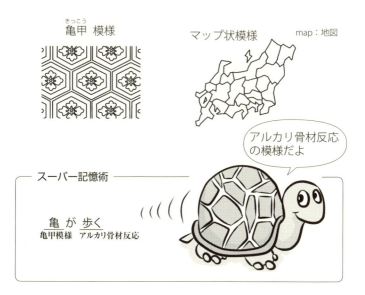

- アルカリシリカゲル：水に溶けると水酸化物イオン OH^- を出す物質をアルカリといい、アルカリとシリカ（SiO_2）が反応して生成する物質がアルカリシリカゲル（Na_2SiO_3）です。

R295　ひび割れ　その4

Q アルカリシリカ反応試験で無害でないと判定された骨材でも、使える場合とは？

A コンクリート中のアルカリ総量が$3kg/m^3$以下にできれば使えます。

水に溶けたときに水酸化物イオン（OH^-）が生じる物質を、アルカリといいます。Na、K、Ca、Mgなどがアルカリです。そして水酸化物イオンを有する性質を、アルカリ性（塩基性）と呼びます。セメント中のアルカリが骨材中のシリカ（SiO_2など）と反応して、吸水性のアルカリシリカゲル（Na_2SiO_3など）を生成します。これはアルカリシリカ反応、アルカリ骨材反応と呼ばれます。そのアルカリシリカゲルが吸水して膨張し、コンクリートを壊してしまいます。アルカリシリカ反応試験で無害の骨材がよいのですが、無害でないと判定された骨材も、コンクリートのアルカリ量が$3kg/m^3$以下ならば使用可とされています（建設省住指発平1）。

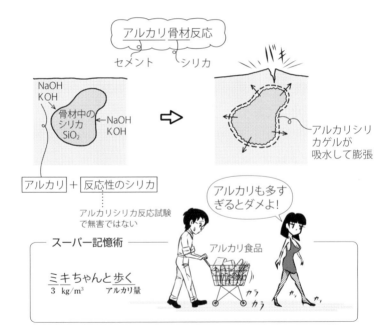

- 周期表の一番左側のNa、Kはアルカリ金属、2列目のCa、Mgはアルカリ土類金属といいます。

ひび割れ その5

Q アルカリ骨材反応を抑制するために、どんなセメントを使うとよい？

A アルカリ量の少ない、高炉セメントB種、C種、フライアッシュセメントB種、C種などの混合セメントを使います。

アルカリ骨材反応の原因には、①反応性の骨材、②高いアルカリ量が代表としてあげられます。①の対策として反応性骨材を使わない、②の対策としてはアルカリ量の少ないセメントを使うことです。普通ポルトランドセメントを使う場合は、コンクリート1m³中のアルカリ量（Na_2O換算）を3kg以下とする、アルカリ量の少ない、水和時にアルカリを消費する混合セメントを使うなどです。

Point

アルカリ骨材反応

原因　　　　　　　　　対策

① 反応性骨材 ──→ 反応性骨材を使用しない

② 高いアルカリ量→ ｛ コンクリートのアルカリ量を3kg/m³以下
　　　　　　　　　　　混合セメントB種、C種を使う

混合セメントでは、普通ポルトランドセメントに混合する量はA種＜B種＜C種の順です。アルカリ骨材反応に効果があるのはB種、C種です。

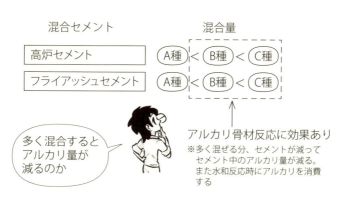

コンクリートは引張り強度が圧縮強度に比べて1/10しかなく、引っ張られた際にひび割れが起きやすいのが弱点です。ひび割れの種類を、ここでまとめておきます。

（収縮）

乾燥収縮ひび割れ

水の蒸発で収縮
最も多いひび割れ

（対策）
・単位水量を減らす
・水セメント比の小さい硬練りの生コンを、しっかりと締め固め、突き固め、十分に湿潤養生し、緻密な組織とする
・骨材を石灰岩の砕石とする
・収縮低減剤、膨張材を使う

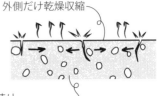

外側だけ乾燥収縮
内側は収縮しないで拘束

プラスチック収縮ひび割れ

乾燥収縮ひび割れの一種
表面水の蒸発で収縮

（対策）
・すぐにタンピングして均す
・直射日光が当たらないようにする

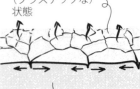

まだ可塑性のある（プラスチックな）状態
内側は収縮しないで拘束

自己収縮ひび割れ

セメントが水和で収縮

（対策）
・単位セメント量を減らす

セメント粒子が自己収縮

温度ひび割れ

温度による膨張収縮

（対策）
・単位セメント量を減らす
・低熱性のセメントを使う
・表面だけ冷えないように保温養生する

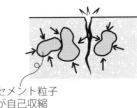

外側は冷えて収縮
内側は膨張したまま
水和熱

ひび割れ その6

(膨張)

鉄筋のさびによるひび割れ

中性化でさびて膨張

(対策)
- かぶり厚さをしっかりとる
- CO_2が入りにくいような仕上げをする

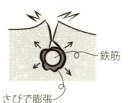

凍結融解によるひび割れ

凍結で水が膨張、融解で収縮

(対策)
- 断熱性のあるシートなどをかぶせて、保温養生する
- 建物全体を囲って、ジェットバーナーなどで温める
- 水が浸入しないように、緻密なコンクリートとする

アルカリ骨材反応によるひび割れ

アルカリシリカゲルが吸水して膨張

(対策)
- コンクリートのアルカリ量を3kg/m³以下に抑える

(沈下)

沈下ひび割れ

重力によって沈下

(対策)
- すぐにタンピングして均す

★ **R298** ひび割れの形 その1

Q 下図のうちで、乾燥収縮ひび割れはどれ？

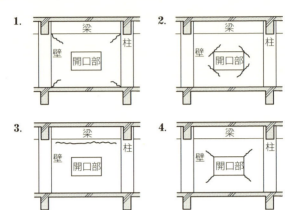

A 窓の角から対角方向に入った4.が、乾燥収縮ひび割れです。

同じ収縮率で縮む場合、距離が長い方がより大きく収縮します。柱、梁、スラブは変形を拘束し、窓は変形しません。窓の角は拘束が最も少ない部分、変形に対して弱い部分なので、ひび割れの起点となります。よって窓の角から対角方向に、ひび割れが入ることになります。

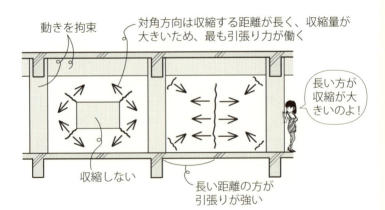

ひび割れの形　その2

Q 以下の図のひび割れの原因は？（水平荷重の場合）

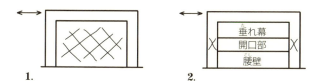

1.　　　　　　　　2.

A 両者とも、水平荷重によるせん断ひび割れです。

四角形を平行四辺形にずらそうとする力を、せん断力といいます。構造によるひび割れは、下図のように変形を大げさに考えるとわかりやすいです。平行四辺形の長い方の対角線方向に延びるので、延びる方向に引っ張られ、引張りと直交方向にひびが入ります。地震による水平力は左右からかかるので、ひび割れの形はバッテン（×）となります。

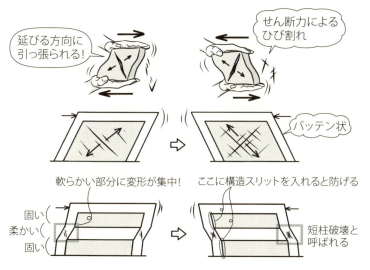

- 著者が担当したリフォーム工事で、RC壁を塗装し終えた夜に地震がありました。翌朝見たら、大きなバッテン状のクラックが入っていて、補修して塗装をやり直したことがあります。

★ / R300 / ひび割れの形 その3

Q 下図のような力が働く場合、柱梁接合部（パネルゾーン）に入るひび割れはどちら？

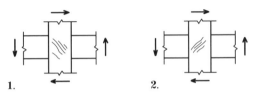

A 柱のせん断ひび割れとは逆方向に、2.のようにひび割れます。

ラーメンに左から水平力がかかって、柱が右に倒れるケースです。柱梁を大げさに平行四辺形に変形させれば、柱梁のひび割れはわかります。しかし、柱梁接合部（パネルゾーン）は、柱の両側を梁で押えられた特殊な部位です。力のかかり方と変形がそこだけ変わります。

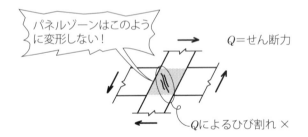

梁から右に倒れる変形を押えようとする力が働き、パネルゾーンには柱とは逆向きの Q が働きます。変形がわかりにくい場合は、下図右のように、鉄筋の引張りを考えると想像しやすくなります。

ひび割れの形 その4

Q 下図のような力が働く場合、ひびの入り方は正しい?

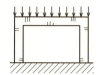
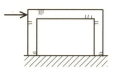

1. 鉛直荷重による柱および梁の曲げひび割れ
2. 水平荷重による柱および梁の曲げひび割れ

A 1.は正しく、2.は間違っています。

曲げモーメント M がかかると、凸の側が引っ張られ、凹の側が圧縮されます。コンクリートの引張り強度は圧縮の1/10しかなく、すぐに割れてしまいます。M図の側は凸に変形する側なので、M図の側に部材に垂直にひびが入ります。

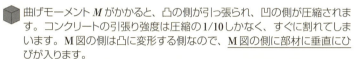
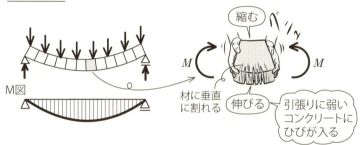

門形ラーメンのM図と変形は下図のようになり、M図の側、すなわち凸に変形する側にひび割れが材に直角に生じます。このM図と変形は考えてもなかなか難しいので、まるごと覚えてしまいましょう。

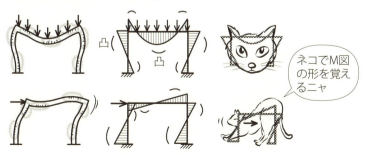

ひび割れの形 その5

せん断、曲げによるひび割れをまとめておきます。せん断は平行四辺形に変形して対角方向に引っ張られ、曲げは扇形に変形して凸側が引っ張られます。乾燥収縮ひび割れなどと、合成されることもあります。

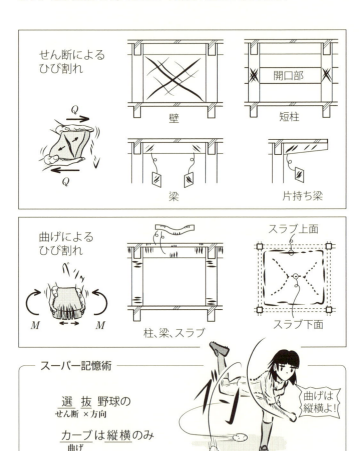

── スーパー記憶術 ──

<u>選 抜</u> 野球の
せん断 ×方向

<u>カーブ</u>は 縦横のみ
曲げ

曲げは縦横よ！

ひび割れ誘発目地　その1

Q 非耐力壁に設けるひび割れ誘発目地では、壁のコンクリートや鉄筋をどうする？

A 壁内部にコンクリートの欠損部分をつくったり、壁横筋を1本おきに切断して、ひび割れが集中するようにします。

紙を引きちぎる場合、事前にミシン目を入れておくと、そこからきれいにちぎれます。

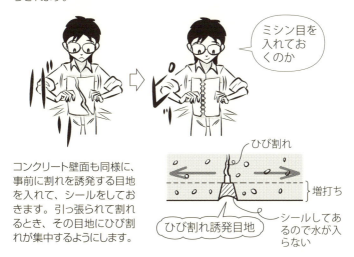

コンクリート壁面も同様に、事前に割れを誘発する目地を入れて、シールをしておきます。引っ張られて割れるとき、その目地にひび割れが集中するようにします。

目地の壁体に下図左のように孔あきの鋼板を入れたり、右図のように横筋を部分的に切断して構造的な弱点をつくるのは、ひび割れを誘発するのに効果的です。

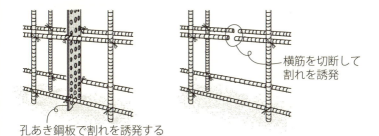

ひび割れ誘発目地　その2

Q ひび割れ誘発目地で囲まれた面積は何 m^2 以下？　また辺長比はいくつ以下？

A 面積は $25m^2$ 以下、辺長比は 1.25 以下とします。

柱、梁、誘発目地で囲まれた1枚の壁の面積は $25m^2$ 以下とし、1枚の壁の面積が小さい場合を除いて、その辺長比は 1.25 以下を原則とするとされています（鉄筋コンクリート造建築物の収縮ひび割れ制御設計・施工指針（案）同解説）。

壁が広くて長いと、その分収縮が大きくなり、ひび割れが入りやすくなるからです。

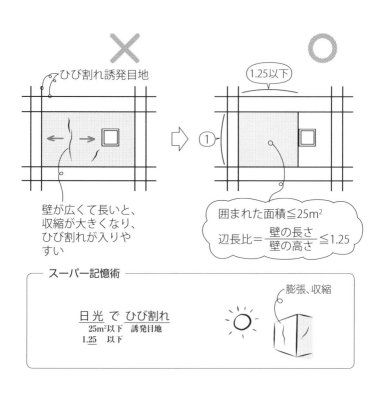

- 辺長比とは一般に、長辺の長さ／短辺の長さです。

R305 床スラブの墨出し

Q スラブを打込み後、スラブ上にて墨出し作業を行えるのは何時間後？

A 24時間後です。

打込み直後は生コンにはまだ強度が出ていないので、振動、外力を加えるとひび割れやひずみの原因となります。急いで墨出しをする場合でも、24時間以上たってから行います。

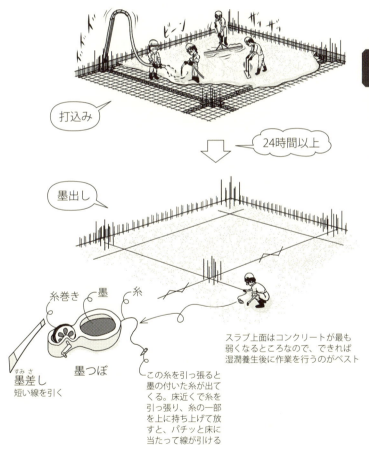

打込み

24時間以上

墨出し

糸巻き　墨　糸

墨差し
短い線を引く

墨つぼ

スラブ上面はコンクリートが最も弱くなるところなので、できれば湿潤養生後に作業を行うのがベスト

この糸を引っ張ると墨の付いた糸が出てくる。床近くで糸を引っ張り、糸の一部を上に持ち上げて放すと、パチッと床に当たって線が引ける

打継ぎ面の処理　その1

Q コンクリート打継ぎ面は、新たなコンクリートを打ち込む前にどうする？

A 高圧洗浄し、レイタンスや脆弱なコンクリートを取り除きます。

スラブ上面の生コンは、ブリーディングで水が多く、水と一緒に浮いてくる微細な不純物（レイタンス）もたまっています。また、水が多いので、コンクリートの強度、密度ともに低い、脆弱なコンクリートとなっています。そこで打ち上がってある程度固まってから、高圧洗浄をかけたり、ワイヤブラシでこすって、表面のレイタンスや弱いコンクリートを取り除きます。場所打ちコンクリート杭で杭頭をはつるのも、同様の意味があります。

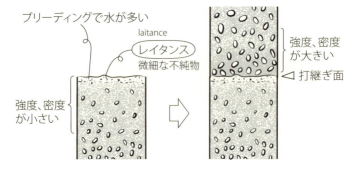

laitance：laitはフランス語で乳。laitanceはセメント表面にできた乳白色の層、乳皮。生コン中の微粒子、微粉末があくのようにブリーディング水で一緒に浮いてきたもの

R307 打継ぎ面の処理　その2

Q コンクリート打継ぎ面は、乾燥させる？　湿潤させる？

A 打継ぎ面はセメントの水和反応が阻害されないように、乾燥させずに湿潤にします。

打継ぎ面のレイタンスや脆弱なコンクリートを取り除いた後、スラブ上面は散水やむしろなどをかけて湿潤養生します。上階の鉄筋、型枠を組んだ後に、散水して型枠が生コンの水を吸わないようにします。打継ぎ面も湿らせてから打ち込みます。乾燥させると生コンから水が抜けて、コンクリート表面の強度が下がってしまいます。また気泡を巻き込みやすくなります。

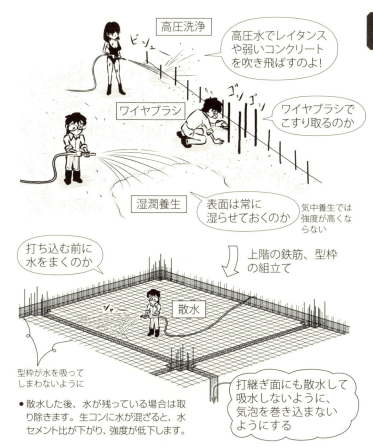

- 散水した後、水が残っている場合は取り除きます。生コンに水が混ざると、水セメント比が下がり、強度が低下します。

湿潤養生　その1

Q コンクリート打込み後、コンクリート表面はどうする？

A 散水してむしろや養生マットなどで覆い、湿潤養生を行います。

コンクリートは、打込みや養生の仕方によって、強度が違ってきます。下のグラフで、供試体はなるべく長く水中養生した方が、強度が上がり続けます。実際の建物では、スラブ上に水をためる湛水（たんすい）養生が、最も水中養生に近くなります。散水してむしろやシート、マットなどをかぶせる湿潤養生は、それに次ぐ養生です。せき板をはずすと、壁や柱の面は気中養生となってしまいます。なるべく長くせき板をはずさない、はずした際にはビニールのシートを表面に貼って、水分の蒸発を防ぐのが効果的です。締固め、突固め（タンピング）をしっかり行い→コンクリート表面を密実にし、水分の蒸発を防ぎます。セメントの緻密な水和組織はガラス質となって、硬化後に水や二酸化炭素の浸入を防ぎます。

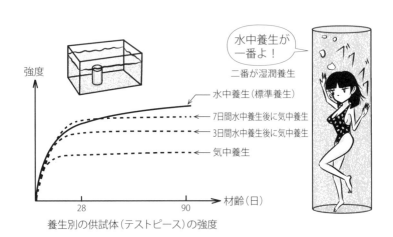

養生別の供試体（テストピース）の強度

● 湛水（たんすい）養生は冠水（かんすい）養生ともいいます。

R309 湿潤養生　その2

Q 散水や膜養生剤による湿潤養生は、いつから行う？

A 散水による養生は、コンクリートが凝結してから。養生膜剤による養生は、ブリーディングが終了してから行います。

凝結とは、液体から固体になること（正確には凝固）。固体から液体になるのは、融解といいます。生コンは24時間もすると、上で墨出しができるほど固まり、凝結します。その後、強度は徐々に上がっていきます。設問の凝結とは、打設後、指で押しても跡がつかない程度の時点です。そこまで固まったら、<u>直ちに散水し、ビニールシートや湿ったむしろをかぶせて湿潤養生させます</u>。

膜養生剤（被膜養生剤）は、ブリーディング終了後、ブリーディング水が消失した時点で散布します。高分子有機化合物（ポリマー）が膜となり、水分の蒸発を抑える働きをします。

★ R310　　　　　　湿潤養生　その3

Q 天気の良い日などで、打込み後の急速な乾燥によるひび割れを防ぐには？

A 膜養生剤を散布する膜養生が有効です。

水セメント比の大きい生コンを、天気の良い暑い日や風の強い日に打つと、急速な乾燥によるひび割れが発生してしまいます。シートをかぶせるにも、まだ固まっていないので、表面を荒らしてしまいます。そこで、生コン表面に膜養生剤（被膜養生剤）を、ブリーディングが終わった後にまきます。高分子有機化合物（ポリマー）の薄い被膜が、水分の蒸発をブロックして、ひび割れを防ぎます。また湿気を閉じ込めるので、湿潤養生ともなります。

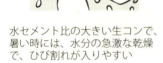

打込み直後のひび割れ対策に有効なのか

膜養生剤（被膜養生剤）乳白色の液体

水分の蒸発　乾燥収縮ひび割れ

水分の蒸発を膜でブロック！　高分子有機化合物（ポリマー）の膜

水セメント比の大きい生コンで、暑い時には、水分の急激な乾燥で、ひび割れが入りやすい

まだ固まる前（凝結前）に、膜養生剤を生コン表面にかける

湿潤養生 その4

★ R311

Q 打込み後のコンクリートが透水性の小さいせき板で保護されている場合は、湿潤養生となる？

A はい。せき板が乾燥を防ぐので、湿潤養生となります。

ウレタン塗装コンパネのように、透水性の小さいせき板の場合、湿気が抜けにくく、内部のコンクリートは湿潤養生の状態となります。供試体をビニールなどで包んだ封かん養生に近くなります。せき板をはずした後に、表面にビニールシートを張るなどすると、湿気が抜けにくくなり、効果的です。工事を急ぐあまり、早くせき板をはずしてしまわない方が、強度、密度、耐久性のためには良いといえます。

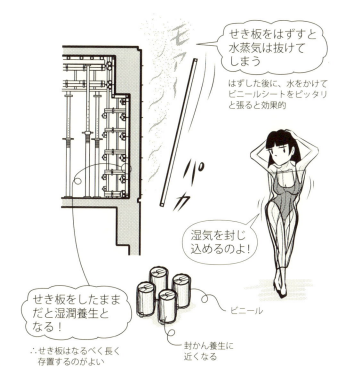

湿潤養生 その5

Q 寒中コンクリート、暑中コンクリートでは養生はどうする？

A 寒中コンクリートでは、加熱養生しながら散水などの湿潤養生を行います。暑中コンクリートでは、ブリーディングが終了した時点で、早めに、膜養生剤か水の噴霧による湿潤養生を行います。

寒中コンクリートでは、仮囲いをしてジェットバーナーで温めるなどの、加熱養生を行います。生コンの水が凍ると、水和反応ができなくなり、また氷になって体積膨張してコンクリートを壊してしまうからです。加熱すると水分が蒸発しやすいので、散水などの湿潤養生が大切です。

暑中コンクリートでは、生コンは早く固まり、水は早く蒸発します。湿潤養生も早めに、ブリーディング終了時から行います。凝結していないうちに、散水するとコンクリート面が荒れるので、膜養生剤か水の噴霧で湿潤養生を行います。

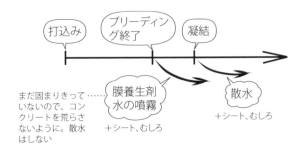

★ R313 養生期間 その1

Q 普通ポルトランドセメントで計画供用期間が標準、長期の場合、湿潤養生期間は何日以上？

A 標準で5日以上、長期で7日以上です。

生コンは急激に乾燥させると、セメントの水和反応がしっかり進行せずに強度が低下し、また水和反応に不要な余剰水が一気に蒸発して、乾燥収縮ひび割れを起こします。散水してシートをかぶせる、湿ったむしろをかぶせる、プラスチックのフィルムを表面に張るなどの、<u>湿潤養生</u>が必要となります。

湿潤養生期間はJASS5では以下のように定められており、<u>普通ポルトランドセメントで標準では5日以上、長期では7日以上</u>とされています。

湿潤養生の期間 （JASS5）

セメントの種類 \ 計画供用期間の級	短期および標準	長期および超長期
早強ポルトランドセメント	3日以上	5日以上
普通ポルトランドセメント	5日以上	7日以上
中庸熱および低熱ポルトランドセメント、高炉セメントB種、フライアッシュセメントB種	7日以上	10日以上

--- スーパー記憶術 ---

週<u>5日</u> ビールで<u>湿潤養生</u>！
7日 5日

（週5日 仕事の後は湿潤養生！）

★ R314　養生期間　その2

Q 普通ポルトランドセメントで計画供用期間が短期の場合、湿潤養生期間は何日以上？

A 標準と同じで、5日以上です。

短期、標準ともに、普通ポルトランドセメントにおける湿潤養生は5日以上とされています（JASS5）。

【週5日 ビールで湿潤養生！】
　7日　5日

湿潤養生の期間　　　　　　　　　　　　　　（JASS5）

セメントの種類	計画供用期間の級　短期および標準	長期および超長期
早強ポルトランドセメント	3日以上	5日以上
普通ポルトランドセメント	5日以上	7日以上
中庸熱および低熱ポルトランドセメント、高炉セメントB種、フライアッシュセメントB種	7日以上	10日以上

【　】内スーパー記憶術

養生期間 その3

Q 高炉セメントB種で計画供用期間が標準の場合、湿潤養生期間は何日以上？

A 7日以上です。

混合セメントB種は、強度が出るのに日数がかかります。せき板存置期間（R143参照）と同様に、湿潤養生期間は普通ポルトランドセメントよりも長く必要となります。「標準」では、普通ポルトランドセメントが5日以上のところ、高炉セメントB種では7日以上とされています。

湿潤養生の期間　　　　　　　　　　　　　　　　　(JASS5)

セメントの種類	計画供用期間の級 短期および標準	長期および超長期
早強ポルトランドセメント	3日以上	5日以上
普通ポルトランドセメント	5日以上	7日以上
中庸熱および低熱ポルトランドセメント、高炉セメントB種、フライアッシュセメントB種	7日以上	10日以上

― スーパー記憶術 ―

棍棒は長い！
混合 B　普通より長い

★ R316　　　　　　　　　　　　　　　　　　　　　　　　養生湿度

Q 外気温の低い時期では、初期養生期間におけるコンクリートの温度は？

A 2℃以上です。

生コンを寒気にさらすと、セメントの水和反応が進まず、強度が出にくくなります。また0℃以下だと生コン中の水が凍結し、膨張してコンクリートを破壊してしまいます（凍害）。水は凍ると、体積が約10%膨張します。打込み後5日間以上は2℃以上に保つとされています（JASS5）。早強ポルトランドセメントを用いる場合は3日間以上でOKです。湿潤養生期間は、標準で普通ポルトランドセメント5日以上、早強ポルトランドセメント3日以上となっているので、それと対応しています。

― スーパー記憶術 ―

週 5日 ビールで湿潤養生！　　つまみはニシン

★ R317　養生と強度　その1

Q 湿潤養生を打ち切ることができる圧縮強度は、普通ポルトランドセメントで計画供用期間が短期、標準の場合、何N/mm²以上になったとき？

A 10N/mm²以上で、湿潤養生をやめられます。

早強、普通、中庸熱ポルトランドセメントを用いる場合、コンクリートの圧縮強度が、計画供用期間が短期、標準の場合は10N/mm²以上、長期、超長期の場合は15N/mm²以上に達したら、湿潤養生を打ち切ることができます（JASS5）。ちなみにせき板をはずせるのは5N/mm²以上です【コンコンせきをする】（R137参照）。

湿潤養生の期間（JASS5）

この日数より短くても、所定の強度が出ていれば、湿潤養生をやめてもOK!

セメントの種類	計画供用期間の級 短期 および 標準	長期 および 超長期
早強ポルトランドセメント	3日以上	5日以上
普通ポルトランドセメント	5日以上	7日以上
中庸熱および低熱ポルトランドセメント、高炉セメントB種、フライアッシュセメントB種	7日以上	10日以上

短期、標準……10N/mm²以上
長期、超長期…15N/mm²以上
ならば湿潤養生打ち切り可

【週5日 ビールで養生】

10N/mm²以上ならば5日未満でもOK!

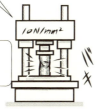

強度が出ればやめてもいいのか

― スーパー記憶術 ―
湿 潤
10 N

【　】内スーパー記憶術

★ R318　養生と強度　その2

Q 早強ポルトランドセメントを使うと、湿潤養生期間を、普通ポルトランドセメントよりも短くできる？

A 早く強度が出るので、湿潤養生期間を短くできます。

湿潤養生の期間は、普通ポルトランドセメントは5日以上、早強ポルトランドセメントは3日以上とされています。強度で打ち切りを決める場合は両者とも10N/mm²以上です。

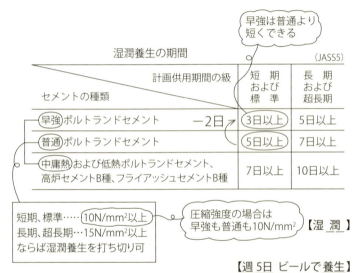

湿潤養生の期間　(JASS5)

セメントの種類	計画供用期間の級 短期および標準	長期および超長期
早強ポルトランドセメント	3日以上	5日以上
普通ポルトランドセメント	5日以上	7日以上
中庸熱および低熱ポルトランドセメント、高炉セメントB種、フライアッシュセメントB種	7日以上	10日以上

早強は普通より短くできる　−2日

短期、標準……10N/mm²以上
長期、超長期…15N/mm²以上
ならば湿潤養生を打ち切り可

圧縮強度の場合は早強も普通も10N/mm²

【湿　潤】

【週 5日 ビールで養生】

早強は早く10N/mm²になる

早強ポルトランドセメントを用いたコンクリート

普通ポルトランドセメントを用いたコンクリート

同じ10N/mm²でも日数は違う

3日 5日

材齢(日)

【　】内スーパー記憶術

養生と強度 その3

Q 寒中コンクリートでは初期凍害を防ぐ初期養生は、何 N/mm² まで行う？

A 5N/mm² まで行います。

生コンが硬化しはじめるときに水が凍ると、水和反応ができず、また水が凍って膨張するので、強度が著しく低下します。その後に加熱しても強度が戻りません。そこで4℃以下で打つ寒中コンクリートの場合、初期凍害を受けないように初期養生を行います。初期養生は、圧縮強度が5N/mm²を得られるまでとされています（JASS5）。初期養生のほかに、セメントが水和するための湿潤養生が必要です。

寒中コンクリート……4℃以下で打つ凍害のおそれのあるコンクリート
- 初期養生……初期凍害を防ぐ 5N/mm²まで
- 湿潤養生……普通「標準」5日以上、「長期」7日以上　【週 5日 ビールで 養生】
  　　　　　　早強「標準」3日以上、「長期」5日以上

★ R320　養生と強度　その4

Q 寒中コンクリートでは、初期強度を確保するために、早強ポルトランドセメントを使う？　またセメントを加熱する？

A 早強ポルトランドセメントを使うのは有効ですが、セメントは加熱すると凝結するのでやってはいけません。

寒中コンクリートは、5N/mm²に達するまでは、初期養生として凍結防止に厳格に対処します。その後継続養生として、上屋で囲ってバーナーを焚くなどの加熱養生、断熱シート、マットをかける断熱養生、水分の蒸発と風を防ぐためにシートをかぶせる被覆養生を行います。初期養生と継続養生を合わせて、保温養生といいます。

温度が低いと右上のグラフのように初期強度が出にくいので、早強ポルトランドセメントを使うのは効果的です。

セメントを加熱すると、急に凝結するので、不可です。水、骨材を加熱するのは可能ですが、骨材は直接火に当てず、スチーム配管などで温めます。

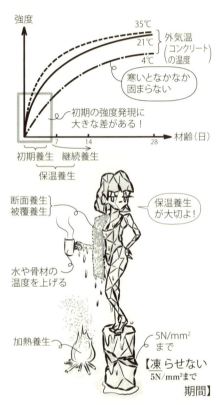

初期の強度発現に大きな差がある！

寒いとなかなか固まらない

外気温（コンクリートの温度）35℃／21℃／4℃

初期養生 7　継続養生 14　28　材齢（日）
保温養生

保温養生が大切よ！

断面養生
被覆養生

水や骨材の温度を上げる

加熱養生

5N/mm²まで

【凍らせない 5N/mm²まで】期間

【　】内スーパー記憶術

★ R321 仕上がり その1

Q 塗装仕上げを行う場合、仕上がりの平坦さはどれくらい？

A 長さ3mにつき7mm以下です。

コンクリートの仕上がりの平坦さは、JASS5では以下のように規定されています。塗装やビニールクロス直張りのように、コンクリート面が直接仕上がり面として出る場合、長さ3mにつき7mm以下とされています。

コンクリートの仕上がりの平坦さの標準値 (JASS5)

コンクリートの内外装仕上げ	平坦さ（凹凸の差）(mm)
仕上げ厚さが7mm以上の場合、または下地の影響をあまり受けない場合	1mにつき10以下
仕上げ厚さが7mm未満の場合、その他かなり良好な平たんさが必要な場合	3mにつき10以下
コンクリートが見えがかりとなる場合、または仕上げ厚さがきわめて薄い場合、その他良好な表面状態が必要な場合	3mにつき7以下

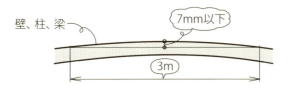

― スーパー記憶術 ―

波うつ形から3の形を連想 ⇨ 3 ⇨ 3m　波うつ壁 / 7mm

仕上がり　その2

Q 支保工を取りはずした後、何を確認する？

A たわみ、ひび割れ、空洞、コールドジョイント、ジャンカ、砂すじなどを確認します。

重さを支えている支保工をはずすと、右図のように、たわみやひび割れが生じることがあります。支保工をはずす前では、たわみやひび割れの有無の確認ができません。
下図のような、空洞、コールドジョイント、ジャンカ、砂すじなどは、スラブ上面を除いて、せき板をはずした後でしか確認できません。

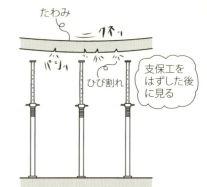

仕上がり　その3

Q 軽微なジャンカはどうする？

A 不良部分をはつり、水洗い後に、金ゴテを用いて硬練りモルタルを塗り込んで補修します。

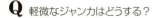

ジャンカの部分は、セメントペーストがよく回っていない弱い部分です。その弱い部分をハツリハンマーや電動ハンマーなどを使って、たたいてはつり取ります。そのままモルタルを塗ると、破片やホコリなどを巻き込み、また吸水して強度が出ない可能性もあります。そこで水洗いしてきれいにし、十分吸水させてから、硬練りのモルタルを塗り込めます。

- モルタルではなくコンクリートを塗ると、砂利がじゃまをして、細かい凹凸がうまく埋まりません。硬練りのモルタル（水セメント比の小さいモルタル）の方が、強度、密度ともに高くなります。
- 柱にできた大きなジャンカの場合、主筋が露出するまではつることがあります。

★ R324 エフロレッセンス

Q エフロレッセンスとは？

A コンクリート中のカルシウム分が水で溶け出て、水が蒸発した後に析出する白い汚れです。

セメントの酸化カルシウム（CaO：生石灰）は、水和反応で硬化して水酸化カルシウム（$Ca(OH)_2$：消石灰）を含む結晶となります。硬化したコンクリートにひび割れなどから水が入り、水酸化カルシウムが表に溶け出て、二酸化炭素と反応（中和）して、白い炭酸カルシウム（$CaCO_3$）となって析出したのがエフロレッセンス（略称エフロ）といいます。白い花という意味で、白華と呼ぶこともあります。

セメントの水和反応：$CaO + H_2O \rightarrow Ca(OH)_2$
（生石灰）　　（消石灰）

エフロレッセンス：$Ca(OH)_2 + CO_2 \rightarrow CaCO_3 + H_2O$
　　　　　　　　　水に溶けて表面に出る　　炭酸カルシウム

エフロレッセンス
efflorescence
白華

ひび割れに水分が入ることで出ることが多い。
冬場の硬化初期に出ることもある

エ!?
フロでも
エフロ？

アフロ

- efflorescenceとは花（flower）が咲くこと、開花が原義。白い花が咲いたようなので、このようにいわれました。

★ R325 良いコンクリート、悪いコンクリート

コンクリートは「打ち込む」といいますが、明治や昭和初期のような十分なタンピング＝打つ作業が省略され、現在は「流し込む」と表現した方がいい状況です。乾燥収縮ひび割れや中性化のしやすい、「悪い」コンクリートと、その逆の「良い」コンクリートを、イラストに大げさ表現してみました。このイラストで、コンクリートの良し悪しを、頭に入れておきましょう。

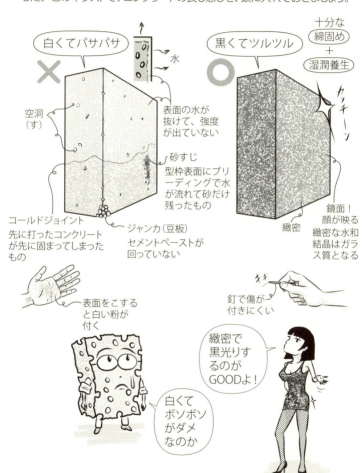

- 豆板：豆を砂糖で固めた砂糖菓子。ジャンカの形に似ています。

★ R326　check ▶ □□□　　　　　繰り返して完全に覚えよう！

構造体の計画供用期間	
計画供用期間の級	計画供用期間
短期供用級	およそ30年
標準供用級	およそ（　）年
長期供用級	およそ（　）年
超長期供用級	およそ200年

65（年）
100（年）

【65歳まで働くのが
　65年　　供用期間

　　　　　標準　】
　　　　標準供用級

耐久設計基準強度 F_d	
計画供用期間の級	耐久設計基準強度 F_d (N/mm²)
短期供用級	18N/mm²
標準供用級	（　）N/mm²
長期供用級	（　）N/mm²
超長期供用級	36N/mm²

d：durability 耐久性

24（N/mm²）
30（N/mm²）

　　　　　　（西洋）
【RCは西から来た】
24N/mm²
比重は2.4（水の2.4倍）

SD345・SR295の345・295は（　）

降伏点強度（N/mm²）

【ドクター（D R）の幸福は強い！】
　　　SD SR　　降伏点強度

圧延マーク　SD345は突起（　）個

1個

【　1、(2)、3、4、5　】
　突起1個　　　　SD345

加工寸法の許容差			(単位：mm)
項目		符号	許容差
各加工寸法 主筋 D25以下		a、b	±15
D29以上D41以下		a、b	（　）
あばら筋、帯筋、スパイラル筋		a、b	（　）
加工後の全長		ℓ	±20

±20（mm）
±5（mm）

【ぜい肉が2重、
　D29以上　20mm

寸法が大きくなる】
　　　　　許容差

【帯の誤差】
　帯筋　5mm差

主筋　帯筋

暗記する事項　その1

鉄筋の折曲げ形状・寸法				
図	折曲げ角度	鉄筋の種類	鉄筋の径による区分	鉄筋の折曲げ内法直径(D)
180° 135° 90°	180° 135° 90°	SR235 SR295 SD295A SD295B SD345	16φ以下 D16以下	（　）以上
			19φ D19～ D41	（　）以上

dは丸鋼では径、異形鉄筋では呼び名に用いた数値

$3d$（以上）

$4d$（以上）

$$\begin{bmatrix} 1、2、\underline{3}、\underline{4}、5 \\ S\ D\ 3\ 4\ 5 \\ \quad\quad\ 3d\ \ 4d\ 以上 \end{bmatrix}$$

フックの余長

180°　135°　90°
（　）d　（　）d　（　）d

d：異形鉄筋の径の呼び名

180°フック　$4d$以上

135°フック　$6d$以上

【○ ⇒ ◎余長 ⇒ $6d$】

90°フック　$8d$以上

鉄筋相互のあき
- 径の（　）倍以上
  かつ
- 粗骨材最大寸法の（　）倍以上
  かつ
- （　）mm以上

1.5倍以上

1.25倍以上

25mm以上

【飽きやすいおけいこでも
　あき　　　　径　1.5倍

　最大のニコ ニコで！】
　最大寸法 1.25倍 25mm

R327

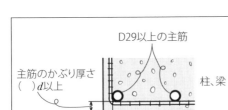

主筋のかぶり厚さ ( )d以上	1.5d以上 【 肉　　厚　の D29以上　かぶり厚さ イ　ー　娘】 1.5d以上

鉄筋の最小かぶり厚さ (mm)		計画供用期間 標準、長期	
		屋内	屋外
構造部材	床スラブ、屋根スラブ	( )	30
	柱、梁、耐力壁	( )	40
土に接する柱、梁、壁、床、布基礎立上がり部		( )	
基　礎		( )	

20mm
30mm
40mm
60mm

【兄　さん　し　ぶって
　2　　3　　4　　6cm以上
　　かぶりを振る】

鉄筋の最小かぶり厚さ

屋外＝屋内＋( )mm
　　　（水がかかるので）

10mm

設計かぶり厚さ＝最小かぶり厚さ＋( )mm
　　　　　　　　　　　　（施工誤差）

10mm

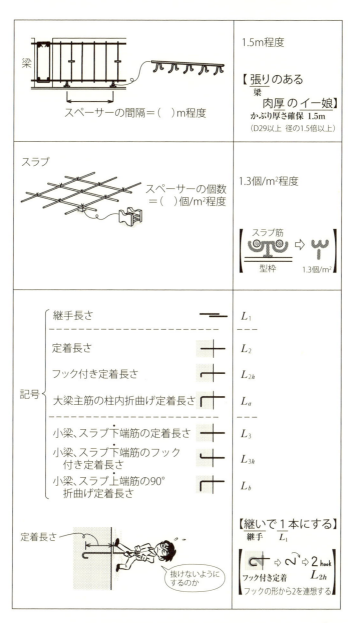

R328

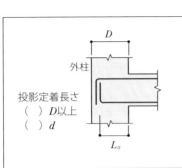

投影定着長さ
( ) D以上
( ) d

0.75D以上
$\left(\dfrac{3}{4}D\right)$

20d（SD345の場合）

【$\underbrace{LA}_{L_a}$には$\underbrace{20代}_{20d}$で行け】

直線定着の長さL_2

コンクリートの設計基準強度 F_c(N/mm²)	SD345
24～27	( )d

35d

フック付き定着の長さL_{2h}

コンクリートの設計基準強度 F_c(N/mm²)	SD345
24～27	( )d

25d

$\begin{bmatrix} \text{SD345} \\ \underbrace{\overset{3}{三}\overset{5}{国}\overset{4}{志}}_{\underset{(L_2)}{35d}}\text{は日本}\underbrace{\overset{}{国}}_{\underset{(L_{2h})}{}}\underbrace{で定着}_{5d}\text{した} \end{bmatrix}$

小梁、スラブ下端筋　直線の長さL_3

コンクリートの設計基準強度 F_c(N/mm²)	鉄筋の種類	下端筋 小梁	下端筋 スラブ
18～60	SD295A SD295B SD345 SD390	20d	( )dかつ ( )mm 以上

10d
かつ
150mm
以上

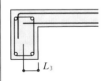

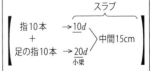

$\begin{bmatrix} \text{指10本} & \rightarrow \underline{10d} \\ + & \qquad\qquad\overbrace{}^{\text{スラブ}} \\ \text{足の指10本} & \rightarrow \underline{20d} \\ & \qquad\quad\underset{\text{小梁}}{} \end{bmatrix}$ 中間15cm

暗記する事項 その3

直線重ね継手の長さ L_1

コンクリートの設計基準強度 F_c (N/mm²)	SD345
24 〜 27	( )d

40d

フック付き重ね継手の長さ L_{1h}

コンクリートの設計基準強度 F_c (N/mm²)	SD345
24 〜 27	( )d

30d

【家を継いで（継手）
資産家になる】
40d 30d

D( )以上の継手は重ね継手としない

D35以上

【サンゴを重ねると
D35以上　重ね継手
割れやすい】

梁主筋の継手位置

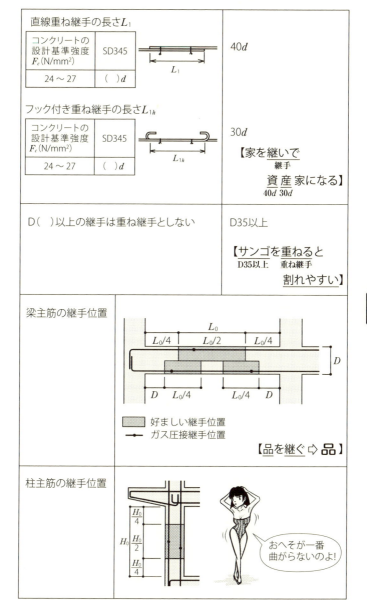

■ 好ましい継手位置
— ガス圧接継手位置

【品を継ぐ ⇨ 品】

柱主筋の継手位置

おへそが一番曲がらないのよ！

R329

スパイラル筋 重ね継手 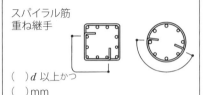 ( )d 以上かつ ( )mm	50d以上 かつ 300mm以上 スパイラル ⇨ コイル 　　　　　　50d以上 　　　　　　　　　}300mm 　　　　　　　　　　以上
手動ガス圧接技量資格者 圧接作業可能範囲 | 技量資格 種別 | 作業可能範囲 （鉄筋径） | |---|---| | 1種 | D( )以下 | | 2種 | D( )以下 | | 3種 | D( )以下 | | 4種 | D( )以下 | SD490は3種、4種のみ 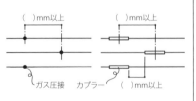	1種…D25以下 2種…D32以下 3種…D38以下 4種…D51以下 太陽　⇨ ガスで熱い 日光、SUNNY、さわやか D25　　D32　　D38 以下　以下　以下 (1種)　(2種)　(3種)
ガス圧接　　　機械式継手  ( )mm以上　　( )mm以上 　　　　　　　　　　　( )mm以上 ガス圧接　カプラー	400mm以上　400mm以上 　　　　　　40mm以上 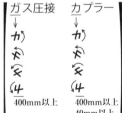 ガス、カプラーのカの形 から4を連想する

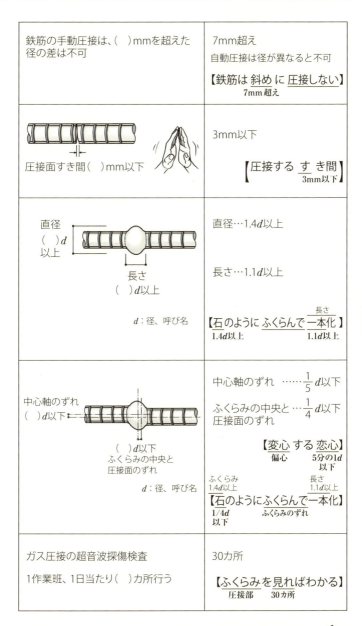

R330

( )型セパレーター 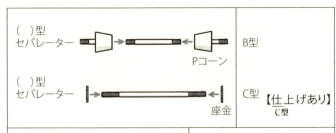 Pコーン	B型
( )型セパレーター　座金	C型 【仕上げあり】C型

水平つなぎ パイプサポート…高さ3.5m超えると（　）m以内ごと	2m	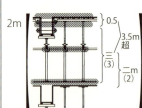 0.5 / 3.5m超 / 三(3) / 二m(2)
パイプサポート…高さ（　）m以内ごと以外の鋼管（単管）	2m	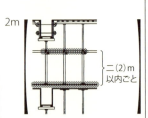 二(2)m以内ごと
鋼管枠………（　）層以内ごと、最上層（枠組式支保工）	5層	【5重の塔の水平性にワクワク】5層　水平つなぎ　枠
組立て鋼柱…（　）m以内ごと	4m	【4本の柱で1組】4m以内ごと　組立て柱

暗記する事項　その5

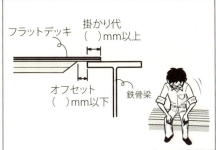 フラットデッキ　掛かり代（ ）mm以上　オフセット（ ）mm以下　鉄骨梁	掛かり代……50mm以上 オフセット…40mm以下 【ふらっとデッキに】 フラットデッキ 【こしを掛ける】 50　40mm
水平方向の荷重 パイプサポート…設計荷重の（ ）% 鋼管枠…………設計荷重の（ ）%	5% 2.5% 【$\underline{S}$upport】 　5%
荷重 RC… 比重（ ） 　　（ ）kN/m³	2.4 24kN/m³ 【RCは西から来た】 　　　　西洋 　　　　2.4 　　　24kN/m³ 【トン テン カン】 　tf ≒ 10　k N
型枠…（ ）kN/m² ←注意	0.4kN/m² 【型枠におしりを 　0.4kN/m² 載せる】 荷重
打込み時の積載荷重…（ ）kN/m² （作業荷重＋衝撃荷重） 	1.5kN/m² 【イチゴ 缶 ジュースをそそぐ】 　1.5　kN/m²　生コンを 　　　　　　　　そそぐ衝撃

R331

水 or ゆるい生コン

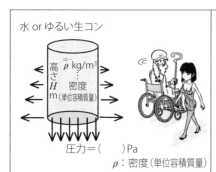

圧力 = ( ) Pa
ρ：密度（単位容積質量）

圧力 = $\rho g H$ （Pa = N/m²）

【老人H！パス！】
 ρ g H パスカル Pa

$g = 9.8$ m/s²

型枠設計用コンクリートの側圧 (kN/m²)

打込み速さ (m/h)	20を超える場合
部位 \ H(m)	4.0以下
柱	( )
壁	

H：フレッシュコンクリートのヘッド(m)（側圧を求める位置から上のコンクリートの打込み高さ）
W_0：フレッシュコンクリートの単位容積質量(t/m³)に重力加速度を乗じたもの(kN/m³)

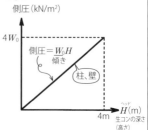

$W_0 H$
側圧(kN/m²)
$4W_0$
側圧 = $W_0 H$
傾き
柱、壁
H(m) ヘッド 生コンの深さ (高さ)
4m

【20歳過ぎても 嫁入りまで
 20m/h超   4mまで
 順調に成長する】
 傾き一定で増加

鋼
（曲、圧、引）　短期許容応力度 = ( ) F

　　　　　　　長期許容応力度 = ( ) F

F：基準強度

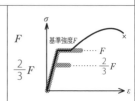

コンクリート　短期許容応力度 = ( ) F_c
（圧）
　　　　　　長期許容応力度 = ( ) F_c

F_c：設計基準強度

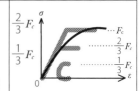

【 】内スーパー記憶術　　　　　　　　　　　　　暗記する事項　その6

型枠合板の許容曲げ応力度の計算式	$\dfrac{長期許容曲げ応力度＋短期許容曲げ応力度}{2}$ 【合板には長手と短手がある】 $\dfrac{長期＋短期}{2}$
せき板の存置期間（柱、壁、梁側、基礎） 強度 ─ 短期、標準 ……（　）N/mm² 　　　　長期、超長期、高強度 　　　　　　　　……（　）N/mm² 　　　　湿潤養生しない場合 　　　　短期、標準 ……（　）N/mm² 　　　　長期、超長期、高強度 　　　　　　　　……（　）N/mm²	5N/mm² 10N/mm² ↓＋5 10N/mm² 15N/mm² 【コンコンせきをする】 　5 N　5 N　　せき板 （短）（標）　　存置 └─＋─┘ 10N（長）（超長）（高強）
材齢 ┌ 20℃以上 ………（　）日 　　　└ 10℃以上20℃未満…（　）日 （普通ポルトランドセメント）	4日 6日　【シロい顔】 　　　　4日 6日 【成人 】 20℃が境
材齢　普通、混合A種よりも混合B種の （セメント）　　　　　　ほうが（　） （の種類）　高炉、シリカ、フライアッシュ	長い 【棍棒は長い！】 混合 B　普通やAより長い
水平のせき板　設計基準強度 F_c の 　　　　　（　）％以上ではずせる	50% 【水兵　高齢　せきをする】 　水平　50%　せき板

★ R332　check ▶ □□□　　　　繰り返して完全に覚えよう！

支保工の存置期間 梁下…（　）N/mm²またはF_cの（　）%以上 床スラブ下…（　）N/mm²またはF_cの（　）%以上 片持ちスラブ下…F_cの（　）%以上 　　　　　　せき板 　　　　支保工	12N/mm²、100%以上 12N/mm²、85%以上 100%以上  【床下を1ダースの 　　　　　12N/mm² 箱で支える】 85%　支柱
プレキャストコンクリート脱型時の強度 　　平らなまま…（　）N/mm²程度 　　70〜80°傾斜…（　）〜（　）N/mm²程度	12N/mm²程度 8〜10N/mm²程度 【ベッド1つに2人 　　　１２N/mm²程度 はハート♡】 　８〜10N/mm²程度
セメント……コンクリート中の容積約（　）% 　　　　セメント袋の保管（　）袋以下 コンクリート中の容積…細骨材約（　）%、 　　　　　　　　　　　　粗骨材約（　）%	約10%　【セメント一】 10袋以下　約10%、 　　　　　　10袋以下 約30%、 約40% 【再三粗品を贈る】 　細30%　粗40%
細骨材率、粗骨材率は質量比 or 容積比？	容積比　【骨つぼ】 　　　　骨材容積比

378

有効なセメント 寒中コンクリート → ( ) ポルトランドセメント 暑中コンクリート マスコンクリート } → ( ) ポルトランドセメント 高強度コンクリート	早強 低熱	【早朝は寒い】 早強　寒中
ヤング係数 E コンクリート　$2.1 \times 10^{(\ )}$ N/mm² 鋼　　　　　　$2.05 \times 10^{(\ )}$ N/mm²	2.1×10^4 N/mm² 2.05×10^5 N/mm²	【RC】4乗 【鋼】5乗
線膨張係数 $\frac{\Delta \ell}{\ell}$ （ガラス）≒コンクリート≒鋼 　　　　　　$1 \times 10^{(\ )}$ (/℃)	1×10^{-5} (/℃)	【羨望の舞子嬢】 線膨張　マイナス5乗 【ガラスは合コンを熱望する】 ガラス　鋼 コンクリート 熱膨張同じ
コンクリートは（酸性、アルカリ性） pHは7より（大、小） フェノールフタレイン液を（ ）色にする	アルカリ性 pHは7より大 赤紫	【根気よく歩く　南大門まで】 コンクリート アルカリ性 pH7より大 アルカリ性 【赤ワイン→ポリフェノール】 赤紫　　　　フェノールフタレイン

R333

粘稠性=( )	コンシステンシー consistency **【婚し(たら)捨てんし！** 　コンシ　　　　ステンシー 　　**粘り強く最後まで】** 　　　　　粘稠性
可塑性=( )	プラスティシティー plasticity
仕上げ作業の容易さ=( )	フィニッシャビリティー finish ability
施工の容易さ=( )	ワーカビリティー work ability
スランプ ( )cm以下 　　許容差 ±( )cm 調合管理強度( )N/mm²未満の場合	18cm以下 ±2.5cm 33N/mm²未満の場合 **【スランプはいや** 　　　　　　18cm以下 　**でもニコニコで】** 　　　　±2.5cm （スランプで） **【耳 が たれる】** 　　33N/mm²未満
フロー ( )cm以下 設計基準強度 　45N/mm²以上60N/mm²以下の場合	60cm以下　**【フロー 】** 　　　　　　　60cm以下 　　　　　　　60N/mm²以下
AE材を使う コンクリートの 空気量( )% 　　許容差 ±( )%	4.5% ±1.5%　**【ヨウコは空気デブ** 　　　　　4.5%　　空気量 　　　**でもイー娘】** 　　　　　　±1.5%

暗記する事項 その8

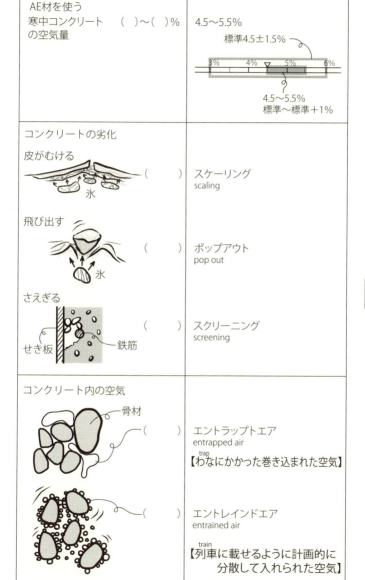

AE材を使う 寒中コンクリート　（　）〜（　）% の空気量	4.5〜5.5% 標準4.5±1.5% 4.5〜5.5% 標準〜標準＋1%
コンクリートの劣化 皮がむける　　　　　　　（　）	スケーリング scaling
飛び出す　　　　　　　　（　）	ポップアウト pop out
さえぎる　　　　　　　　（　）	スクリーニング screening
コンクリート内の空気 骨材　　　　　　　　　　（　）	エントラップトエア entrapped air 【わなにかかった巻き込まれた空気】
（　）	エントレインドエア entrained air 【列車に載せるように計画的に分散して入れられた空気】

★ R334　check ▶ □□□　　　繰り返して完全に覚えよう！

| 塩化物イオン量（　）kg/m³以下 | 0.3 kg/m³以下 
【 演歌ぶつ オッサンの体重 】
塩化物イオン量　0.3　kg/m³以下 |

コンクリートの検査項目6種

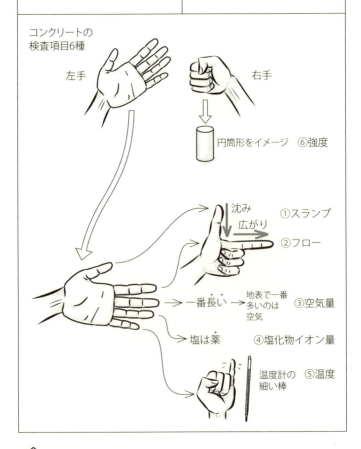

左手　　　右手

⇓ 円筒形をイメージ　⑥強度

沈み　①スランプ
広がり　②フロー

→一番長い　地表で一番多いのは空気　③空気量
→塩は薬　④塩化物イオン量
→温度計の細い棒　⑤温度

暗記する事項　その9

空気量が大 → 強度は（ ）	小　【空気ぶくれは弱い】 　　　空気量 大　強度 小
水セメント比 大 → 強度 （ ） 　　　　　　→ 中性化（ ） 　　　　　　→ 塩害 （ ） 　　　　　　→ 乾燥収縮（ ） 　　　　　　→ ブリーディング（ ）	小　【水ぶくれは弱い】 早い　水セメント比 大　強度 小 大 大 多い

	水セメント比		
普通ポルトランドセメント 混合セメントA種 （高炉、フライアッシュ）	（ ）％以下	65％以下 【水攻めはむごい！】 　水セメント比　65％	
混合セメントB種 （高炉、フライアッシュ）	（ ）％以下	60％以下 【棍棒は無礼！】 　混合 B種　60％	
水密コンクリート	（ ）％以下	50％以下 【船は半分水の中】 　水密　50％　水セメント比	

★ R335 check ▶ □□□   繰り返して完全に覚えよう!

単位水量（　）kg/m³以下	185kg/m³以下　【<u>1</u> m³の箱の <u>水量</u>】 　　　1　　　85 kg/m³ 　　　　　　　単位水量
単位セメント量 普通コンクリート 　　　　（　）kg/m³以上	270kg/m³以上　【<u>セメント</u>を<u>担う</u>】 　　　　　　　　　重い→kg 　　　　　　　　　　270kg/m³
高性能AE減水剤を 用いる普通コンクリート 　　　　（　）kg/m³以上	290kg/m³以上　【<u>疲れた(筋)肉</u>】 　　　　　　　脱水→減水　290kg/m 以上
水中コンクリート 　　　　（　）kg/m³以上	330kg/m³以上　水中コンクリート 　　　　　　　Water Water 　　　　　　　　3　　　30 kg/m³ 以上
細骨材率 大 —→ 粘り（　） 　　　　　—→ スランプ（　） 　　　　　—→ 乾燥収縮（　）	大【ネバダ　砂漠】 小　ネバネバ粘性 大　砂(細骨材)多い 大　砂利はほとんど収縮しない 　　∴砂が多く砂利が少ないと 　　　乾燥収縮が大きい
スラッジ水 　スラッジ sludge とは（　） 　スラグ　 slag　 とは（　） 　アッシュ ash 　 とは（　）	回収水から粗骨材、細骨材を取り除いた懸濁水 懸濁水 金属精錬で出るかす 灰

暗記する事項 その10

【 】内スーパー記憶術

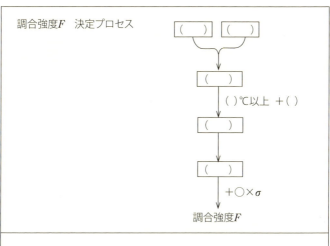

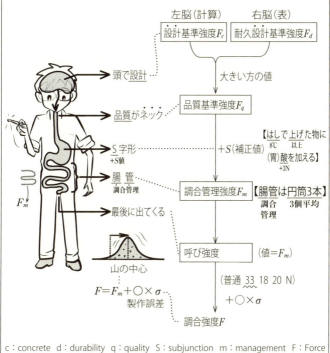

c：concrete d：durability q：quality S：subjunction m：management F：Force

R336

28日標準養生供試体強度 (　)個の平均値≧調合管理強度 F_m 標準養生 20±3℃	3本の平均値 F_m （大腸） 【腸管 は円筒3本】 調合管理　3個平均≧調合管理強度
普通コンクリートにおける 構造体コンクリートの圧縮強度 の検査は (　)ごと (　)ごと (　)m³またはその端数ごとに (　)回行う	検査ロット　150m³ 打込み日 打込み工区 150m³ 1回　1回の試験 3台のミキサー車から 1個ずつ 【イチゴ缶ジュースをそそぐ】 150m³ごとに検査
高強度コンクリートにおける 構造体コンクリートの圧縮強度 の検査は (　)ごと (　)m³またはその端数ごとに (　)回行う	検査ロット　300m³ 打込み日 300m³ 3回 3回の試験 3台のミキサー車 から3個ずつ

暗記する事項　その11

供試体の養生方法

構造体コンクリートの強度
場所打ちコンクリート杭の強度
マスコンクリートの強度
（　　）養生

構造体強度＝コア強度

試験場

標準養生　20±3℃で一定

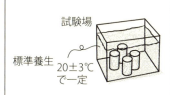

場所打ちコン
マスコン　温度は現場と違うので現場養生は×

施工上必要な強度
（せき板、支保工取りはずし）
（　　）養生

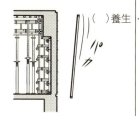

現場水中養生

現場の日影　現場の温度

現場封かん養生

ビニール

プレキャストコンクリートの強度
（　　）養生

加熱養生

本体と同じように蒸気などで加熱

脱型

プレキャストコンクリート本体

★ R337 check ▶ □□□ 繰り返して完全に覚えよう!

文字、数字の意味 　　　　普通 33 18 20 N	普通 33 18 20 N 　　　　　　　└ 普通ポルトランドセメント 　　　　　└ 粗骨材最大寸法 　　　└ スランプ 　└ 呼び強度 └ 普通コンクリート(軽量ではない)
コンクリートの 練混ぜから打込み終了までの時間 　25℃未満（　　）分以内 　25℃以上（　　）分以内 高強度コンクリートの 練混ぜから打込み終了までの時間 　気温に関係なく（　　）分以内	120分以内 90分以内 120分以内
寒中コンクリート 　打込み時のコンクリートの温度 　　　　　　　　（　　）℃以上 　練混ぜ水、骨材の温度 　　　　　　　　（　　）℃以下	5℃以上 【寒い時 は　腰を温める】 　寒中コンクリート　5℃　　以上 40℃以下 【　湯温は40℃以下のぬるめ】 　練混ぜ水 　骨材
暑中コンクリート、マスコンクリート 　荷御し時のコンクリートの温度 　　　　　　　　（　　）℃以下	35℃以下 【サンゴ の国は 暑い　　　】 　35℃以下　　　暑中コンクリート 【サンゴ が 群生】 　35℃以下　　マス

暗記する事項 その12

粗骨材の最大寸法に対する輸送管の呼び寸法

粗骨材の最大寸法(mm)	輸送管の呼び寸法(mm)
20	( )以上
25	
40	( )以上

100A以上
125A以上

【20mm 25mm 100mm径
日本国 百景
を輸出する
　　　　輸送管】

コンクリートの打重ね時間

25℃未満（　）分以内
25℃以上（　）分以内

打重ね

日光
25℃未満

150分以内
120分以内

新しい
古い

【イチゴ缶ジュースをそそぐ】
150分以内　　　打重ね

棒形振動機の挿入間隔（　）cm以下

60cm以下

【(岩)ロックになる前に振動させる】
60cm以下

骨材が分離し、水が上にしみ出ること
（　）

水と一緒に上がってくる微細な不純物
（　）

ブリーディング【骨材 分離】
bleeding　　　　ブリーディング
bleed：blood(血)
が出る

レイタンス
laitance

【タンスの上の微細なホコリ】
レイタンス　上がってくる小さな不純物

アルカリ骨材反応の予防
　コンクリート中のアルカリ量を
　　　　（　）kg/m³以下

3kg/m³以下 【ミキちゃんと歩く】
3 kg/m³以下アルカリ量

389

R338

湿潤養生の期間		(JASS5)
セメントの種類 \ 計画供用期間の級	短期および標準	長期および超長期
早強ポルトランドセメント	3日以上	5日以上
普通ポルトランドセメント	( )日以上	( )日以上
中庸熱および低熱ポルトランドセメント、高炉セメントB種、フライアッシュセメントB種	( )日以上	10日以上

5日以上　7日以上

【週 <u>5日</u> ビールで <u>湿潤養生</u>！】
　　7日　5日

【棍棒は長い！】
混合 B　普通より長い

湿潤養生の打ち切り（　）N/mm²以上で可

（早強、普通、中庸熱ポルトランドセメント）
（計画供用期間　短期、標準）

10N/mm²以上

【<u>湿潤</u>】
10 N/m²以上

初期養生期間におけるコンクリートの温度
（　）℃以上

2℃以上

【ビールで<u>湿潤養生</u>！
つまみは<u>ニシン</u>】
2℃以上

寒中コンクリートの初期養生（　）N/mm²まで

5N/mm²以上

【<u>凍らせない期間</u>】
5.0 N/mm²まで

暗記する事項 その13

コンクリート仕上がりの平たんさ （コンクリートが見えがかりとなる場合）	
（　）mにつき	3mにつき
（　）mm以下	7mm以下【波うつ壁】 7mm

コンクリートの不具合

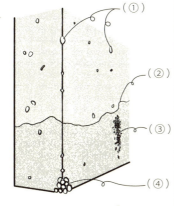

① 空洞（す）
② コールドジョイント
③ 砂すじ
④ ジャンカ（豆板）

⑤ エフロレッセンス（白華）
efflorescence

あと2ページよ！

ひび割れと対策

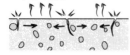
水分の蒸発

乾燥収縮ひび割れ

(対策)
- 単位水量を減らす
- 水セメント比の小さい硬練りの生コンを、しっかりと締め固め、突き固めて、十分に湿潤養生する
- 骨材を石灰岩の砕石とする
- 収縮低減剤、膨張材を使う

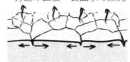
打込み直後　表面水の蒸発

プラスチック収縮ひび割れ

(対策)
- すぐにタンピングして均す
- 直接日光が当たらないようにする

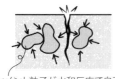
セメント粒子が水和反応で自己収縮

自己収縮ひび割れ

(対策)
- 単位セメント量を減らす

外側は冷えて収縮
内側は膨張したまま
水和熱

温度ひび割れ

(対策)
- 単位セメント量を減らす
- 低熱性のセメントを使う
- 保温養生する

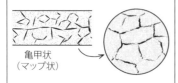
亀甲状
(マップ状)

アルカリ骨材反応
（アルカリシリカ反応）

(対策)
- コンクリートのアルカリ量を $3kg/m^3$ 以下とする
- 混合セメントB種、C種を使う

【 亀 が 歩く 】
亀甲模様　アルカリ骨材反応

【 】内スーパー記憶術　　　　　　　　　　　暗記する事項　その14

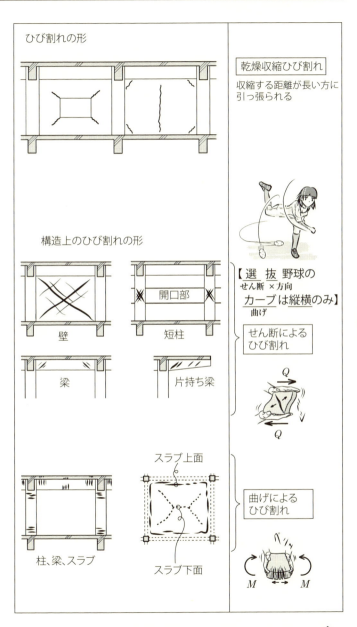

索引

あ
赤さび…12
あき重ね継手…76
圧延マーク…11
圧縮強度…216,228,231
圧縮強度の検査…270,271,274
あばら筋…22,23,33,53,73
荒均し…328
アルカリ骨材反応…333,334,335,337
アルカリシリカ反応…334
異形棒鋼…9
受入れ検査…275
打重ね時間…320
打継ぎ目地…37
打継ぎ面…346,347
海砂…219
上端筋…48,50,51,54,68,70,72
エーライト…182
液状化…322
エフロレッセンス…364
塩害…219
塩化物イオン…218,219,231
エントラップトエア…215,216,315,323
エントレインドエア…215,216,323
応力…142
応力度…143,197
大引のたわみ…155,157
帯筋…22,23,24,26,27,33
折曲げ内法直径…20,21
温度ひび割れ…183,256,336

か
外観検査…93
外気温…193
開口補強筋…47
外力…142
加工寸法の許容差…17,18
重ね継手…75
重ね継手長さ…62,63,64
荷重…142
加振時間…323
ガス圧接…62,79,81,83,84,85,87,88,89,90,91,92,93
ガス圧接継手…66,80
片持ちスラブ…172
片持ち梁…172
型枠…97,117,154
型枠計画図…97
型枠工作図…97
型枠支保工…106,128,129,132,142
型枠振動機…326
型枠の荷重…135
カットオフ筋…72
加熱湿潤養生…179,277
加熱養生…352
かぶり厚さ…31,32,33,34,36,37,38,39,44,45,47,48,120
壁筋…60,76
川砂利…248
還元炎…92
乾燥収縮…187,188,245,259
乾燥収縮ひび割れ…242,243,246,247,336,338
寒中コンクリート…194,195,196,213,303,304,352,359,360
機械式継手…62,66,73,80
基準強度…146,147
既製杭…77
気中養生…348
木づち…326,327
キャップタイ…25
キャンティレバー…316,317
境界面…189
凝結…193,349
供試体…175,179,269,270,271,272,273,276,277,330
許容応力度…143,146
許容変形量…154
金属製型枠パネル…121
空気量…205,212,213,216,223

グラインダー…84,85,86
計画供用期間…8,240
継続養生…360
軽量コンクリート…191,196,308
減水材…212,217
建築構造用圧延鋼材…198
現場水中養生…176
現場封かん養生…176
コア…273
コア強度…176
コア抜き…176,284
鋼管…130
鋼管枠…131
高強度コンクリート…162,195,204,217,
　240,241,259,274,300
鋼材の許容曲げ応力度…142
高性能AE減水剤…217,240,241,248,
　260,300
構造体強度…176
構造体強度補正値…266,267,268,269,
　280
構造体コンクリート強度…269,270,272,
　273
鋼のヤング係数…198
降伏棚…147,148,152
降伏点…148
降伏点強度…9,10,63,146,149
高炉セメント…167,184,234,335,355
コールドジョイント…305,320,324,362
コーン…102
骨材…186,187,188,189,190,247,249,
　251,304
骨材分離…258
骨材量…187,283
固定荷重…132
コラムクランプ…125
コンクリートの打込み速度…312
コンクリートの圧縮強度…224,225
コンクリートの温度測定…220
コンクリートの比重…133
コンクリートのヤング係数…197

混合セメント…184
混合セメントB種…234,237
コンシステンシー…207,209,210
混和剤…264
混和材…264

さ
細骨材…186,189
細骨材率…190,226,250,251,283
最小かぶり厚さ…40,41,42,43
砕石…248
材料分離…314
材齢…159,166,167
逆火…91
先送りモルタル…311
さび…85
酸化鉄…219
桟木…116
散水…257
仕上がりの平坦さ…361
自己収縮…259
自己収縮ひび割れ…336
止水板…105
沈みひび割れ…314
下端筋…50,59,69,70
支柱…130,131,158,169,173,174
支柱の盛替え…169,173
湿潤養生…163,164,330,336,347,348,
　349,350,351,352,353,354,355,356,357,
　358,359
自動ガス圧接…82
支保工…169,172,362
支保工の存置期間…170,171,173,175,
　177
締固め…330
ジャンカ…101,254,362,363
充てん…330
重量骨材…191
重量コンクリート…191,196
主筋…71
手動ガス圧接…78

初期凍害…359
初期養生…356,359,360
暑中コンクリート…194,195,196,305,352
シリカフューム…264
人工軽量骨材…191,310
水中コンクリート…235,261
水平換算距離…308
水平つなぎ…108,109,111,112
水密コンクリート…235,236,237,240
水和結晶…228
水和熱…182,183,184,188,234,255,256,303
水和反応…181,182,187,188,193,195,200,206,230,242,255,256,259,303,353,359
スケーリング…214
捨てコンクリート…38
スパイラル筋…74,75
スペーサー…44,45,46
スライディングフォーム工法…127
スラグ…184
スラッジ水…253
スラブ…28,45
スラブ筋…45,60,61,76
スランプ…201,202,203,204,205,206,207,223,243,251,252,283,308
スランプコーン…201
スランプ試験…220
スランプフロー…202,204
スランプロス…310
スリーブ…118,119
スリップフォーム工法…127
脆性破壊…35
せき板…98,99,100,175
せき板の存置期間…159,160,161,162,163,164,165,166,167,173,177
積載荷重…132,135
設計荷重…130,131
設計かぶり厚さ…41,42
設計基準強度…58,63,148,203,240,262,265,281

絶対乾燥状態…246
セパレーター…102,103,104,105
セメントペースト…186,187,189,246
セメント水比…225
せん断ひび割れ…339
せん断補強筋…33
早期強度…182,183,184
早強ポルトランドセメント…182,195,356,358,360
掃除口…117
側圧…128,136,137,140,141
側板…158
底板…158
粗骨材…29,30,186,189,246,252
粗骨材の最大寸法…283,307

た
耐久設計基準強度…203,263,265,281
体積表面積比…244,245
台直し…15
耐力…10
たたき…326,327
建入れ直し…114
縦型シュート…313
単位水量…227,238,239,240,241,242,243,247,248,250,251,252,283
単位セメント量…250,254,255,258,259,260,283,336
単位粗骨材量…236,246
単位容積質量…137
短期許容応力度…148,150,152
湛水養生…348
弾性…145
タンピング…328,329,331,332,348,365
中性炎…92
中性化…43,200,219,228,229,230,231
中庸熱ポルトランドセメント…183,256,357
超音波探傷検査…93
長期応力度…144
長期荷重…144

長期許容応力度…144,148,149,150,152
調合管理強度…203,266,270,272,273,279,280,281
調合強度…262,280,281,294
直線定着…55
沈下ひび割れ…331,337
突固め…330
継手位置…67,68,69,70,71
継手長さ…58,61
突き棒…326
定着…49,50,52,54,60
定着長さ…51,55,56,57,58,59,61,63
低熱ポルトランドセメント…183,195,256
鉄筋コンクリートの比重…133
鉄筋相互のあき…29,30
電動カッター…84
凍害…214,215,356
透水型枠…101
通し配筋…52

な
内力…142
斜め定着…54
生コン…192
なまし鉄線…26
荷卸し…303,305,306
荷卸し検査…275
練混ぜ水…304

は
ハーフプレキャストコンクリート板型枠…126
パイプサポート…107,108,111,130,131,169
バイブレーター…321,322,323,324,325,326,327
柱主筋…29,30,36,49,50,67
柱の水平打継ぎ部…319
柱の中心線…49
端太材…106
はね出し梁…52

パネルゾーン…50,340
幅厚比…245
腹筋…53
パラペット…317
ばり…86
梁主筋…49,51,52,54,56,58,68,69,70,72
梁の鉛直打継ぎ部…318
反力…142
ひずみ度…197,245
引張り強度…10,146
比表面積…181
ひび割れ…187,242,336,337,350
ひび割れ誘発目地…343,344
表面乾燥飽水状態…190,246
品質基準強度…265,266,272,281
フィニッシャビリティー…209,210
フェノールフタレイン液…200
フォームタイ…102
ふくらみ…87,88,89
付着割裂破壊…19,35,36
付着強度…58
普通骨材…191
普通コンクリート…191,196,260,270,271
普通ポルトランドセメント…182,183,184,233,237,354,356,357,358
フック…19,20,21,22,23,24,25
フック付き定着…55
不動態被膜…219
フライアッシュセメント…184,234,335
プラスチック収縮ひび割れ…332,336
プラスティシティー…208,210,258
フラットデッキ…122,123
ブリーディング…207,232,260,328,331,346,349,350,352
プレキャストコンクリート…126,178,277
フレッシュコンクリート…192
フロー…202,223
粉末度…181
ベース筋…77
ヘッド…137,138
保温養生…360

補強筋…48
保護被膜…219
ポップアウト…214
ポルトランドセメント…180,191

ま
膜養生…350
膜養生剤…349,350,352
曲げ剛性…156
マスコンクリート…183,195,256,257,276,306
丸鋼…9
ミキサー車…302
水セメント比…187,224,225,226,227,231,232,233,234,235,236,237,243,245,259,283
水道…105
密度…137
モルタル…189

や
ヤング係数…153,198
輸送管…307,308,309,321
輸送管の呼び寸法…308
溶接継手…62,66,73
横流し…314
余長…24,25
呼び強度…279,281

ら
リバウンドハンマー…284
冷間直角切断機…84
レイタンス…346,347
レディーミクストコンクリート…192,279,301

わ
ワーカビリティー…210,211,215,241,246,249,252,258

アルファベット
AE減水剤…212,217
AE剤…205,212,213,214,215,216,217
R管理図…298
SD345…9
SR295…9
$X\text{-}R$管理図…298
X管理図…297,298

原口秀昭（はらぐち　ひであき）

1959年東京都生まれ。1982年東京大学建築学科卒業、86年同大学修士課程修了。大学院では鈴木博之研究室にてラッチェンス、ミース、カーンらの研究を行う。現在、東京家政学院大学生活デザイン学科教授。
著書に『20世紀の住宅－空間構成の比較分析』（鹿島出版会）、『ルイス・カーンの空間構成　アクソメで読む20世紀の建築家たち』『1級建築士受験スーパー記憶術』『2級建築士受験スーパー記憶術』『構造力学スーパー解法術』『建築士受験　建築法規スーパー解読術』『マンガでわかる構造力学』『マンガでわかる環境工学』『ゼロからはじめる建築の［数学・物理］教室』『ゼロからはじめる［RC造建築］入門』『ゼロからはじめる［木造建築］入門』『ゼロからはじめる建築の［設備］教室』『ゼロからはじめる［S造建築］入門』『ゼロからはじめる建築の［法規］入門』『ゼロからはじめる建築の［インテリア］入門』『ゼロからはじめる建築の［施工］入門』『ゼロからはじめる建築の［構造］入門』『ゼロからはじめる［構造力学］演習』『ゼロからはじめる［RC＋S構造］演習』『ゼロからはじめる［環境工学］入門』『ゼロからはじめる［建築計画］入門』『ゼロからはじめる建築の［設備］演習』『ゼロからはじめる建築の［歴史］入門』（以上、彰国社）など多数。

ゼロからはじめる［RC造施工］入門
2018年10月10日　第1版発　行
2022年 9月10日　第1版第2刷

著　者	原　口　秀　昭
発行者	下　出　雅　徳
発行所	株式会社　彰　国　社

著作権者との協定により検印省略

162-0067 東京都新宿区富久町8-21
電　話　03-3359-3231（大代表）
振替口座　00160-2-173401

Printed in Japan
ⓒ原口秀昭　2018年

印刷：三美印刷　製本：中尾製本

ISBN978-4-395-32120-9 C3052　https://www.shokokusha.co.jp

本書の内容の一部あるいは全部を、無断で複写（コピー）、複製、および磁気または光記録媒体等への入力を禁止します。許諾については小社あてにご照会ください。